〔漢〕鄭玄等注

十三經古注

四

儀禮

中華書局

本册目録

［著者小傳］鄭玄(見前)。

儀禮

四部備要

經部

上海中華書局據永懷堂本校刊

桐鄉 陸費逵總勘

杭縣 高時顯 吳汝霖輯校

杭縣 丁輔之監造

儀禮序

唐朝散大夫行太學博士弘文館學士賈公彥撰

竊聞道本沖虛非言無以表其疏言有微妙非釋無能悟其理是知聖人言曲事資注釋而成至於周禮儀禮發源是一理有終始分爲二部並是周公攝政太平之書周禮爲末儀禮爲本本則難明末便易曉是以周禮注者則有多門儀禮所注後鄭而已其爲章疏則有二家信都黃慶者齊之盛德李孟悊者隋曰碩儒慶則舉大略小經注疏漏猶登山遠望而近不知悊則舉小略大經注稍周似入室近觀而遠不察二家之疏互有修短時之所尚李則爲先案士冠三加有緇布冠皮弁爵弁既冠又著玄冠見於君有此四種之冠故記人下陳緇布冠委貌周弁以釋經之四種經之與記都無天子冠法而李云委貌與弁皆天子始冠之冠李之謬也喪服一篇凶禮之要是以南北二家章疏甚多時之所以皆資黃氏案鄭注喪服引禮記檀弓云經之言實也明孝子有忠實之心故爲制此服焉則經之所作表心明矣而黃氏妄云衰以表心經以表首以黃氏公違鄭注黃之謬也黃李之訓略言其一餘足見矣今以先儒失路後宜易塗故悉鄙情聊裁此疏未敢專欲以諸家爲本擇善而從兼增己義仍取四門助教李玄植詳論可否僉謀已定庶可施矣函丈之儒青衿之俊幸以去瑕取玫得無譏焉

儀禮目錄

卷一

士冠禮

鄭目錄云童子任職居士位年二十而冠主人玄冠朝服則是仕於諸侯天子之士朝服皮弁素積古者四民世事士之子恆爲士冠禮於五禮屬嘉禮大小戴及別錄此皆第一

卷二

士昏禮

鄭目錄云士娶妻之禮以昏爲期因而名焉必以昏者陽往而陰來日入三商爲昏昏禮於五禮屬嘉禮大小戴及別錄此皆第二

卷三

士相見禮

鄭目錄云士以職位相親始承摯相見之禮雜記會葬禮曰相見也反哭而退朋友虞祔而退士相見於五禮屬賓禮大小戴及別錄皆第三

卷四

鄉飲酒禮

鄭目錄云諸侯之鄉大夫三年大比獻賢者能者於其君以禮賓之與之飲酒於五禮屬嘉禮大戴此乃第十小戴及別錄此皆第四

卷五

鄉射禮

鄭目錄云州長春秋以禮會民而射於州序之禮謂之鄉者州鄉之屬鄉大夫或在焉不改其禮射禮於五禮屬嘉禮大戴十一小戴及別錄皆第五

卷六

燕禮

鄭目錄云諸侯無事若卿大夫有勤勞之功與羣臣燕飲以樂之燕禮於五禮屬嘉禮大戴第十二小戴及別錄皆第六

卷七

大射

鄭目錄云名諸大射者諸侯將有祭祀之事與其羣臣射以觀其禮數中者得與於祭不數中者不得與於祭射義於五禮屬嘉禮大戴此第十三小戴及別錄皆第七

卷八

聘禮

鄭目錄云大問曰聘諸侯相於久無事使卿相問之禮小聘使大夫周禮曰凡諸侯之邦交歲相問也殷相聘也世相朝也於五禮屬賓禮大戴第十四小戴第十五別錄第八

卷九

公食大夫禮

鄭目錄云主國君以禮食小聘大夫之禮於五禮屬嘉禮大戴第十五小戴第十六別錄第九

卷十

覲禮

鄭目錄云覲見也諸侯秋見天子之禮春見曰朝夏見曰宗秋見曰覲冬見曰遇朝宗禮備覲遇禮省是以享獻不見焉三時禮亡唯此存爾覲禮於五禮屬賓大戴第十六小戴十七別錄第十

卷十一

喪服

鄭目錄云天子以下死而相喪衣服年月親疏隆殺之禮不忍言死而言喪喪者棄亡之辭若全存居於彼焉已亡之耳大戴第十七小戴第九劉向別錄第十一

卷十二

士喪禮

鄭目錄云士喪其父母自始死至於既殯之禮喪於五禮屬凶大戴第四小戴第八別錄第十二

卷十三

既夕

鄭目錄云士喪禮之下篇也既已也謂先葬二日已夕哭時與葬閒一日凡朝廟日請啓期必容焉此諸侯之下士一廟其上士二廟則既夕哭先葬前二日大戴第五刪小戴第十四別錄名士喪禮下篇第十三

卷十四

士虞禮

鄭目錄云虞安也士既葬其父母迎精而反日中而祭之於殯宮以安之虞於五禮屬凶

大戴第六小戴第十五別錄第十四

卷十五

特牲饋食禮

鄭目錄云特牲饋食之禮謂諸侯之士祭祖禰非天子之士而於五禮屬吉禮

卷十六

少牢饋食禮

鄭目錄云諸侯之卿大夫祭其祖禰於廟之禮羊豕曰少牢少牢於五禮屬吉禮大戴第八小戴第十一別錄第十六

卷十七

有司徹

釋曰鄭目錄云少牢之下篇也上大夫既祭儐尸於堂之禮若下大夫祭畢禮尸於室中無別行儐尸於堂之事天子諸侯之祭明日而繹有司徹於五禮屬吉大戴第九小戴第十二別錄少牢下篇第十七

儀禮目錄

儀禮卷一

漢大司農北海鄭　玄註
明　後學東吳金　蟠訂

士冠禮第一。

士冠禮。

筮于廟門。

筮者以蓍問日吉凶於易也冠必筮日於廟門者重以成人之禮成子孫也廟謂禰廟不於堂者嫌蓍之靈由廟神○筮市制反庿古廟字禰乃禮反

主人玄冠朝服緇帶素韠卽位于門東西面。

主人將冠者之父兄也玄冠委貌也朝服者十五升布衣而素裳也衣不言色者衣與冠同也筮必朝服尊蓍龜之道緇帶黑繒帶也士帶博二寸再繚四寸屈垂三尺素韠白韋韠也長三尺上廣一尺下廣二尺其頸五寸肩革帶博三寸天子與其臣玄冕以視朔皮弁以日視朝諸侯與其臣皮弁以視朔朝服以日視朝凡染黑五入爲緅七入爲緇玄則六入與

有司如主人服卽位于西方東面北上。

有司羣吏有事者謂主人之吏所自辟除府史以下也今時卒吏及假吏皆是也

筮與席所卦者具饌于西塾。

筮所以問吉凶謂蓍也所卦者所以畫地記爻易曰六畫而成卦饌陳也具俱也西塾門外西堂也○塾音孰

布席于門中闑西閾外西面。

闑門橛也閾閫也古文闑爲槷閾爲蹷○闑魚列切閾音域橛其月反閫苦本反槷魚列反

筮人執筴抽上韇兼執之進受命於主人。

筮人有司主三易者也韇藏筴之器也今時藏弓矢者謂之韇丸也進前也自西方而前受命者當知所筮也

宰自右少退贊命。

宰有司主政教者也自由也贊佐也命告也佐主人告所以筮也少儀曰贊幣自左詔辭自右

筮人許諾右還卽席坐西面卦者在左。

卽就也東面受命右還北行就席卦者有司主畫地識爻者也○還音旋後倣此識音志

卒筮書卦執以示主人。

卒已也書卦者筮人以方寫所得之卦也

主人受眡反之。

反還也○還音環

筮人還東面旅占卒進告吉。

旅衆也還與其屬共占之古文旅作臚

若不吉則筮遠日如初儀。

遠日旬之外

徹筮席。

徹去也斂也

宗人告事畢。

宗人有司主禮者也

主人戒賓賓禮辭許。

戒，警也，告也。賓，主人之僚友。古者有吉事，則樂與賢者歡成之；有凶事，則欲與賢者哀戚之。今將冠子，故就告僚友使來。禮辭，一辭而許也。再辭而許曰固辭，三辭曰終辭，不許也。

主人再拜，賓答拜。主人退，賓拜送。

退，去也，歸也。

前期三日，筮賓，如求日之儀。

前期三日，空二日也。筮賓，筮其可使冠子者。賢者恒吉。冠義曰：古者冠禮筮日筮賓，所以敬冠事；敬冠事所以重禮；重禮所以爲國本。

乃宿賓。賓如主人服，出門左，西面再拜。主人東面答拜。

宿，進也。宿者必先戒，戒不必宿。其不宿者爲衆賓，或悉來或否。主人朝服。

乃宿賓。賓許，主人再拜，賓答拜。主人退，賓拜送。

乃宿賓者，親相見，致其辭。

宿贊冠者一人，亦如之。

贊冠者，佐賓爲冠事者。謂賓若他官之屬，中士若下士也。宿之以筮賓之明日。

厥明夕，爲期于廟門之外。主人立于門東，兄弟在其南，少退，西面，北上。有司皆如宿服，立于西方，東面，北上。

厥，其也。宿服，朝服。

擯者請期，宰告曰：質明行事。

擯者，有司佐禮者。在主人曰擯，在客曰介。質，正也。宰告曰：旦日正明行冠事。

告兄弟及有司。

擯者告也。

告事畢。

宗人告也。

擯者告期于賓之家。夙興，設洗，直于東榮，南北以堂深。水在洗東。

夙，早也。興，起也。洗，承盥洗者棄水器也。士用鐵。榮，屋翼也。周制，自卿大夫以下，其室爲夏屋。水器尊卑皆用金罍，及大小異。○深，申鴆反。

陳服于房中西墉下，東領，北上。

墉，牆。

爵弁服，纁裳，純衣，緇帶，韎韐。

此與君祭之服。雜記曰：士弁而祭于公。爵弁者，冕之次，其色赤而微黑，如爵頭然，或謂之緅。其布三十升。纁裳，淺絳裳。凡染絳，一入謂之縓，再入謂之頳，三入謂之纁，朱則四入與？純衣，絲衣也。餘衣皆用布，唯冕與爵弁服用絲耳。先裳後衣者，欲令下近緇，明衣與帶同色。韎韐，緼韍也。士緼韍而幽衡，合韋爲之。士染以茅蒐，因以名焉。今齊人名蒨爲韎韐。韍之制似韠。冠弁者不與衣陳而言於上，以冠名服耳。今文纁皆作熏。○韎爲妹，韐音閤，縓七絹反，頳丑貞反，韍音弗，蒨七見反。

皮弁服，素積，緇帶，素韠。

此與君視朔之服也。皮弁者，以白鹿皮爲冠，象上古也。積猶辟也，以素爲裳，辟蹙其要中。皮弁之衣用布，亦十五升，其色象焉。韠音畢，蔽膝也。

玄端，玄裳、黃裳、雜裳可也，緇帶，爵韠。

此莫夕於朝之服玄端即朝服之衣易其裳耳上士玄裳中士黃裳下士雜裳雜裳者前玄後黃易曰夫玄黃者天地之雜色天玄而地黃士皆爵韋爲韠其爵同不以玄冠名服者是爲緇布冠陳之玉藻曰韠君朱大夫素士爵韋○莫音暮

緇布冠缺項。青組纓屬于缺。緇纚廣終幅。長六尺。皮弁笄。爵弁笄。緇組紘纁邊。同篋。

缺讀如有頍者弁之頍緇布冠無笄者著頍圍髮際結項中隅爲四綴以固冠也項中有緇亦由固頍爲之耳今未冠笄者著卷幘頍象之所生也滕薛名蔮爲頍屬猶著纚今之幘梁也終充也纚一幅長六尺足以韜髮而結之矣笄今之簪有笄者屈組爲紘垂爲飾無笄者纓而結其絛纁邊組側赤也同篋謂此以上凡六物隋方曰篋○缺依注音頍去蘂反屬章玉反纚山買反著頍著卷之著陟略反緇紀屈反卷去圓反蔮古內反猶著之著直略反隋他果反

櫛實于簞。

簞笥也○簞音丹笥音嗣

蒲筵二在南。

筵席也

側尊一甒醴在服北。有篚實勺觶角柶。脯醢。南上。

側猶特也無偶曰側置酒曰尊側者無玄酒服北者纁裳北也篚竹器如笭者勺尊升所以㪺酒也爵三升曰觶柶狀如匕以角爲之者欲滑也南上者篚次尊籩豆次篚古文甒作廡○甒亡甫反觶之豉反柶音四醢音海笭力呈反㪺九于反又音拘揖也

爵弁皮弁緇布冠各一匴。執以待于西坫南。南面東上。賓升則東面。

主人玄端爵韠。立于阼階下。直東序西面。

爵弁者制如冕黑色但無繅耳周禮王之皮弁會五采玉璂象邸玉笄諸侯及孤卿大夫之冕皮弁各以其等爲之則士之皮弁又無玉象邸飾緇布冠今小吏冠其遺象也匴竹器名今之冠箱也執之者有司也坫在堂角古文匴爲篹坫爲襢○繅音早璂音其邸丁禮反篹素管反又音篹

玄端士入廟之服也阼猶酢也東階所以答酢賓客也堂東西牆謂之序○阼才故反

兄弟畢袗玄。立于洗東。西面北上。

兄弟主人親戚也畢猶盡也袗同也玄者玄衣玄裳也緇帶爵韠位在洗東退於主人不爵韠者降於主人也古文袗爲均也

擯者玄端負東塾。

東塾門內東堂負之北面

將冠者采衣紒。在房中南面。

采衣未冠者所服玉藻曰童子之飾也緇布衣錦緣錦紳并紐錦束髮皆朱錦也紒結髮古文紒爲結○紒音界

賓如主人服。贊者玄端從之。立于外門之外。

外門大門外

擯者告。

告者出請入告

主人迎出門左。西面再拜。賓荅拜。

左東也出以東爲左入以東爲右

主人揖贊者。與賓揖先入。

贊者賤揖之而已又與賓揖先入道之贊者隨賓

每曲揖。

周左宗廟入外門將東曲揖直廟將北曲又揖

至于廟門，揖入。三揖，至于階。三讓。

入門將右曲揖將北曲揖當碑揖

主人升，立于序端，西面。賓西序，東面。

主人賓俱升立相鄉○鄉許亮反又作嚮

贊者盥于洗西，升，立于房中，西面，南上。

盥于洗西由賓階升也立于房中近其事也南上尊于主人之贊者古文盥皆作浣

主人之贊者筵于東序，少北，西面。

主人之贊者其屬中士若下士筵布席也東序主人位也適子冠於阼少北辟主人○適丁歷反辟音避

將冠者出房，南面。

南面立於房外之西待賓命

贊者奠纚、笄、櫛于筵南端。

贊者賓之贊冠者也奠停也古文櫛爲節

賓揖將冠者，將冠者即筵坐。贊者坐，櫛，設纚。

即就設施

賓降，主人降。賓辭，主人對。

主人降爲賓將盥不敢安位也辭對之辭未聞○爲于僞反

賓盥，卒，壹揖、壹讓，升。主人升，復初位。

揖讓皆壹者降於初古文壹皆作一

賓筵前坐，正纚，興，降西階一等。執冠者升一等，東面授賓。

正纚者將加冠宜親之興起也降下也下一等升一等則中等相授冠緇布冠也

賓右手執項，左手執前，進容，乃祝，坐如初，乃冠，興，復位。贊者卒。

進容者行翔而前鶬焉至則立祝坐如初坐筵前興起也復位西序東面卒謂設缺項結纓也

冠者興，賓揖之，適房，服玄端爵韠，出房，南面。

復出房南面者一加禮成觀衆以容體

賓揖之，即筵坐，櫛，設笄。賓盥，正纚如初，降二等，受皮弁，右執項，左執前，進，祝，加之如初，復位。贊者卒紘。

如初爲不見者言也卒紘謂繫屬之

興，賓揖之，適房，服素積素韠，容，出房，南面。

容者再加彌成其儀益繁

賓降三等，受爵弁，加之。服纁裳韎韐。其他如加皮弁之儀。

降三等下至地他謂卒紘容出

徹皮弁、冠、櫛、筵，入于房。

徹者贊冠者主人之贊者爲之

筵于戶西南面。

筵，主人之贊者。戶西，室戶西。

贊者洗于房中，側酌醴，加柶覆之，面葉。

洗，盥而洗爵者。昏禮曰：房中之洗，在北堂直室東隅，篚在洗東，北面盥。側酌者，言無為之薦者。面，前也。葉，柶大端。贊酌者，賓尊不入房。古文葉為擖。

賓揖冠者就筵，筵西南面。賓受醴于戶東，加柶面枋。筵前北面。

戶東，室戶東。今文枋為柄。○枋，皮命反。

冠者筵西拜受觶，賓東面答拜。

筵西拜，南面拜也。賓還答拜於西序之位。東面者，明成人與為禮，異於答主人。

薦脯醢。

贊冠者也。

冠者即筵坐，左執觶，右祭脯醢，以柶祭醴三，興，筵末坐啐醴，捷柶，興，降筵，坐奠觶，拜，執觶興，賓答拜。

捷柶，扱柶於醴中。其拜皆如初。古文啐為呼。○啐，七內反。

冠者奠觶于薦東，降筵，北面坐取脯，降自西階，適東壁，北面見于母。

薦東，薦左。凡奠爵，將舉者於右，不舉者於左。適東壁者，出闈門也。時母在闈門之外，婦人入廟由闈門。

母拜受，子拜送，母又拜。

婦人於丈夫，雖其子猶俠拜。

賓降，直西序，東面。主人降，復初位。

初位，初至階讓升之位。

冠者立于西階東，南面。賓字之，冠者對。

對，應也。其辭未聞。

賓出，主人送于廟門外。

不出外門，將醴之。

請醴賓，賓禮辭，許。賓就次。

此醴當作禮。次，門外更衣處也，必帷幕簟席為之。

冠者見於兄弟，兄弟再拜，冠者答拜。見贊者，西面拜，亦如之。

見贊者西面拜，則見兄弟東面拜。贊者後賓出。

入見姑姊，如見母。

入，入寢門也。廟在寢門外。如見母者，亦北面，姑與姊亦俠拜也。不見妹，妹卑。

乃易服，服玄冠玄端爵韠，奠摯見於君，遂以摯見於鄉大夫、鄉先生。

易服不朝服者，非朝事也。摯，雉也。鄉先生，鄉中老人為卿大夫致仕者。○摯，亦作贄，音至。

乃醴賓以壹獻之禮。

壹獻者，主人獻賓而已，即燕無亞獻者。獻、酢、酬，賓主人各兩爵而禮成。特牲、少牢饋食之禮，獻尸，此其類也。士禮一獻，卿大夫三獻。賓醴不用柶者，泲其醴。內則曰：飲，重醴，清糟。凡醴事，質者用糟，文者

用清○洗于禮反

主人酬賓束帛儷皮。

飲賓客而從之以財貨曰酬所以申暢厚意也束帛十端也儷皮兩鹿皮也古文儷爲離

贊者皆與贊冠者爲介。

贊者衆賓也皆與亦飲酒爲衆賓介賓之輔以贊爲之尊之飲酒之禮賢者爲賓其次爲介○與音預

賓出主人送于外門外再拜歸賓俎。

一獻之禮有薦有俎其牲未聞使人歸諸賓家也

若不醴則醮用酒。

若不醴謂國有舊俗可行聖人用焉不改者也曲禮曰君子行禮不求變俗祭祀之禮居喪之服哭泣之位皆如其國之故謹脩其法而審行之是也酌而無酬酢曰醮醴亦當爲禮

尊于房戶之間兩甒有禁玄酒在西加勺南枋。

房戶間者房西室戶東也禁承尊之器也名之爲禁者因爲酒戒也玄酒新水也雖今不用猶設之不忘古也

洗有篚在西南順。

洗庭洗當東榮南北以堂深篚亦以盛勺觶陳於洗西南順北爲上也○盛音成

始加醮用脯醢賓降取爵于篚辭降如初卒洗升酌。

始加者言一加一醮也加冠於東序醮之於戶西同耳始醮亦薦脯醢賓降者爵在庭酒在堂將自酌也辭降如初如將冠時降盥辭主人降也凡薦出自東房

冠者拜受賓答拜如初。

贊者筵于戶西賓升揖冠者就筵乃酌冠者南面拜受賓授爵東面答拜如醴禮也於賓答拜贊者則亦薦之

冠者升筵坐左執爵右祭脯醢祭酒興筵末坐啐酒。

降筵拜賓答拜冠者奠爵于薦東立于筵西。

冠者立俟賓命賓揖之則就東序之筵

徹薦爵筵尊不徹。

徹薦與爵者辟後加也不徹筵尊三加可相因由便也

加皮弁如初儀再醮攝酒其他皆如初。

攝猶整也整酒謂撓之今文攝爲聶○撓奴高反

加爵弁如初儀三醮有乾肉折俎嚌之其他如初北面取脯見于母。

乾肉牲體之脯也折其體以爲俎嚌嘗之○嚌才計反

若殺則特豚載合升離肺實于鼎設扃鼏。

特豚一豚也凡牲皆用左胖煑於鑊曰亨在鼎曰升在俎曰載載合升者明亨與載皆合左右胖離割也割肺者使可祭也可嚌也今文扃爲鉉古文鼏爲密○扃古螢反鼏亡歷反鑊戶郭反亨普庚反

始醮如初。

亦薦脯醢徹薦爵筵尊不徹矣

再醮兩豆葵菹蠃醢兩籩栗脯。

蠃醢螔蝓醢今文蠃爲蝸○蠃力禾反螔音移蝓音俞一音由蝸力禾反又古華反

三醮。攝酒如再醮。加俎嚌之。皆如初嚌肺。

攝酒如再醮。則再醮亦攝之矣。加俎嚌之。嚌當爲祭。字之誤也。祭俎如初。如祭脯醢。

卒醮。取籩脯以降。如初。若孤子。則父兄戒宿。

父兄。諸父諸兄。

冠之日。主人紒而迎賓。拜揖讓立于序端。皆如冠主。禮於阼。

冠主。冠者親父若宗兄也。古文紒爲結。今文禮作醴。

凡拜。北面於阼階上。賓亦北面于西階上答拜。若殺。則舉鼎陳於門外。直東塾北面。

孤子得申禮。盛之。父在有鼎不陳於門外。

若庶子。則冠於房外。南面遂醮焉。

房外。謂尊東也。不於阼階。非代也。不醮於客位。成而不尊。

冠者母不在。則使人受脯于西階下。戒賓曰。某有子某。將加布於其首。願吾子之教之也。

吾子。相親之辭。吾。我也。子。男子之美稱。古文某爲謀。

賓對曰。某不敏。恐不能共事。以病吾子。敢辭。

病。猶辱也。古文病爲秉。○共音恭。

主人曰。某猶願吾子之終教之也。賓對曰。吾子重有命。某敢不從。

敢不從。許之辭。

宿曰。某將加布於某之首。吾子將莅之。敢宿。賓對曰。某敢不夙興。

莅。臨也。今文無對。

始加祝曰。令月吉日。始加元服。

令。吉。皆善也。元。首也。○服叶蒲北反

棄爾幼志。順爾成德。壽考惟祺。介爾景福。

爾。女也。既冠爲成德。祺。祥也。介。景。皆大也。因冠而戒。且勸之。女如是則有壽考之祥。大女之大福也。

○福叶筆勒反。女音汝。下同。

再加曰。吉月令辰。乃申爾服。

辰。子丑也。申。重也。○服叶蒲北反

敬爾威儀。淑慎爾德。眉壽萬年。永受胡福。

胡。猶遐也。遠也。遠無窮。古文眉作麋。○福叶筆勒反

三加曰。以歲之正。以月之令。咸加爾服。

正。猶善也。咸。皆也。皆加女之三服。謂緇布冠皮弁爵弁也。

兄弟具在。以成厥德。黃耇無疆。受天之慶。

黃。黃髮也。耇。凍梨也。皆壽徵也。疆。竟。○耇音苟。慶叶音羌。

醴辭曰。甘醴惟厚。嘉薦令芳。

嘉。善也。善薦。謂脯醢。芳。香也。

拜受祭之。以定爾祥。承天之休。壽考不忘。

不忘。長有令名。

醮辭曰旨酒既清嘉薦亶時

亶誠也古文亶爲癉○癉丁但反

始加元服兄弟具來孝友時格永乃保之

善父母爲孝善兄弟爲友時是也格至也永長也保安也行此乃能保之今文格爲嘏凡醮者不祝

○來叶力之反嘏古雅反

再醮曰旨酒既湑嘉薦伊脯

湑清也伊惟也○湑思呂反

乃申爾服禮儀有序祭此嘉爵承天之祜

祜福也

三醮曰旨酒令芳籩豆有楚

旨美也楚陳列之貌

咸加爾服肴升折俎

肴升折俎亦謂豚

承天之慶受福無疆

○慶叶音羌

字辭曰禮儀既備令月吉日

○備叶筆力反

昭告爾字爰字孔嘉

昭明也爰於也孔甚也○字叶音滋嘉叶居之反

髦士攸宜宜之于假

髦俊也攸所也于猶爲也假大也宜之是爲大矣○假古雅反叶音古

永受保之曰伯某甫仲叔季唯其所當

伯仲叔季長幼之稱甫是丈夫之美稱孔子爲尼甫周大夫有嘉甫宋大夫有孔甫是其類甫字或作父

屨夏用葛玄端黑屨青絇繶純純博寸

屨者順裳色玄端黑屨以玄裳爲正也絇之言拘也以爲行戒狀如刀衣鼻在屨頭繶縫中紃也純緣也三者皆青博廣也○絇其于反繶於力反純章允反縫扶用反紃音旬

素積白屨以魁柎之緇絇繶純純博寸

魁蜃蛤柎注也○柎方于反蜃上忍反蛤音閤

爵弁纁屨黑絇繶純純博寸

爵弁屨以黑爲飾爵弁尊其屨飾以繢次

冬皮屨可也不屨繐屨

繐屨喪屨也縷不灰治曰繐○繐音歲

記冠義始冠緇布之冠也太古冠布齊則緇之其緌也孔子曰吾未之聞也冠而敝之可也

太古唐虞以上緌纓飾未之聞太古質無飾重古始冠冠其齊冠白布冠今之喪冠是也

適子冠於阼以著代也醮於客位加有成也三加彌尊諭其志也冠而字之敬其名也

名者質所受於父母冠成人益文故敬之

委貌周道也章甫殷道也毋追夏后氏之道也

或謂委貌爲玄冠委猶安也言所以安正容貌章明也殷質言以表明丈夫也甫或謂父今文爲斧毋發聲也追猶堆也夏后氏質以其形名之三冠皆所常服以行道也其制之異同未之聞

周弁殷冔夏收。

弁名出於槃槃大也言所以自光大也冔名出於幠幠覆也言所以自覆飾也收言所以收斂髮也齊所服而祭也其制之異未聞○冔況甫反

三王共皮弁素積。

質不變

無大夫冠禮而有其昏禮古者五十而后爵何大夫冠禮之有。

據時有未冠而命爲大夫者周之初禮年未五十而有賢才者試以大夫之事猶服士服行士禮二十而冠急成人也五十乃爵重官人也大夫或時改娶有昏禮是也

公侯之有冠禮也夏之末造也。

造作也自夏初以上諸侯雖父死子繼年未滿五十者亦服士服行士禮五十乃命也至其衰末上下相亂篡弑所由生故作公侯冠禮以正君臣也坊記曰君不與同姓同車與異姓同車不同服示民不嫌也以此坊民民猶得同姓以弑其君者

天子之元子猶士也天下無生而貴者也。

元子世子也無生而貴皆由下升

繼世以立諸侯象賢也。

象法也爲子孫能法先祖之賢故使之繼世也

以官爵人德之殺也。

殺猶衰也德大者爵以大官德小者爵以小官

死而謚今也古者生無爵死無謚。

今謂周衰記之時也古謂殷殷士生不爲爵死不爲謚周制以士爲爵死猶不爲謚耳下大夫也今記之時士死則謚之非也謚之由魯莊公始也

儀禮卷一

儀禮卷二

漢大司農北海鄭　玄註

明　後學東吴葛　鼒訂

士昏禮第二

昏禮

下達納采用鴈。達通達也將欲與彼合昏姻必先使媒氏下通其言女氏許之乃後使人納其采擇之禮詩云取妻如之何匪媒不得昏必由媒交接設紹介皆所以養廉恥納采而用鴈爲摯者取其順陰陽往來○采七在反

主人筵于戸西西上右几。主人女父也筵爲神布席也戸西者尊處將以先祖之遺體許人故受其禮於禰廟席西上右設几神不統於人席有首尾○爲于僞反

使者玄端至。使者夫家之屬若羣吏使往來者玄端士莫夕之服又服以事其廟有司緇裳○使所吏反莫音暮

擯者出請事入告。擯者有司佐禮者請猶問也禮不必事雖知猶問之重愼也

主人如賓服迎于門外再拜賓不答拜揖入。門外大門外不答拜者奉使不敢當其盛禮

至于廟門揖入三揖至于階三讓。入三揖者至內霤將曲揖既曲北面揖當碑揖

主人以賓升西面。賓升西階當阿東面致命。主人阼階上北面再拜。阿棟也入堂深示親親今文阿爲庪○庪君委反

授于楹間南面。授于楹間明爲合好其節同也南面並授也

賓降出。主人降授老鴈。老羣吏之尊者

擯者出請。不必賓之事有無

賓執鴈請問名。主人許。賓入授如初禮。問名者將歸卜其吉凶古文禮爲醴

擯者出請。賓告事畢。入告。出請醴賓。此醴亦當爲禮禮賓者欲厚之

賓禮辭許。禮辭一辭

主人徹几改筵東上。側尊甒醴于房中。徹几改筵者鄉爲神今爲人側尊亦言無玄酒側尊於房中亦有篚有籩豆如冠禮之設○甒云甫反鄉許亮反爲于僞反

主人迎賓于廟門外。揖讓如初升。主人北面再拜。賓西階上北面答拜。主人拂几授校。拜送。賓以几辟。北

面設于坐左之西階上答拜。

拂拭也拭几者尊賓新之也校几足辟逡遁古文校爲技○辟房益反

贊者酌醴。加角柶。面葉。出于房。

贊佐也佐主人酌事也贊者亦洗酌加角柶覆之如冠禮矣出房南面待主人迎受古文葉作擖○柶音四

主人受醴。面枋。筵前西北面。賓拜受醴。復位。主人阼階上拜送。

主人西北面疑立待賓卽筵也賓復位於西階上北面明相尊敬此筵不主爲飲食起○枋彼命反疑魚乙反爲于僞反

贊者薦脯醢。

薦進

賓卽筵坐。左執觶。祭脯醢。以柶祭醴三。西階上北面坐。啐醴。建柶。興。坐奠觶。遂拜。主人答拜。

卽就也左執觶則祭以右手也凡祭於脯醢之豆閒必所爲祭者謙敬示有所先也啐嘗也嘗之者成主人意建猶扱也興起也奠停也○觶之豉反啐七內反扱初洽反

賓卽筵。奠于薦左。降筵。北面坐。取脯。主人辭。

薦左籩豆之東降下也自取脯者尊主人之賜將歸執以反命辭者辭其親徹

賓降。授人脯。出。主人送于門外。再拜。

人謂使者從者授於階下西面然後出去○從才用反後從者皆同

納吉用鴈。如納采禮。

歸卜於廟得吉兆復使使者往告婚姻之事於是定

納徵。玄纁束帛儷皮。如納吉禮。

徵成也使使者納幣以成昏禮用玄纁者象陰陽備也束帛十端也周禮曰凡嫁子娶妻入幣純帛無過五兩儷兩也執束帛以致命兩皮爲庭實皮鹿皮今文纁皆作熏○儷音麗純側其反

請期用鴈。主人辭。賓許。告期。如納徵禮。

主人辭者陽倡陰和期日宜由夫家來也夫家必先卜之得吉日乃使使者往辭卽告之

期初昏。陳三鼎于寢門外東方。北面北上。其實特豚。合升。去蹄。舉肺脊二。祭肺二。魚十有四。腊一肫。髀不升。皆飪。設扃鼏。

期取妻之日鼎三者升豚魚腊也寢壻之室也北面鄉內也特猶一也合升合左右胖升於鼎也去蹄蹄甲不用也舉肺脊者食時所先舉也肺者氣之主也周人尚焉脊者體之正也食時則祭之飯必舉之貴之也每皆二者夫婦各一耳凡魚之正十五而鼎減一爲十四者欲其敵偶也腊兔腊也肫或作純純全也凡腊用全髀不升者近竅賤也飪熟也扃所以扛鼎鼏覆之古文純爲鈞髀爲脾今文扃作鉉鼏皆作密○鄉許亮反

設洗于阼階東南。

洗所以承盥洗之器棄水者

饌于房中。醯醬二豆。菹醢四豆。兼巾之。黍稷四敦。皆蓋。

醯醬者以醯和醬生人尚褻味兼巾之者大豆共巾也巾爲禦塵蓋爲尚溫周禮曰食齊視春時○敦音對食音嗣齊才計反下同

大羹湆在爨。

大羹湆煑肉汁也大古之羹無鹽菜爨火上周禮曰羹齊視夏時今文湆皆作汁○大如字又音太湆去急反爨七亂反

尊于室中北墉下。有禁。玄酒在西。綌冪加勺。在南枋。

墉牆也禁所以庪甒者玄酒不忘古也綌粗葛今文枋作柄

尊于房戶之東。無玄酒。篚在南。實四爵合巹。

無玄酒者略之也夫婦酌於內尊其餘酌于外尊合巹破匏也四爵兩巹凡六為夫婦各三酳一升曰爵○巹音謹酳以刃反

主人爵弁。纁裳緇袘。從者畢玄端。乘墨車。從車二乘。執燭前馬。

主人壻也壻為婦主爵弁而纁裳玄冕之次大夫以上親迎冕服冕服迎者鬼神之鬼神之者所以重之親之纁裳者衣緇衣不言衣與帶而言袘者空其文明其與袘俱用緇袘謂緣袘之言施以緇緣裳象陽氣下施從者有司也乘二車從行者也畢猶皆也墨車漆車士而乘墨車攝盛也執燭前馬使從役持炬火居前炤道○袘以豉反又音移從才用反乘繩證反迎魚正反緣以絹反

婦車亦如之。有裧。

亦如之者車同等士妻之車夫家共之大夫以上嫁女則自以車送之裧車裳幃周禮謂之容車有容則固有蓋○裧昌占反共音恭

至于門外。

婦家大門之外

主人筵于戶西。西上。右几。

主人女父也筵為神布席也

女次純衣纁袡。立于房中。南面。

次首飾也今時髲也周禮追師掌為副編次純衣絲衣女從者畢袗玄則此衣亦玄矣袡亦緣也袡之言任也以纁緣其衣象陰氣上任也凡婦人不常施袡之衣盛昏禮為此服喪大記曰復衣不以袡明非常○袡如占反髲皮義反追丁回反

姆纚笄宵衣。在其右。

姆婦人年五十無子出而不復嫁能以婦道教人者若今時乳母纚縚髮笄今時簪也纚亦廣充幅長六尺宵讀為詩素衣朱綃之綃魯詩以綃為綺屬也姆亦玄衣以綃為領因以為名且相別耳在女右當詔以婦禮○姆亡侯反又音毋纚山買反縚他刀反

女從者畢袗玄。纚笄被顈黼。在其後。

女從者謂姪娣也詩諸娣從之祁祁如雲袗同也同玄者上下皆玄也顈襌也詩云素衣朱襮爾雅云黼領謂之襮周禮曰白與黑謂之黼天子諸侯后夫人狄衣卿大夫之妻刺黼以為領如今偃領矣士妻始嫁施襌黼於領上假盛飾耳言被明非常服○顈苦迥反襌音丹襮音博刺七亦反

主人玄端迎于門外。西面再拜。賓東面答拜。

賓壻

主人揖入。賓執鴈從。至于廟門。揖入。三揖。至于階。三讓。主人升。西面。賓升。北面。奠鴈。再拜稽首。降。出。婦從降自西階。主人不降送。

賓升奠鴈拜主人不答明主為授女耳主人不降送禮不參○為于偽反

壻御婦車。授綏。姆辭不受。

壻御者親而下之綏所以引升車者曲禮曰僕人之禮必授人綏

婦乘以几姆加景乃驅御者代

乘以几者尚安舒也景之制蓋如明衣加之以為行道禦塵令衣鮮明也景亦明也驅行也行車輪三周御者乃代壻今文景作憬○令力呈反

壻乘其車先俟于門外

壻車在大門外乘之先者道之也男率女女從男夫婦剛柔之義自此始也俟待也門外壻家大門外

婦至主人揖婦以入及寢門揖入升自西階媵布席于奧夫入于室即席婦尊西南面媵御沃盥交

升自西階道婦入也媵送也謂女從者也御當為訝訝迎也謂壻從者也媵沃壻盥於南洗御沃婦盥於北洗夫婦始接情有廉恥媵御交道其志○媵以證反御依註音訝

贊者徹尊冪舉者盥出除鼏舉鼎入陳于阼階南西面北上匕俎從設

執匕者執俎者從鼏而入設之匕所以別出牲體也俎所以載也○別彼列反

北面載執而俟

執俎而立俟豆先設

匕者逆退復位于門東北面西上

執匕者事畢逆退由便至此乃著其位略賤也

贊者設醬于席前菹醢在其北俎入設于豆東魚次腊特于俎北

豆東菹醢之東

贊設黍于醬東稷在其東設湆于醬南

饌要方也

設對醬于東

對醬婦醬也設之當特俎

菹醢在其南北上設黍于腊北其西稷設湆于醬北

御布對席贊啓會郤于敦南對敦于北

啓發也今文啓作開古文郤為綌

贊告具揖婦即對筵皆坐皆祭祭薦黍稷肺

贊者西面告饌具也壻揖婦使即席薦菹醢

贊爾黍授肺脊皆食以湆醬皆祭舉食舉也

爾移也移置席上便其食也皆食食黍也以用也用者謂用口啜湆用指咂醬古文咂作稷○啜昌悅反咂子闔反

三飯卒食

卒已也同牢示親不主為食起三飯而成禮也○飯扶晚反下同

贊洗爵酌酳主人主人拜受贊戶內北面答拜酳婦亦如之皆祭

酳漱也酳之言演也安也漱所以絜口且演安其所食酳酌內尊

贊以肝從皆振祭嚌肝皆實于菹豆

肝肝炙也飲酒宜有肴以安之○嚌才計反炙之夜反

卒爵皆拜。

婦拜見上篇見母□□□□奠菜一章及內則□□□□

贊答拜受爵再醋如初無從三醋用巹亦如之。

亦無從也。

贊洗爵酌于戶外尊入戶西北面奠爵拜皆答拜坐祭卒爵拜皆答拜。

贊酌者自酢也。

主人出婦復位。

復尊西南面之位。

乃徹于房中如設于室尊否。

徹室中之饌設于房中為媵御餕之徹尊不設有外尊也○為于偽反

主人說服于房媵受婦說服于室御授姆授巾。

巾所以自潔清今文說作稅○說吐活反

御衽于奧媵衽良席在東皆有枕北止。

衽臥席也婦人稱夫曰良孟子曰將見良人之所之止足也古文止作趾

主人入親說婦之纓。

入者從房還入室也婦人十五許嫁笄而禮之因著纓明有繫也蓋以五采為之其制未聞○說吐活反著昭略反

燭出。

昏禮畢將臥息。

媵餕主人之餘御餕婦餘贊酌外尊醋之。

外尊房戶外之東尊

媵侍于戶外呼則聞。

為尊者有所徵求今文侍作待

夙興婦沐浴纚笄宵衣以俟見。

夙早也昏明日之晨興起也俟待也待見於舅姑寢門之外古者命士以上年十五父子異宮

質明贊見婦于舅姑席于阼舅即席席于房外南面姑即席。

質平也房外房戶外之西古文舅皆作咎

婦執笲棗栗自門入升自西階進拜奠于席。

笲竹器而衣者其形蓋如今之筥筌蘆矣進拜者進東面乃拜奠之者舅尊不敢授也○笲音煩衣於既反筌羌居反蘆音盧

舅坐撫之興答拜婦還又拜。

還又拜者還於先拜處拜婦人與丈夫為禮則俠拜○俠古洽反

降階受笲腶脩升進北面拜奠于席姑坐舉以興拜授人。

人有司姑執笲以起答婦拜授有司徹之舅則宰徹之○腶丁亂反

贊醴婦。

醴當為禮贊禮婦者以其婦道新成親厚之

席于戶牖間。

室戶西牖東南面位

側尊甒醴于房中婦疑立于席西

疑正立自定之貌

贊者酌醴加柶面枋出房席前北面婦東面拜受贊西階上北面拜送婦又拜薦脯醢

婦東面拜贊北面答之變于丈夫始冠成人之禮

婦升席左執觶右祭脯醢以柶祭醴三降席東面坐啐醴建柶興拜贊答拜婦又拜奠于薦東北面坐取脯降出授人于門外

奠于薦東升席奠之取脯降出授人親徹且榮得禮人謂婦氏人

舅姑入于室婦盥饋

饋者婦道既成成以孝養

特豚合升側載無魚腊無稷並南上其他如取女禮

側載者右胖載之舅俎左胖載之姑俎異尊卑並南上者舅姑共席于奧其饌各以南為上其他謂醬湆菹醢女謂婦也如取婦禮同牢時並當作併○取七住反

婦贊成祭卒食一酳無從

贊成祭者授處之今文無成也

席于北墉下

室中北牆下

婦徹設席前如初西上婦餕舅辭易醬

婦餕者即席將餕也辭易醬者嫌淬汙○淬七內反本或作染

婦餕姑之饌御贊祭豆黍肺舉肺脊乃食卒姑酳之婦拜受姑拜送坐祭卒爵姑受奠之

奠于篚

婦徹于房中媵御餕姑酳之雖無娣媵先於是與始飯之錯

古者嫁女必姪娣從之謂之媵姪兄之子娣女弟也娣尊姪卑若或無娣猶先媵客之也始飯謂舅姑錯者媵餕舅餘御餕姑餘也古文始為姑

舅姑共饗婦以一獻之禮舅洗于南洗姑洗于北洗奠酬

以酒食勞人曰饗南洗在庭北洗在北堂設兩洗者獻酬酢以潔清為敬奠酬者明正禮成不復舉

凡酬酒皆奠于薦左不舉其燕則更使人舉爵

舅姑先降自西階婦降自阼階

授之室使為主明代己

歸婦俎于婦氏人

言俎則饗禮有牲矣婦氏人丈夫送婦者使有司歸以婦俎當以反命於女之父母明其得禮

舅饗送者以一獻之禮酬以束錦

送者女家有司也爵至酬賓又從之以束錦所以相厚古文錦皆作帛

姑饗婦人送者酬以束錦

婦人送者隸子弟之妻妾凡饗速之

若異邦。則贈丈夫送者以束錦。

贈，送也。就賓館。

若舅姑既沒。則婦入三月。乃奠菜。

沒，終也。奠菜者，以篚祭菜也。蓋用菫。○菫音謹。

席于廟奧東面。右几。席于北方南面。

廟，考妣之廟。北方，墉下。

祝盥。婦盥于門外。婦執笲菜。祝帥婦以入。祝告稱婦之姓。曰某氏來婦。敢奠嘉菜于皇舅某子。

帥，道也。入，入室也。某氏者，齊女則曰姜氏，魯女則曰姬氏。來婦，言來爲婦。嘉，美也。皇，君也。

婦拜扱地。坐奠菜于几東席上。還。又拜如初。

扱地，手至地也。婦人扱地，猶男子稽首。○扱，初洽反。

婦降堂。取笲菜入。祝曰。某氏來婦。敢告于皇姑某氏。奠菜于席。如初禮。

降堂，階上也。室事交乎戶，今降堂者，敬也。於姑言敢告，舅尊於姑。

婦出。祝闔牖戶。

凡廟無事，則閉之。

老醴婦于房中南面。如舅姑醴婦之禮。

因於廟見禮之。

壻饗婦送者丈夫婦人。如舅姑饗禮。

記。士昏禮。凡行事。必用昏昕。受諸禰廟。辭無不腆。無辱。

用昕，使者。用昏，壻也。壻，悉計反，從士從胥，俗作婿。女之夫也。腆，善也。賓不稱幣不善，主人不謝來辱。

摯不用死。皮帛必可制。

摯，鴈也。皮帛，儷皮束帛也。

腊必用鮮。魚用鮒。必殽全。

殽全者，不餒敗，不剝傷。○鮒音附。

女子許嫁。笄而醴之。稱字。

許嫁，已受納徵禮也。笄女之禮，猶冠男也。使主婦、女賓執其禮。

祖廟未毀。教于公宮三月。若祖廟已毀。則教于宗室。

祖廟，女高祖爲君者之廟也。以有緦麻之親，就尊者之宮，教以婦德、婦言、婦容、婦功。宗室，大宗之家。

問名。主人受鴈。還西面對。賓受命。乃降。

受鴈于兩楹間，南面。還于阼階上，對賓以女名。

祭醴。始扱一祭。又扱再祭。賓右取脯。左奉之。乃歸執以反命。

反命，謂使者問名、納吉、納徵、請期，還報于壻父。○奉，芳勇反。

納徵。執皮攝之內文。兼執足。左首。隨入。西上。參分庭。一在南。

攝，猶辟也。兼執足者，左手執前兩足，右手執後兩足。左首，象生。曲禮曰：執禽者左首。隨入，爲門中阨狹。西上，中庭位併。○辟，必亦反。阨，于賣反。

賓致命。釋外足見文。主人受幣。士受皮者自東出于

後自左受遂坐攝皮逆退適東壁
賓致命主人受幣庭實所用爲節士謂若中士下士不命者以主人爲官長自由也○長丁丈反
父醴女而俟迎者母南面于房外
女既次純衣父醴之于房中南面蓋母薦焉重婚禮也女奠爵于薦東立于位而俟壻壻至父出使擯者請事母出南面房外示親授壻且當戒女也
女出于母左父西面戒之必有正焉若衣若笄母戒諸西階上不降
必有正焉者以託戒之使不忘
婦乘以几從者二人坐持几相對
持几者重慎之
婦入寢門贊者徹尊冪酌玄酒三屬于尊棄餘水于堂下階閒加勺
屬注也玄酒涚水貴新昏禮又貴新故事至乃取之三注于尊中○屬音燭涚舒銳反
笲緇被纁裏加于橋舅答拜宰徹笲
被表也笲有衣者婦見舅姑以飾爲敬橋所以庋笲其制未聞今文橋爲鎬
婦席薦饌于房
醴婦饗婦之席薦也
饗婦姑薦焉
舅姑共饗婦舅獻爵姑薦脯醢
婦洗在北堂直室東隅篚在東北面盥
洗在北堂所謂北洗北堂房中半以北洗南北直室東隅東西直房戶與隅閒
婦酢舅更爵自薦
更爵男女不相因也
不敢辭洗舅降則辟于房不敢拜洗
不敢與尊者爲禮○辟音避
凡婦人相饗無降
姑饗婦人送者于房無降者以北洗篚在上
婦入三月然後祭行
入夫之室三月之後於祭乃行謂助祭也
庶婦則使人醮之婦不饋
庶婦庶子之婦也使人醮之不饗也酒不酬酢曰醮亦有脯醢適婦酌之以醴尊之庶婦酌之以酒卑之其儀則同不饋者共養統於適也○醮子召反適丁狄反
昏辭曰吾子有惠貺室某也
昏辭擯者請事告之辭吾子謂女父也稱有惠明下達貺賜也室猶妻也某壻名○妻七計反
某有先人之禮使某也請納采
某壻父名也某使名也
對曰某之子惷愚又弗能教吾子命之某不敢辭
對曰者擯出納賓之辭某女父名也吾子謂使者古文弗爲不無能字○惷失容反
致命曰敢納采問名曰某既受命將加諸卜敢請女爲誰氏

某，使者名也。誰氏者，謙也，不必其主人之女。

對曰：吾子有命，且以備數而擇之，某不敢辭。

卒曰某氏，不記之者，明爲主人之女。

醴曰：子爲事故，至於某之室。某有先人之禮，請醴從者。

言從者，謙不敢斥也。今文於爲于。○爲，于僞反。

對曰：某既得將事矣，敢辭。

將，行。

先人之禮，敢固以請。

主人辭，固如故。

某辭不得命，敢不從也。

賓辭也。不得命者，不得辭己之命。

納吉曰：吾子有貺命，某加諸卜，占曰吉，使某也敢告。

貺，賜也。賜命，謂許以女名也。某，壻父名。

對曰：某之子不教，唯恐弗堪。子有吉，我與在，某不敢辭。

與，猶兼也。古文與爲豫。○與音預。

納徵曰：吾子有嘉命，貺室某也。某有先人之禮，儷皮束帛，使某也請納徵。致命曰：某敢納徵。對曰：吾子順先典，貺某重禮，某不敢辭，敢不承命。

典，常也，法也。

請期曰：吾子有賜命，某既申受命矣，惟是三族之不虞，使某也請吉日。

三族，謂父昆弟、己昆弟、子昆弟。虞，度也。不億度，謂卒有死喪。此三族者，己及子皆爲服期，期服則踰年，欲及今之吉也。雜記曰：大功之末，可以冠子嫁子。○度，大各反。期音朞。

對曰：某既前受命矣，唯命是聽。

前受命者，申前事也。

曰：某命某聽命于吾子。

曰某，壻父名也。

對曰：某固惟命是聽。使者曰：某使某受命，吾子不許，某敢不告期，曰某日。

某，吉日之甲乙。

對曰：某敢不敬須。

須，待也。

凡使者歸，反命曰：某既得將事矣，敢以禮告。

告禮所執脯。

主人曰：聞命矣。

父醮子。

子，壻也。

命之辭曰：往迎爾相，承我宗事。

相，助也。宗事，宗廟之事。○相，息亮反。

勗帥以敬先妣之嗣，若則有常。

勗，勉也。若，猶女也。勉帥婦道，以敬其爲先妣之嗣，女之行則當有常，深戒之。詩云「大姒嗣徽音」。○勗，許玉反。女音汝，下同。大音泰。

子曰：諾。唯恐弗堪，不敢忘命。

賓至，擯者請，對曰：吾子命某以茲初昏，使某將請承命。

賓，壻也。命某，某壻之父名。茲，此也。將，行也。使某行昏禮來迎。

對曰：某固敬具以須。

父送女，命之曰：戒之敬之，夙夜毋違命。

夙，早也。早起夜臥。命，舅姑之教命。古文毋爲無。

母施衿結帨，曰：勉之敬之，夙夜無違宮事。

帨，佩巾。

庶母及門內施鞶，申之以父母之命，命之曰：敬恭聽宗爾父母之言，夙夜無愆，視諸衿鞶。

庶母，父之妾也。鞶，鞶囊也。男鞶革，女鞶絲，所以盛帨巾之屬，爲謹敬。申，重也。宗，尊也。愆，過也。諸，之也。示之以衿鞶者，皆託戒使識之也。不示之以衣笄者，尊者之戒不嫌忘之。視乃正字，今文作示，俗誤行之。○鞶，步干反。盛音成。識，申志反。

宗子無父，母命之；親皆沒，己躬命之。

宗子者，適長子也。命之，命使者。母命之，在春秋紀裂繻來逆女是也。躬，猶親也。親命之，則宋公使公孫壽來納幣是也。言宗子無父，是有父者，禮七十老而傳，八十齊喪之事不及，若是者子代其父爲宗子，其取也，父命之。

支子則稱其宗。

支子，庶昆弟也。稱其宗子命使者。

弟則稱其兄。

弟，宗子母弟。

若不親迎，則婦入三月，然後壻見，曰：某以得爲外昏姻，請覿。

女氏稱昏，壻氏稱姻。覿，見也。

主人對曰：某以得爲外昏姻之數，某之子未得濯溉於祭祀，是以未敢見。今吾子辱，請吾子之就宮，某將走見。

主人，女父也。以白造緇曰辱。○造，七報反。溉，古代反。

對曰：某以非他故，不足以辱命，請終賜見。

非他故，彌親之辭。命，謂將走見之言。今文無終賜。

對曰：某以得爲昏姻之故，不敢固辭，敢不從。

不言外，亦彌親之辭。

主人出門左，西面。壻入門，東面奠摯，再拜，出。

出門，出內門。入門，入大門。出內門不出大門者，異於賓客也。壻見於寢。奠摯者，壻有子道，不敢授也。

摯，雉也。

擯者以摯出請受。欲使以賓客禮相見。

壻禮辭許受摯入主人再拜受壻再拜送出。出已見女父。

見主婦主婦闔扉立于其內。主婦主人之婦也見主婦者兄弟之道宜相親也闔扉者婦人無外事扉左扉。

壻立于門外東面主婦一拜壻答再拜主婦又拜壻出。必先一拜者婦人於丈夫必俠拜。

主人請醴及揖讓入醴以一獻之禮主婦薦奠酬無幣。及與也無幣異於賓客。

壻出主人送再拜。

儀禮卷二

儀禮卷三

漢大司農北海鄭　玄註

明　後學東吳金　蟠訂

士相見禮第三

士相見之禮

贄冬用雉夏用腒左頭奉之曰某也願見無由達某子以命命某見

贄所執以至者君子見於所尊敬必執贄以將其厚意也士贄用雉者取其耿介交有時別有倫也雉必用死者為其不可生服也夏用腒備腐臭也左頭頭陽也無由達言久無因緣以自達也某子今所因緣之姓名也以命者稱述主人之意今文頭為脰○腒其居反奉芳勇反下同見賢遍反凡卑於尊曰見敵而曰見謙敬之辭也下以意求之他皆倣此

主人對曰某子命某見吾子有辱請吾子之就家也某將走見

有又也某子命某往見今吾子又自辱來序其意也走猶往也今文無走

賓對曰某不足以辱命請終走見

命謂請吾子之就家

主人對曰某不敢為儀固請吾子之就家也某將走見

不敢為儀言不敢外貌為威儀忠誠欲往也固如故也今文不為非古文云固以請

賓對曰某不敢為儀固以請

言如固請終賜見也今文不為非

主人對曰某也固辭不得命將走見聞吾子稱贄敢辭贄

不得命者不得見許之命也走猶出也稱舉也辭其贄為其大崇也古文曰某將走見○大音泰下同

賓對曰某不以贄不敢見

見於所尊敬而無贄嫌大簡

主人對曰某不足以習禮敢固辭

言不足習禮者不敢當其崇禮來見己

賓對曰某也不依於贄不敢見固以請

言依於贄謙自卑也

主人對曰某也固辭不得命敢不敬從出迎于門外再拜賓答再拜主人揖入門右賓奉贄入門左主人再拜受賓再拜送贄出

右就右也左就左也受贄於庭既拜受送則出矣不受贄於堂下人君也今文無也

主人請見賓反見退主人送于門外再拜

請見者為賓崇禮來相接以矜莊歡心未交也賓反見則燕矣下云凡燕見於君至凡侍坐於君子博記反見之燕義臣初見於君再拜奠贄而出

主人復見之以其贄曰鄉者吾子辱使某見請還贄於將命者

復見之者，禮尚往來也。以其贄，謂鄉時所執來者也。鄉，曩也。將猶傳也。傳命者，謂擯相也。○鄉，許亮反。還音旋。

主人對曰：某也既得見矣，敢辭。讓其來答己也。

賓對曰：某也非敢求見，請還贄於將命者。言不敢求見，嫌褻主人，不敢當也。

主人對曰：某也既得見矣，敢固辭。固如故也。

賓對曰：某不敢以聞，固以請於將命者。言不敢以聞，又益不敢當。

主人對曰：某也固辭不得命，敢不從。許受之也。異日則出迎，同日則否。

賓奉贄入，主人再拜受，賓再拜送贄，出，主人送于門外再拜。

士見於大夫，終辭其贄，於其入也一拜其辱也，賓退送再拜。終辭其贄，以將不親答也。凡不答而受其贄，唯君於臣耳。大夫於士不出迎，入一拜，正禮也。送再拜，尊賓。

若常爲臣者，則禮辭其贄，曰：某也辭不得命，不敢固辭。禮辭，一辭其贄而許也。將不答而聽其以贄入，有臣道也。

賓入奠贄，再拜，主人答壹拜。奠贄，尊卑異，不親授也。古文壹爲一。

賓出，使擯者還其贄于門外，曰：某也使某還贄。還其贄者，辟正君也。○辟音避。

賓對曰：某也既得見矣，敢辭。辭君還其贄也。今文無也。

擯者對曰：某也命某，某非敢爲儀也，敢以請。還贄者請使受之。

賓對曰：某也，夫子之賤私，不足以踐禮，敢固辭。家臣稱私。踐，行也。言某臣也，不足以行賓客禮。賓客所不答者不受贄。

擯者對曰：某也使某，不敢爲儀也，固以請。言使某，尊君也。或言命某，傳言耳。

賓對曰：某固辭不得命，敢不從。再拜受。受其贄而去之。

下大夫相見以鴈，飾之以布，維之以索，如執雉。鴈取知時，飛翔有行列也。飾之以布，謂裁縫衣其身也。維謂繫聯其足。○行，戶郎反。衣，於既反。

上大夫相見以羔，飾之以布，四維之，結于面，左頭，如麛執之。上大夫，卿也。羔取其從帥，羣而不黨也。面，前也。繫聯四足，交出背上，於胸前結之也。如麛執之者，秋

獻麛有成禮如之或曰麛孤之摯也其禮蓋謂左執前足右執後足今文頭爲脰○麛莫兮反

如士相見之禮。

大夫雖摯異其儀猶如士。

始見于君執摯至下。容彌蹙。

下謂君所也。蹙猶促也。促恭愨貌也。其爲恭士大夫一也。

庶人見於君。不爲容。進退走。

容謂趨翔。

士大夫則奠摯。再拜稽首。君答壹拜。

言君答士大夫一拜。則於庶人不答之。庶人之摯鶩。古文壹作一。○稽音啓。下同。

若他邦之人。則使擯者還其摯。曰。寡君使某還摯。賓對曰。君不有其外臣。臣不敢辭。再拜稽首受。凡燕見于君。必辯君之南面。若不得。則正方不疑君。

辯猶正也。君南面則臣見正北面。君或時不然。當正東面若正西面。不得疑君所處邪嚮之。此謂特見圖事。非立賓主之燕也。疑度之。

君在堂。升見無方階。辯君所在。

升見升堂見於君也。君近東則升東階。君近西則升西階。

凡言非對也。妥而後傳言。

凡言謂己爲君言事也。妥安坐也。傳言猶出言也。若君問可對則對。不待安坐也。古文妥爲綏。○妥他果反

與君言。言使臣。與大人言。言事君。與老者言。言使弟子。與幼者言。言孝弟於父兄。與衆言。言忠信慈祥。與居官者言。言忠信。

博陳燕見言語之儀也。言使臣者。使臣之禮也。大人。卿大夫也。言事君者。臣事君以忠也。祥善也。居官謂士以下。

凡與大人言。始視面。中視抱。卒視面。毋改。衆皆若是。

始視面。謂觀其顏色可傳言未也。中視抱。容其思之。且爲敬也。卒視面。察其納己言否也。毋改。謂傳言見答應之間。當正容體以待之。毋自變動。爲嫌解惰不虛心也。衆謂諸卿大夫同在此者。皆若是。其視之儀無異也。古文毋作無。今文衆爲終。○解古賣反

若父則遊目。毋上於面。毋下於帶。

子於父。主孝不主敬。所視廣也。因觀安否何如也。今文父爲甫。古文毋爲無。

若不言。立則視足。坐則視膝。

不言則伺其行起而已。

凡侍坐於君子。君子欠伸。問日之早晏。以食具告。改居。則請退可也。

君子謂卿大夫及國中賢者也。志倦則欠。體倦則伸。問日晏近於久也。具猶辯也。改居謂自變動也。古文伸作信。早作蚤。

夜侍坐。問夜。膳葷。請退可也。

問夜問其時數也。膳葷謂食之葷辛物。葱薤之屬。食之以止臥。古文葷作薰。○葷香云反。薤戶界反

若君賜之食。則君祭先飯。徧嘗膳。飲而俟。君命之食。然後食。

君祭先飯食其祭食臣先飯示爲君嘗食也此謂君與之禮食膳謂進庶羞既嘗庶羞則飲俟君之徧嘗也今云呫嘗膳○飯扶晚反呫音貼

若有將食者則俟君之食然後食

將食猶進食謂膳宰也膳宰進食則臣不嘗食周禮膳夫授祭品嘗食王乃食

若君賜之爵則下席再拜稽首受爵升席祭卒爵而俟君卒爵然後授虛爵

受爵者於尊所至於授爵坐授人耳必俟君卒爵者若欲其釂然也今文曰若賜之爵無君也

退坐取屨隱辟而后屨君爲之興則曰君無爲興臣不敢辭君若降送之則不敢顧辭遂出

謂君若食之飲之而退也隱辟俛而逡巡興起也辭君興而不敢辭其降於己太崇不敢當也○爲于僞反

大夫則辭退下比及門三辭

下亦降也

若先生異爵者請見之則辭辭不得命則曰某無以見辭不得命將走見先見之

先生致仕者也異爵謂卿大夫也辭辭其自降而來走猶出也先見之者出先拜也曲禮曰主人敬賓則先拜賓

非以君命使則不稱寡大夫士則曰寡君之老

謂擯贊者辭也不稱寡君不言寡君之某言姓名而已大夫卿士其使則皆曰寡君之某檀弓曰仕而未有祿者君有饋焉曰獻使焉曰寡君之老

凡執幣者不趨容彌蹙以爲儀

不趨主慎也以進而益恭爲威儀耳今文無容

執玉者則唯舒武舉前曳踵

唯舒者重玉器尤慎也武迹也舉前曳踵備躓跲也今文無者古文曳作櫂○躓音致跲其業反

凡自稱於君士大夫則曰下臣宅者在邦則曰市井之臣在野則曰草茅之臣庶人則曰刺草之臣他國之人則曰外臣

宅者謂致仕者去官而居宅或在國中或在野周禮載師之職以宅田任近郊之地今文宅或爲託古文茅作苗刺猶剗除也○刺七亦反剗初限反

儀禮卷三

儀禮卷四

漢大司農北海鄭　玄註
明　後學東吳葛　鼒訂

鄉飲酒禮第四

鄉飲酒之禮。

主人就先生而謀賓介。主人謂諸侯之鄉大夫也先生鄉中致仕者賓介處士賢者周禮大司徒之職以鄉三物教萬民而賓興之一曰六德知仁聖義忠和二曰六行孝友睦婣任恤三曰六藝禮樂射御書數鄉大夫以正月之吉受法于司徒退而頒之于其鄉吏使各以教其所治以考其德行察其道藝及三年大比而興賢者能者鄉老及鄉大夫帥其吏與其衆寡以禮禮賓之厥明獻賢能之書於王是禮乃三年正月而行也諸侯之鄉大夫貢士於其君蓋如此云古者年七十而致仕老於鄉里大夫名曰父師士名曰少師而教學焉恒知鄉人之賢者是以大夫就而謀之賢者爲賓其次爲介又其次爲衆賓而與之飲酒是亦將獻之以禮禮賓之也今郡國十月行此飲酒禮以黨正每歲邦索鬼神而祭祀則以禮屬民而飲酒于序以正齒位之說然此篇無正齒位之事焉凡鄉黨飲酒必於民聚之時欲其見化知尚賢尊長也孟子曰天下有達尊三爵也德也齒也○知音智屬音燭

主人戒賓賓拜辱主人答拜乃請賓賓禮辭許主人再拜賓答拜。戒警也告也拜辱出拜其自屈辱至己門也請告以其所爲來之事不固辭者素所有志○爲于僞反

主人退賓拜辱。退猶去也去又拜辱者以送謝之

介亦如之。如戒賓也

乃席賓主人介。席敷席也夙興往戒歸而敷席賓席牖前南面主人席阼階上西面介席西階上東面

衆賓之席皆不屬焉。席衆賓於賓席之西不屬者不相續也皆獨坐明其德各特

尊兩壺于房戶間斯禁有玄酒在西設篚于禁南東肆加二勺于兩壺。斯禁禁切地無足者玄酒在西上也肆陳也

設洗于阼階東南南北以堂深東西當東榮水在洗東篚在洗西南肆。榮屋翼

羹定。肉謂之羹定猶孰也

主人速賓賓拜辱主人答拜還賓拜辱。速召也還猶退

介亦如之。如速賓也

賓及衆賓皆從之。

從猶隨也言及衆賓介亦在其中矣

主人一相迎于門外再拜賓答拜拜介介答拜

相主人之吏擯贊命者○相息亮反

揖衆賓

差益卑也拜介揖衆賓皆西南面

主人揖先入

揖揖賓也先入門而西面

賓厭介入門左介厭衆賓入衆賓皆入門左北上

皆入門西東面賓之屬相厭變於主人也推手曰揖引手曰厭今文皆作揖又曰衆賓皆入左無門○厭一涉反

主人與賓三揖至于階三讓主人升賓升主人阼階上當楣北面再拜賓西階上當楣北面答拜

三揖者將進揖當陳揖當碑揖楣前梁也復拜拜賓至此堂尊之○楣亡悲反

主人坐取爵于篚降洗

將獻賓也

賓降

從主人也

主人坐奠爵于階前辭

重以己事煩賓也事同曰讓事異曰辭

賓對

對答也賓主之辭未聞

主人坐取爵興適洗南面坐奠爵于篚下盥洗

已盥乃洗爵致潔敬也今文無奠

賓進東北面辭洗

必進東行示情

主人坐奠爵于篚興對賓復位當西序東面

言復位者明始降時位在此

主人坐取爵沃洗者西北面

沃洗者主人之羣吏

卒洗主人壹揖壹讓升

俱升古文壹作一

賓拜洗主人坐奠爵遂拜降盥

復盥爲手坋汙○坋步困反

賓降主人辭賓對復位當西序卒盥揖讓升賓西階上疑立

疑讀爲仡然從於趙盾之疑疑正立自定之貌○疑魚乞反後疑立皆放此

主人坐取爵實之賓之席前西北面獻賓

獻進也進酒於賓

賓西階上拜主人少退

少退少辟○辟音避

賓進受爵以復位主人阼階上拜送爵賓少退

復位復西階上位

薦脯醢

薦進也進之者主人有司

賓升席自西方

升由下也升必中席

乃設折俎

牲體枝解節折在俎

主人阼階東疑立賓坐左執爵祭脯醢

坐坐於席祭脯醢者以右手

奠爵于薦西興右手取肺卻左手執本坐弗繚右絕末以祭尚左手嚌之興加于俎

興起也肺離之本端厚大者繚猶紾也大夫以上威儀多紾絕之尚左手者明垂紾之乃絕其末嚌嘗也○嚌牙計反

坐挩手遂祭酒

挩拭也古文挩作說○挩始兌反

興席末坐啐酒

啐亦嘗也○啐七內反

降席坐奠爵拜告旨執爵興主人阼階上答拜

降席席西也旨美也

賓西階上北面坐卒爵興坐奠爵遂拜執爵興主人阼階上答拜

卒盡也於此盡酒者明此席非專為飲酒起○為于偽反

賓降洗

將酢主人

主人降

亦從賓也降降立阼階東西面

賓坐奠爵興辭

西階前也

主人對賓坐取爵適洗南北面主人阼階東南面辭洗賓坐奠爵于篚興對主人復阼階東西面賓東北面盥坐取爵卒洗揖讓如初升主人拜洗賓答拜興降盥如主人禮賓實爵主人之席前東南面酢主人主人阼階上拜賓少退主人進受爵復位賓西階上拜送爵薦脯醢主人升席自北方設折俎祭如賓禮

祭者祭薦俎及酒亦嚌啐

不告旨

酒己物也

自席前適阼階上北面坐卒爵興坐奠爵遂拜執爵興賓西階上答拜

自席前者，啐酒席末，因從北方降，由便也。

主人坐奠爵于序端。阼階上北面再拜。崇酒。賓西階上答拜。

東西牆謂之序。崇，充也。言酒惡相充實。

主人坐取觶于篚。降洗。賓降。主人辭降。賓不辭洗。立當西序東面。

不辭洗者，以其將自飲。○觶，之豉反。

卒洗。揖讓升。賓西階上疑立。主人實觶酬賓。阼階上北面坐奠觶。遂拜。執觶興。賓西階上答拜。

酬，勸酒也。酬之言周，忠信爲周。

坐祭。遂飲。卒觶。興。坐奠觶。遂拜。執觶興。賓西階上答拜。主人降洗。賓降辭。如獻禮。升不拜洗。

不拜洗，殺於獻。○殺，所界反。

賓西階上立。主人實觶賓之席前。北面。賓西階上拜。主人少退。卒拜。進坐奠觶于薦西。

賓已拜，主人奠其觶。

賓辭。坐取觶。復位。主人阼階上拜送。賓北面坐奠觶于薦東。復位。

酬酒不舉，君子不盡人之歡，不竭人之忠，以全交也。

主人揖降。賓降。立于階西。當序東面。

主人將與介爲禮，賓謙不敢居堂上。

主人以介揖讓升。拜如賓禮。主人坐取爵于東序端。降洗。介降。主人辭降。介辭洗。如賓禮。升不拜洗。

介禮殺也。

介西階上立。

不言疑者，省文。

主人實爵介之席前。西南面獻介。介西階上北面拜。主人少退。介進北面受爵。復位。主人介右北面拜送爵。介少退。

主人拜于介右，降尊以就卑也。今文無北面。

主人立于西階東。薦脯醢。介升席自北方。設折俎。祭如賓禮。不嚌肺。不啐酒。不告旨。自南方降席。北面坐卒爵。興。坐奠爵。遂拜。執爵興。主人介右答拜。

不嚌啐，下賓。

介降洗。主人復阼階。降辭如初。

如賓酢之時。

卒洗。主人盥。

盥者，當爲介酌。

介揖讓升。授主人爵于兩楹之間。

就尊南授之。介不自酌，下賓。酒者，賓主共之。

介西階上立。主人實爵酢于西階上，介右坐奠爵，遂拜，執爵興。介答拜。主人坐祭，遂飲，卒爵，興，坐奠爵，遂拜，執爵興。介答拜。主人坐奠爵于西楹南，介右再拜崇酒。介答拜。奠爵西楹南，以當獻衆賓。

主人復阼階，揖降。介降立于賓南。主人西南面三拜衆賓，衆賓皆答壹拜。三拜一拜示徧，不備禮也。不升拜，賤也。

主人揖升，坐取爵于西楹下，降洗，升實爵于西階上，獻衆賓。衆賓之長升拜受者三人。長其老者，言三人則衆賓多矣。○長，丁丈反。

主人拜送。於衆賓右。

坐祭立飲，不拜既爵，授主人爵，降復位。既，卒也。卒爵不拜，立飲立授，賤者禮簡。

衆賓獻則不拜受爵，坐祭立飲。次三人以下也。不拜，禮彌簡。

每一人獻則薦諸其席。謂三人也。

衆賓辯有脯醢。亦每獻薦於其位，位在下。今文辯皆作偏。

主人以爵降奠于篚。不復用也。

揖讓升，賓厭介升，介厭衆賓升，衆賓序升，即席。序，次也。即，就也。今文厭皆爲揖。

一人洗，升舉觶于賓。一人，主人之吏。發酒端曰舉。

實觶西階上，坐奠觶，遂拜，執觶興。賓席末答拜。坐祭，遂飲，卒觶，興，坐奠觶，遂拜，執觶興。賓答拜。降洗，升實觶，立于西階上。賓拜。賓拜，將受觶。

進坐奠觶于薦西。賓辭，坐受以興。舉觶不授，下主人也。言坐受者，明行事相接，若親受，謙也。

舉觶者西階上拜送，賓坐奠觶于其所。所，薦西也。

舉觶者降。事已。

設席于堂廉東上。爲工布席也。側邊曰廉。燕禮曰：席工於西階上少東，樂正先升，北面。此言樂正先升，立于西階東，則工席在階東。

工四人二瑟瑟先相者二人皆左何瑟後首挎越內弦右手相

四人大夫制也二瑟二人鼓瑟則二人歌也瑟先者將入序在前也相扶工也衆賓之少者爲之每工一人鄉射禮曰弟子相工如初入天子相工使視瞭者凡工瞽矇也故有扶之者師冕見及階子曰階也及席子曰席也固相師之道後首者變于君也挎持也相瑟者則爲之持瑟其相歌者徒相也越瑟下孔也內弦側擔之者○相息亮反何戶可反挎口孤反少申召反見賢遍反擔丁其反

樂正先升立于西階東

正長也

工入升自西階北面坐相者東面坐遂授瑟乃降

降立于西方近其事

工歌鹿鳴四牡皇皇者華

三者皆小雅篇也鹿鳴君與臣下及四方之賓燕講道修政之樂歌也此采其己有旨酒以召嘉賓嘉賓既來示我以善道又樂嘉賓有孔昭之明德可則傚也四牡君勞使臣之來樂歌也此采其勤苦王事念將父母懷歸傷悲忠孝之至以勞賓也皇皇者華君遣使臣之樂歌也此采其更是勞苦自以爲不及欲諮謀于賢知而以自光明也○勞力報反使所吏反更音庚知音智

卒歌主人獻工工左瑟一人拜不興受爵主人阼階上拜送爵

一人工之長也凡工賤不爲之洗

薦脯醢使人相祭

使人相者相其祭酒祭薦

工飲不拜既爵授主人爵

坐授之

衆工則不拜受爵祭飲辯有脯醢不祭

祭飲獻酒重無不祭也今文辯爲徧

大師則爲之洗賓介降主人辭降工不辭洗

大夫若君賜之樂謂之大師則爲之洗尊之也賓介降從主人也工大師也上既言獻工矣乃言大師者大師或瑟或歌也其獻之瑟則先歌則後○大音泰

笙入堂下磬南北面立樂南陔白華華黍

笙吹笙者也以笙吹此詩以爲樂也南陔白華華黍小雅篇也今亡其義未聞昔周之興也周公制禮作樂采時世之詩以爲樂歌所以通情相風切也其有此篇明矣後世衰微幽厲尤甚禮樂之書稍稍廢棄孔子曰吾自衞反魯然後樂正雅頌各得其所謂當時在者而復重雜亂者也惡能存其亡者乎且正考父校商之名頌十二篇于周太師歸以祀其先王至孔子二百年之間五篇而已此其信也○陔古才反風方鳳反父音甫

主人獻之于西階上一人拜盡階不升堂受爵主人拜送爵階前坐祭立飲不拜既爵升授主人爵

一人笙之長者也笙三人和一人凡四人鄉射禮曰笙一人拜于下○和胡臥反

衆笙則不拜受爵坐祭立飲辯有脯醢不祭

亦受爵于西階上薦之皆於其位磬南今文辯爲徧

乃閒歌魚麗笙由庚歌南有嘉魚笙崇丘歌南山有臺笙由儀

間代也謂一歌則一吹六者皆小雅篇也魚麗言太平年豐物多也此采其物多酒旨所以優賓也南有嘉魚言太平君子有酒樂與賢者共之也此采其能以禮下賢者賢者纍蔓而歸之與之燕樂也南山有臺言太平之治以賢者為本此采其愛友賢者為邦家之基民之父母既欲其身之壽考又欲其名德之長也由庚崇邱由儀今亡其義未聞○間間廁之間樂音洛

乃合樂。周南。關雎葛覃卷耳。召南。鵲巢采蘩采蘋。

合樂謂歌樂與眾聲俱作周南召南國風篇也王后國君夫人房中之樂歌也關雎言后妃之德葛覃言后妃之職卷耳言后妃之志鵲巢言國君夫人之德采蘩言國君夫人不失職采蘋言卿大夫之妻能循其法度昔太王王季居于岐山之陽躬行召南之教以興王業及文王而行周南之教以受命大雅云刑于寡妻至于兄弟以御于家邦謂此也其始一國耳文王作邑于豐以故地為卿士之采地乃分為二國周周公所食召召公所食於時文王三分天下有其二德化被于南土是以其詩有仁賢之風者屬之召南焉有聖人之風者屬之周南焉夫婦之道生民之本王政之端此六篇者其教之原也故國君與其臣下及四方之賓燕用之合樂也鄉樂者風也小雅為諸侯之樂大雅頌為天子之樂鄉飲酒升歌小雅禮盛者可以進取也燕合鄉樂禮輕者可以逮下也春秋傳曰肄夏繁遏渠天子所以享元侯也文王大明緜兩君相見之樂也然則諸侯相與燕升歌大雅合小雅天子與次國小國之君燕亦如之與大國之君燕升歌頌合大雅其笙間之篇未聞○雎七徐反覃大南反卷九轉反

工告于樂正曰。正歌備。樂正告于賓。乃降。

樂正降者以正歌備無事也降立西階東北面

主人降席自南方。

不由北方由便

側降。

賓介不從

作相為司正。司正禮辭。許諾。主人拜。司正答拜。

作使也禮樂之正既成將留賓為有懈惰立司正以監之拜拜其許○相息亮反

主人升復席。司正洗觶。升自西階。阼階上北面受命于主人。主人曰。請安于賓。司正告于賓。賓禮辭許。

為賓欲去留之告賓于西階

司正告于主人。主人阼階上再拜。賓西階上答拜。司正立于楹間以相拜。皆揖復席。

再拜拜賓許也司正既以賓許告主人遂立楹間以相拜賓主人既拜揖就席

司正實觶。降自西階。階間北面坐奠觶。退共少立。

階間北面東西節也其南北當中庭共拱手也少立自正慎其位也己帥而正孰敢不正燕禮曰右還北面○共九勇反

坐取觶不祭。遂飲卒觶。興坐奠觶。遂拜執觶。興洗北面坐奠觶于其所。退立于觶南。

洗觶奠之示絜敬立於其南以察眾

賓北面坐取俎西之觶。阼階上北面酬主人。主人降席。立于賓東。

初起旅酬也凡旅酬者少長以齒終於沃盥者皆弟長而無遺矣

賓坐奠觶。遂拜執觶。興。主人答拜。不祭。立飲。不拜。卒觶不洗。實觶東南面授主人。賓立飲卒觶，因更酌以鄉主人，將授。○鄉，許亮反。

主人阼階上拜。賓少退。主人受觶。賓拜送于主人之西。

旅酬同階，禮殺。

賓揖復席。酬主人訖。

主人西階上酬介。介降席自南方立于主人之西，如賓酬主人之禮。主人揖復席。其酌實觶西南面授介。自此以下旅酬，酌者亦如之。

司正升相旅，曰：某子受酬。受酬者降席。旅，序也。於是介酬衆賓，衆賓又以次序相酬。某者，衆賓姓也。同姓則以伯仲別之，又同則以其序別之。

司正退立于序端東面。辟受酬者，又便其贊上贊下也。始升相，西階西北面。○辟音避。

受酬者自介右。由介東也。尊介，使不失故位。

衆受酬者受自左。後將受酬者，皆由西變於介也。今文無衆酬也。

拜興飲，皆如賓酬主人之禮。嫌賓以下異也。

辯，卒受者以觶降坐奠于篚。辯，辯衆賓之在下者。鄉射禮曰：辯遂酬在下者，皆升受酬于西階上。

司正降復位。觶南之位。

使二人舉觶于賓介，洗升實觶于西階上，皆坐奠觶，遂拜，執觶興。賓介席末答拜。皆坐祭，遂飲，卒觶興，坐奠觶，遂拜，執觶興。賓介席末答拜。二人亦主人之吏。若有大夫，則舉觶於賓與大夫。燕禮曰：媵爵者立于洗南，西面北上，序進盥洗。

逆降洗升實觶，皆立于西階上。賓介皆拜。於席末拜。

皆進薦西奠之。賓辭坐取觶以興。介則薦南奠之。介坐受以興。退皆拜送，降。賓介奠于其所。賓言取，介言受，尊卑異文。今日賓受。

司正升自西階受命于主人。主人曰：請坐于賓。賓辭以俎。至此盛禮俱成，酒清肴乾，賓主百拜，強有力猶倦焉。張而不弛，弛而不張，非文武之道。請坐者，將以賓燕也。俎者，肴之貴者。辭之者，不敢以禮殺當貴者。○弛，式氏反。

主人請徹俎。賓許。亦司正傳請告之。

司正降階前命弟子俟徹俎
西階前也弟子賓之少者俎者主人之吏設之使弟子俟徹者明徹俎賓之義
司正升立于席端
待事
賓降席北面主人降席阼階上北面介降席西階上北面遵者降席東南面
皆立相須徹俎也遵者謂此鄉之人仕至大夫者也今來助主人樂賓主人所榮而遵法者也因以爲名或有無來不來用時事耳今文遵爲僎或爲全
賓取俎還授司正司正以降賓從之主人取俎還授弟子弟子以降自西階主人降自阼階介取俎還授弟子弟子以降介從之若有諸公大夫則使人受俎如賓禮衆賓皆降
取俎者皆鄉其席既授弟子皆降復初入之位
說屨揖讓如初升坐
說屨者爲安燕當坐也必說於下者屨賤不空居堂說屨主人先左賓先右今文說爲稅○說吐活反
乃羞
羞進也所進者狗胾醢也鄉設骨體所以致敬也今進羞所以盡愛也敬之愛之所以厚賢也○胾壯吏反鄉許亮反
無算爵
算數也賓主燕飲爵行無數醉而止也鄉射禮曰使二人舉觶于賓與大夫又曰執觶者洗升實觶反奠於賓與大夫皆是與
無算樂
燕樂亦無數或間或合盡歡而止也春秋襄二十九年吳公子札來聘請觀於周樂此國君之無算
賓出奏陔
陔陔夏也陔之言戒也終日燕飲酒罷以陔爲節明無失禮也周禮鍾師以鍾鼓奏九夏是奏陔夏則有鍾鼓矣鍾鼓者天子諸侯備用之大夫士鼓而已蓋建於阼階之西南鼓鄉射禮曰賓興樂正命奏陔賓降及階陔作賓出衆賓皆出
主人送於門外再拜
門東西面拜也賓介不答拜禮有終也
賓若有遵者諸公大夫則既一人舉觶乃入
不干主人正禮也遵者諸公大夫也謂之賓者同從外來耳大國有孤四命謂之公
席于賓東公三重大夫再重
席此二者於賓東尊之不與鄉人齒也天子之國三命者不齒於諸侯之國爵爲大夫則不齒矣不言遵者遵者亦大夫○重直龍反
公如大夫入主人降賓介降衆賓皆降復初位主人迎揖讓升公升如賓禮辭一席使一人去之
如讀若今之若主人迎之於門內也辭一席謙自同於大夫○去起呂反
大夫則如介禮有諸公則辭加席委于席端主人不徹無諸公則大夫辭加席主人對不去加席

加席上席也大夫席再重

明日賓服鄉服以拜賜。

拜賜謝恩惠鄉服昨日與鄉大夫飲酒之朝服也不言朝服未服以朝也今文曰賓服鄉服○朝直遙反

主人如賓服以拜辱。

拜賓復自屈辱也鄉射禮曰賓朝服以拜賜于門外主人不見如賓服遂從之拜辱於門外乃退

主人釋服。

釋朝服更服玄端也古文釋作舍

乃息司正。

息勞也勞賜昨日贊執事者獨云司正司正庭長也○勞力報反長丁丈反

無介。

勞禮略也司正為賓

不殺。

市買若因所有可也不殺則無俎

薦脯醢。

羞同也

羞唯所有。

在有何物

徵唯所欲。

徵召也

以告于先生君子可也。

告請也先生不以筋力為禮於是可以來君子國中有盛德者可者召不召唯所欲

賓介不與。

禮瀆則褻古文與為預○與音預

鄉樂唯欲。

鄉樂周南召南六篇之中唯所欲作不從次也不歌鹿鳴魚麗者辟國君也

記。鄉朝服而謀賓介。皆使能不宿戒。

鄉鄉人謂鄉大夫也朝服冠玄端緇帶素韠白屨今郡國行鄉飲酒之禮玄冠而衣皮弁服與禮異

再戒為宿戒禮將有事先戒而復宿戒○韠音畢衣於既反

蒲筵緇布純。

筵席也純緣也○純之閏反或章允反

尊綌冪。賓至徹之。

綌葛也冪覆尊巾

其牲狗也。

狗取擇人

亨于堂東北。

祖陽氣之所始也陽氣主養易曰天地養萬物聖人養賢以及萬民○亨普庚反

獻用爵。其他用觶。

爵尊不褻用之○觶之豉反

薦脯五挺。橫祭于其上。出自左房。

挺猶膱也鄉射禮曰祭半膱膱長尺有二寸在東陽也陽主養房饌陳處也冠禮之饌脯醢南上曲

禮曰以脯修置者左朐右末○膱音職朐于其反

俎由東壁。自西階升。

亨狗既孰載之俎饌於東方

賓俎脊脅肩肺。主人俎脊脅臂肺。介俎脊脅胳肺。肺

皆離。皆右體進腠。

凡牲前脛骨三肩臂臑也後脛骨二膊胳也尊者俎尊骨卑者俎卑骨祭統曰凡為俎者以骨為上

骨有貴賤凡前貴後賤離猶挂也腠理也進理謂前其本也今文胳作骼○胳音格一音各

以爵拜者不徒作。

作起也言拜既爵者不徒起起必酢主人

坐卒爵者拜既爵。立卒爵者不拜既爵。

降殺各從其宜不使相錯唯工不從此禮○殺所界反

凡奠者於左。

不飲者不欲其妨

將舉於右。

便也

眾賓之長一人辭洗。如賓禮。

於三人之中復差有尊者餘二人雖為之洗不敢辭其下不洗

立者東面北上。若有北面者則東上。

賢者眾寡無常也或統於堂或統於門

樂正與立者皆薦以齒。

謂其飲之次也尊樂正同於賓黨不言飲而言薦以明飲也既飲皆薦於其位樂正位西階東北面

○與音預

凡舉爵三作而不徒爵。

謂獻賓獻大夫獻工皆有薦

樂作。大夫不入。

後樂賢者

獻工與笙。取爵于上篚。既獻。奠于下篚。

明其異器敬也如是則獻大夫亦然上篚三爵

其笙則獻諸西階上。

謂主人拜送爵也於工拜于阼階上者以其坐於西階東也古文無上

磬階間縮霤。北面鼓之。

縮從也霤以東西為從鼓猶擊也大夫而特縣方賓鄉人之賢者從士禮也射則磬在東古文縮為蹙○霤力又反縣音玄

主人介凡升席自北方。降自南方。

席南上升由下降由上由便

司正既舉觶而薦諸其位。

司正主人之屬也無獻因其舉觶而薦之

凡旅不洗。

敬禮殺也

不洗者不祭。不甚絜也。

既旅士不入。後正禮也。既旅則將燕矣。

徹俎賓介遵者之俎受者以降遂出授從者。送之。○從，才用反。

主人之俎以東。藏於東方。

樂正命奏陔賓出至于階陔作若有諸公則大夫於主人之北西面。其西面者北上，統於公。

主人之贊者西面北上不與。贊，佐也。謂主人之屬佐助主人禮事。徹鼏沃盥設薦俎者。西面北上，統於堂也。與，及也。不及，謂不獻酒。○與音預。

無算爵然後與。燕乃及之。

儀禮卷四

儀禮卷五

漢大司農北海鄭　玄註

明　後學東吳金　蟠訂

鄉射禮第五

鄉射之禮。主人戒賓。賓出迎再拜。主人答再拜。乃請。

主人，州長也。鄉大夫若在焉，則稱鄉大夫也。戒，猶警也，語也。出迎，出門也。請，告也。告賓以射事。不言拜辱，此爲習民以禮樂，不主爲賓已也。不謀賓者，時不獻賢能，事輕也。今郡國行此禮以季春。周禮：鄉老及鄉大夫三年正月獻賢能之書於王，退而以鄉射之禮五物詢衆庶。諸侯之鄉大夫既貢士於其君，亦用此禮。射而詢衆庶乎。○長，丁丈反。爲，于僞反。

賓禮辭許。主人再拜。賓答再拜。主人退。賓送再拜。

退，還射宮，省錄射事。

無介。

雖先飲酒，主於射也，其序賓之禮略。

乃席賓南面東上。

不言於戶牖之間者，此射於序。

衆賓之席繼而西。

言繼者，甫欲習衆庶，未有所殊別。

席主人於阼階上西面。

阼階，東階。

尊於賓席之東。兩壺斯禁。左玄酒。皆加勺。篚在其南東肆。

斯禁，禁切地無足者也。設尊者北面，西曰左，尚之也。肆，陳也。○斯，如字，劉音賜。

設洗於阼階東南。南北以堂深。東西當東榮。水在洗東。篚在洗西南肆。

榮，屋翼也。○深，申鴆反。

縣于洗東北西面。

此縣謂磬也。縣於東方，辟射位也。但縣磬者，半天子之士，無鍾。○縣音玄。辟音避。

乃張侯下綱。不及地武。

侯，謂所射布也。綱，持舌繩也。武，迹也。中人之迹尺二寸。侯象人，綱即其足也，是以取數焉。

不繫左下綱。中掩束之。

事未至也。○中，丁仲反。

乏參侯道。居侯黨之一。西五步。

容謂之乏，所以爲獲者御矢也。侯道五十步，此乏去侯北十丈，西三丈。○爲，于僞反。

羹定。

肉謂之羹。定，猶熟也。謂狗熟可食。

主人朝服乃速賓。賓朝服出迎再拜。主人答再拜。退。賓送再拜。

速，召也。射賓輕也。戒時玄端，今郡國行此鄉射禮，皮弁服，與禮爲異。○朝，直遥反。

賓及衆賓遂從之。

及門，主人一相出迎于門外，再拜。賓答再拜。
相，主人家臣，擯贊傳命者。○相，息亮反。
揖衆賓。
差卑，禮宜異。
主人以賓揖，先入。
以，猶與也。先入，入門右西面。
賓厭衆賓，衆賓皆入門左，東面北上。賓少進。
引手曰厭。少進，差在前也。今文皆曰揖衆賓。○厭，一涉反，下賓厭同。
主人以賓三揖，皆行。及階，三讓。主人升一等，賓升。
三讓而主人先升者，是主人先讓於賓。不俱升者，賓客之道，進宜難也。
主人阼階上當楣北面再拜。賓西階上當楣北面答再拜。
主人拜賓至此堂。○楣，亡悲反。
主人坐取爵于上篚以降。
將獻賓也。
賓降。
從主人也。
主人阼階前西面坐奠爵，興，辭降。
重以主人事煩賓也。今文無阼階。
賓對。
對，答。
主人坐取爵，興，適洗，南面坐奠爵于篚下，盥洗。
盥手又洗爵，致潔敬也。古文盥皆作浣。
賓進東北面辭洗。
必進者，方辭洗，宜違位也。言東北面，則位南於洗矣。
主人坐奠爵于篚，興對。賓反位。
反從降之位也。鄉飲酒曰當西序東西。
主人卒洗，壹揖壹讓，以賓升。賓西階上北面拜洗。主人阼階上北面奠爵，遂答拜，乃降。
乃降，將更盥也。古文壹皆作一。
賓降，主人辭降，賓對。主人卒盥，壹揖壹讓升。賓升西階上，疑立。
疑，止也，有矜莊之色。○疑，魚乙反。
主人坐取爵，實之賓席之前，西北面獻賓。
進於賓也。凡進物曰獻。
賓西階上北面拜，主人少退。
少退，猶少辟也。○辟，婢亦反，一音避。
賓進受爵于席前，復位。
復位，西階上位。
主人阼階拜，上送爵。賓少退。薦脯醢。

薦進。

賓升席自西方。

賓升降由下也。

乃設折俎。

牲體枝解節折以實俎也。○折之設反後皆放此。

主人阼階東疑立。賓坐左執爵。右祭脯醢。奠爵于薦西。興。取肺坐絕祭。

卻左手執本右手絕末以祭也肺離上爲本下爲末。

尚左手嚌之。

嚌嘗也右手在下絕以授口嘗之。○嚌才計反

興。加于俎。坐挩手。執爵。遂祭酒。興席末坐啐酒。

挩拭也啐嘗也古文挩作說。○挩始銳反啐七內反

降席。坐奠爵。拜告旨。

降席席西也旨美也。

執爵興。主人阼階上答拜。賓西階上北面坐卒爵。興坐奠爵。遂拜。執爵興。

卒盡。

主人阼階上答拜。

賓以虛爵降。

將洗以酢主人。

主人降。

從賓也降立阼階東西面當東序。

賓西階前東面坐奠爵。興。辭降。主人對。賓坐取爵適洗。北面坐奠爵于篚下。興盥洗。

賓北面盥洗自外來。

主人阼階之東南面辭洗。賓坐奠爵于篚。興對。主人反位。

反位從降之位也主人辭洗進也。

賓卒洗。揖讓如初升。

主人拜洗。賓答拜。興降盥。如主人之禮。賓升實爵主人之席前。東南面酢主人。

酢報。

主人阼階上拜。賓少退。主人進受爵。復位。賓西階上拜送爵。薦脯醢。主人升席自北方。乃設折俎。祭如賓禮。

祭薦俎及酒亦嚌啐。

不告旨。

酒己物。

自席前適阼階上北面坐卒爵。興。坐奠爵。遂拜。執爵興。賓西階上北面答拜。

自由也啐酒於席末由前降便也

主人坐奠爵于序端阼階上再拜崇酒賓西階上答再拜

序端東序頭也崇充也謝酒惡相充滿也

主人坐取觶于篚以降

將酬賓○觶之豉反下同

賓降主人奠觶辭降賓對東面立主人坐取觶洗賓不辭洗

不辭洗以其將自飲

卒洗揖讓升賓西階上疑立主人實觶酬之阼階上北面坐奠觶遂拜執觶興

酬勸酒

賓西階上北面答拜主人坐祭遂飲卒觶興坐奠觶遂拜執觶興賓西階上北面答拜主人降洗賓降辭如獻禮

以將酌己

升不拜洗

酬禮殺也○殺所界反

賓西階上立主人實觶賓之席前北面

酬賓

賓西階上拜主人坐奠觶于薦西賓辭坐取觶以興反位

賓辭辭主人復親酌己

主人阼階上拜送賓北面坐奠觶于薦東反位

酬酒不舉

主人揖降賓降東面立于西階西當西序

主人將與衆賓爲禮賓謙不敢獨居堂

主人西南面三拜衆賓衆賓皆答一拜

三拜示徧也壹拜不備禮也獻賓畢乃與衆賓拜敬不能並

主人揖升坐取爵于序端降洗升實爵西階上獻衆賓衆賓之長升拜受者三人

長其老者言三人則衆賓多矣國以多德行道藝爲榮何常數之有乎○長丁丈反行下孟反

主人拜送

拜送爵衆賓右

坐祭立飲不拜既爵授主人爵降復位

既盡

衆賓皆不拜受爵坐祭立飲

自第四以下又不拜受爵禮彌略

每一人獻則薦諸其席

諸於

衆賓辯有脯醢。（薦於其位。○辯音遍。）

主人以虛爵降奠于篚。（不復用。）

揖讓升賓厭衆賓升衆賓皆升就席。一人洗舉觶於賓。（一人，主人之吏。）

升實觶西階上坐奠觶拜執觶興賓席末答拜舉觶者坐祭遂飲卒觶興坐奠觶拜執觶興賓答拜降洗升實之西階上北面（將進奠觶。）

賓拜（拜受觶。）

舉觶者進坐奠觶于薦西。（不授，賤不敢也。）

賓辭坐取以興。（若親受然。）

舉觶者西階上拜送賓反奠于其所舉觶者降大夫若有遵者則入門左。（謂此鄉之人為大夫者也。謂之遵者，方以禮樂化民，欲其遵法之也。其士也，於旅乃入。鄉大夫士非鄉人，禮亦然。主於鄉人耳。今文遵為僎。○僎音遵。）

主人降。（迎大夫於門內也。不出門，別於賓。○別，彼列反。）

賓及衆賓皆降復初位。（不敢居堂，俟大夫入也。初位，門內東面。）

主人揖讓以大夫升拜至大夫答拜主人以爵降大夫降主人辭降大夫辭洗如賓禮席於尊東。（尊東，明與賓夾尊也。不言東上，統於尊也。）

升不拜洗主人實爵席前獻于大夫大夫西階上拜進受爵反位主人大夫之右拜送大夫辭加席主人對不去加席（辭之者，謙不以己尊加賢者也。不去者，大夫再重席，正也。賓一重席。○去，起呂反。重，直容反。下同。）

乃薦脯醢。大夫升席。設折俎。祭如賓禮。不嚌肺。不啐酒。不告旨。西階上卒爵拜。主人答拜。（凡所不者，殺於賓也。大夫升席由東方。）

大夫降洗。（將酢主人也。大夫若衆，則辯獻長乃酢。）

主人復阼階降辭如初卒洗主人盥。（盥者，雖將酌自飲，尊大夫，不敢褻。）

揖讓升大夫授主人爵于兩楹間復位主人實爵以

酢于西階上坐奠爵拜大夫答拜坐祭卒爵拜大夫答拜主人坐奠爵于西楹南再拜崇酒大夫答拜主人復阼階揖降

將升賓

大夫降立于賓南

雖尊不奪人之正禮

主人揖讓以賓升大夫及衆賓皆升就席席工于西階上少東樂正先升北面立于其西

言少東者明樂正西側階不欲大東辟射位○大音泰

工四人二瑟瑟先相者皆左何瑟面鼓執越內弦右手相入升自西階北面東上工坐相者坐授瑟乃降

瑟先賤者先就事也相扶工也面前也鼓在前變於君也執越內弦右手相由便也越瑟下孔所以發越其聲也前越言執者內有弦結手入之淺也相者降立西方○相息亮反何胡可反

笙入立于縣中西面

堂下樂相從也縣中磬東立西面○縣音玄

乃合樂周南關雎葛覃卷耳召南鵲巢采蘩采蘋

不歌不笙不間志在射略於樂也不略合樂者周南召南之風鄉樂也不可略其正也昔大王王季文王始居岐山之陽躬行以成王業至三分天下乃宣周南召南之化本其德之初刑於寡妻至于兄弟以御于家邦故謂之鄉樂用之房中以及朝廷饗燕鄉射飲酒此六篇其風化之原也是以合金石絲竹而歌之○閒間厠之間大音泰

工不與告于樂正曰正歌備

不與者瞽矇禮略也

樂正告于賓乃降

樂正降者堂上正樂畢也降立西階東北面

主人取爵于上篚獻工大師則爲之洗

尊之也君賜大夫樂又從之以其人謂之大師也○爲于僞反

賓降主人辭降

大夫不降尊也

工不辭洗卒洗升實爵工不與左瑟一人拜受爵

左瑟辭主人授爵也一人無大師則工之長者

主人阼階上拜送爵薦脯醢使人相祭

人相者○相息亮反

工飲不拜既爵授主人爵衆工不拜受爵祭飲辯有脯醢不祭

祭飲不與受爵坐祭坐飲

不洗遂獻笙于西階上

不洗者賤也衆工而不洗矣而衆笙不洗者笙賤於衆工正君賜之猶不洗也

笙一人拜于下盡階不升堂受爵主人拜送爵階前坐祭立飲不拜既爵升授主人爵衆笙不拜受爵坐祭立飲辯有脯醢不祭主人以爵降奠于篚反升就

席。亦揖讓以賓升衆賓皆升。

主人降席自南方。禮殺由便。

側降。賓不從降。

作相爲司正。司正禮辭許諾。主人再拜。司正答拜。爵備樂畢將留賓以事爲有懈惰失禮立司正以監之察儀法也詩云既立之監或佐之史○司監古咸反

主人升就席。

司正洗觶升自西階。由楹內適阼階上北面受命于主人。洗觶者當酌以表其位顯其事也楹內楹北

西階上北面請安于賓。傳主人之命

賓禮辭許。司正告于主人。遂立于楹間以相拜。相謂贊主人及賓相拜之辭

主人阼階上再拜。賓西階上答再拜。皆揖就席。爲已安也今文揖爲升

司正實觶降自西階。中庭北面坐奠觶。興。退少立。奠觶表其位也少立自修正愼其位也古文曰少退立

進坐取觶。興。反坐不祭。遂卒觶。興。坐奠觶。拜。執觶興。洗。北面坐奠于其所。今文坐取觶無進又曰坐奠之拜

興。少退。北面立于觶南。立觶南亦其故擯位

未旅。旅序也未以次序相酬以將射也旅則禮終也

三耦俟于堂西。南面東上。司正既立司射選弟子之中德行道藝之高者以爲三耦使俟事於此

司射適堂西。袒決遂。取弓于階西。兼挾乘矢。升自西階。階上北面告于賓曰。弓矢既具。有司請射。司射主人之吏也於堂西袒決遂者主人無次隱蔽而已袒左免衣也決猶闓也以象骨爲之著右大擘指以鉤弦闓體也遂射鞲也以韋爲之所以遂弦者也其非射時則謂之拾拾斂也所以蔽膚斂衣也方持弦矢曰挾乘矢四矢也大射曰挾乘矢於弓外見鏃於弣右巨指鉤弦古文挾皆作接○闓音開著丁略反又直略反鞲古侯反弣芳甫反

賓對曰。某不能。爲二三子許諾。言某不能謙也二三子謂衆賓已下○爲于僞反

司射適阼階上東北面告于主人曰。請射于賓。賓許。

司射降自西階。階前西面命弟子納射器。

弟子賓黨之年少者也納內也射器弓矢決拾旌中籌楅豐也賓黨東面主人之吏西面○楅音福

乃納射器皆在堂西賓與大夫之弓倚于西序矢在弓下北括衆弓倚于堂西矢在其上

上堂西廉矢亦北括

主人之弓矢在東序東

亦倚于東序也矢在其下北括

司射不釋弓矢遂以比三耦於堂西三耦之南北面命上射曰某御於子命下射曰子與某子射

比選次其才相近者也古文曰某從於子

司正爲司馬

兼官由便也立司正爲涖酒爾今射司正無事

司馬命張侯弟子說束遂繫左下綱

事至也今文說皆作稅○說吐活反又始銳反

司馬又命獲者倚旌于侯中

爲當負侯也獲者亦弟子也謂之獲者以事名之

獲者由西方坐取旌倚于侯中乃退樂正適西方命弟子贊工遷樂于下

當辟射也贊佐也還從也○辟音避

弟子相工如初入降自西階阼階下之東南堂前三笴西面北上坐

笴矢幹也今文無南○相息亮反笴古可反

樂正北面立于其南

北面鄉堂不與工序也○鄉許亮反

司射猶挾乘矢以命三耦各與其耦讓取弓矢拾

猶有故之辭拾更也○拾其劫反除決拾之外皆同

三耦皆袒決遂有司左執弣右執弦而授弓

有司弟子納射器者也凡納射器者皆執以俟事

遂授矢

受於納矢而授之

三耦皆執弓搢三而挾一个

未違俟處也搢插也插於帶右

司射先立于所設中之西南東面三耦皆進由司射之西立于其西南東面北上而俟司射東面立于三耦之北搢三而挾一个

爲當誘射也固東面矣復言之者明卻時還

揖進當階北面揖及階揖升堂揖豫則鉤楹內堂則由楹外當左物北面揖

鉤楹繞楹而東也序無室可以深也周立四代之學於國而又以有虞氏之序爲鄉學鄉飲酒義曰主人迎賓于庠門外是也庠之制有堂有室也今言豫者謂州學也讀如成周宣榭災之榭周禮作序凡屋無室曰榭宜從榭州立榭者下鄉也左物下物也今文豫爲序序乃夏后氏之學亦非也○

豫音謝

及物揖。左足履物。不方足。還視侯中。俯正足。

方猶併也。志在於射。左足至右足。還併足。則是立也。南面視侯之中。乃俯視併正其足。

不去旌。

以其不獲。去起呂反。

誘射。

誘猶教也。

將乘矢。

將行也。行四矢。象有事於四方。

執弓不挾。右執弦。

不挾。矢盡。

南面揖。揖如升射。降出于其位南。適堂西。改作一个挾之。

改更也。不射而挾之。示有事也。今文曰適序西。

遂適階西。取扑。搢之以反位。

扑所以撻犯教者。書云。扑作教刑。

司馬命獲者執旌以負侯。

欲令射者見侯與旌。深有志於中。○中丁仲反。

獲者適侯。執旌負侯而俟。

俟待也。今文俟爲立。

司射還當上耦西面作上耦射。

還。左還也。作。使也。

司射反位。上耦揖進。上射在左。並行。當階北面揖。及階揖。上射先升三等。下射從之。中等。

中猶間也。

上射升堂。少左。下射升。上射揖。並行。

並併也。併東行。

皆當其物。北面揖。及物揖。皆左足履物。還視侯中。合足而俟。

司馬適堂西。不決遂。袒執弓。

不決遂。因不射。不備。

出于司射之南。升自西階。鉤楹。由上射之後。西南面立于物間。右執簫。南揚弓。命去侯。

鉤楹以當由上射者之後也。簫弓末也。大射曰。左執弣。揚猶舉也。

獲者執旌許諾。聲不絕。以至于乏。坐東面偃旌。興而俟。

聲不絕。不以宮商。不絕而已。鄉射威儀省。偃猶仆也。

司馬出于下射之南。還其後。降自西階。反由司射之南。適堂西。釋弓。襲。反位。立于司射之南。

圍下射者。明爲二人命去侯。

司射進與司馬交于階前相左由堂下西階之東北面視上射命曰無射獲無獵獲上射揖司射退反位

射獲謂矢中人也獵矢從傍○無射之射食亦反

乃射上射既發挾弓矢而后下射射拾發以將乘矢

后後也當從后

獲者坐而獲

射者中則大言獲獲得也射講武田之類是以中爲獲也

舉旌以宮偃旌以商

宮爲君商爲臣聲和律呂相生

獲而未釋獲

但大言獲未釋其算

卒射皆執弓不挾南面揖揖如升射

不挾亦右執弦如司射

上射降三等下射少右從之中等並行上射於左

降下

與升射者相左交于階前相揖由司馬之南適堂西釋弓說決拾襲而俟于堂西南面東上三耦卒射亦如之司射去扑倚于西階之西升堂北面告于賓曰

去扑乃升不敢佩刑器即尊者之側○說吐活反又始鋭反

三耦卒射

賓揖

以揖然之

司射降搢扑反位司馬適堂西袒執弓由其位南進與司射交于階前相左升自西階鉤楹自右物之後立于物間西南面揖弓命取矢

揖推之也

獲者執旌許諾聲不絶以旌負侯而俟

俟弟子取矢以旌指教之

司馬出于左物之南還其後降自西階遂適堂前北面立于所設楅之南命弟子設楅

楅猶幅也所以承笴齊矢者

乃設楅于中庭南當洗東肆

東肆統於賓

司馬由司射之南退釋弓于堂西襲反位弟子取矢北面坐委于楅北括乃退司馬襲進當楅南北面坐左右撫矢而乘之

撫拊之也就委矢左右手撫而四四數分之也上既言襲矣復言之者嫌有事即袒也凡事升堂乃袒○乘成證反

若矢不備則司馬又袒執弓如初升命曰取矢不索

索猶盡也

弟子自西方應曰諾。乃復求矢加于楅。

增故曰加。歸獲者許諾。至此弟子曰諾。事同者互相明。

司射倚扑于階西。升請射于賓。如初。賓許諾。賓主人大夫若皆與射。則遂告于賓。適阼階上。告于主人。主人與賓爲耦。

言若者。或射或否。在時欲耳。射者繹己之志。君子務焉。大夫遵者也。告賓曰主人御于子。告主人曰子與賓射。○與音預。

遂告于大夫。大夫雖衆。皆與士爲耦。告于大夫曰某御于子。

大夫皆與士爲耦。謙也。來觀禮同爵自相與耦。則嫌自尊別也。大夫爲下射而云御于子。尊大夫也。士謂衆賓之在下者。及羣士來觀禮者也。禮一命已下。齒於鄉里。

西階上北面。作衆賓射。

作。使。

司射降。搢扑。由司馬之南。適堂西。立。比衆耦。

衆耦。大夫耦及衆賓也。命大夫之耦曰子與某子射。其命衆耦如三耦。

衆賓將與射者皆降。由司馬之南。適堂西。繼三耦而立。東上。大夫之耦爲上。若有東面者。則北上。

言若有者。大夫士來觀禮。及衆賓多無數也。

賓主人與大夫皆未降。

言未降者。見其志在射。

司射乃比衆耦辯。

衆賓射者降。比之耦乃徧。

遂命三耦拾取矢。司射反位。

反位者。俟其袒決遂來。

三耦拾取矢。皆袒決遂。執弓進立于司馬之西南。

必袒決遂者。明將有射事。

司射作上耦取矢。

作之者。還當上耦如作射。

司射反位。上耦揖進。當楅北面揖。及楅揖。

當楅。楅正南之東西。

上射東面。下射西面。上射揖進。坐橫弓。卻手自弓下取一个。兼諸弣順羽。且與執弦而左還。退反位。東面揖。

橫弓者。南踣弓也。卻手由弓下取矢者。以左手在弓表。右手從裏取之。便也。兼并矢於弣。當順羽。既又當執弦也。順羽者。手放而下。備不整理也。不言毋周。在阼非君。周可也。○踣蒲北反。毋亦作無。

下射進。坐。橫弓。覆手自弓上取一个。興。其他如上射。

覆手由弓上取矢者。以左手在弓裏。右手從表取之。亦便。○覆芳伏反。

既拾取乘矢。揖。皆左還。南面揖。皆少進。當楅南。皆左還。北面。搢三挾一个。

楅南。鄉當楅之位。

揖皆左還上射於右

上射轉居右便其反位也下射左還少南行乃西面

與進者相左相揖反位

相左皆由進者之北

三耦拾取矢亦如之後者遂取誘射之矢兼乘矢而取之以授有司于西方而后反位

取誘射之矢挾五个第子逆受於東面位之後

衆賓未拾取矢皆袒決遂執弓搢三挾一个由堂西進繼三耦之南而立東面北上大夫之耦爲上

未猶不也衆賓不拾者未射無楅上矢也言此者嫌衆賓三耦同倫初時有射者後乃射有拾取矢禮也

司射作射如初一耦揖升如初司馬命去侯獲者許諾司馬降釋弓反位司射猶挾一个去扑與司馬交于階前升請釋獲于賓

猶有故之辭司射既誘射恆執弓挾矢以掌射事備尚未知當教之也今三耦卒射衆足以知之矣猶挾之者君子不必也

賓許降搢扑西面立于所設中之東北面命釋獲者設中遂視之

視之當教之

釋獲者執鹿中一人執算以從之

鹿中謂射於榭也於庠當兕中

釋獲者坐設中南當楅西當西序東面興受算坐實八算于中橫委其餘于中西南末與共而俟

興還北面受算反東面實之○共九勇反

司射遂進由堂下北面命曰不貫不釋

貫猶中也不中正不釋算也古文貫作關○貫古亂反中丁仲反正音征

上射揖司射退反位釋獲者坐取中之八算改實八算于中興執而俟

執所取算

乃射若中則釋獲者坐而釋獲每一个釋一算上射於右下射於左若有餘算則反委之

委餘算禮尚異也委之合於中西○中丁仲反

又取中之八算改實八算于中興執而俟三耦卒射

賓主人大夫揖皆由其階降揖主人堂東袒決遂執弓搢三挾一个賓於堂西亦如之皆由其階階下揖升堂揖主人爲下射皆當其物北面揖及物揖乃射卒南面揖皆由其階階上揖降階揖賓序西主人序東皆釋弓說決拾襲反位升及階揖升堂揖皆就席

或言堂或言序亦爲庠榭互言也賓主人射大夫止於堂西

大夫袒決遂執弓搢三挾一个由堂西出于司射之

西就其耦大夫爲下射揖進耦少退揖如三耦及階耦先升卒射揖如升射耦先降降階耦少退皆釋弓于堂西襲耦遂止于堂西大夫升就席

耦於庭下不並行尊大夫也在堂如上射之儀近其事得申

衆賓繼射釋獲皆如初司射所作唯上耦

於是言唯上耦者嫌賓主人射亦作之大射三耦卒射司射請于公及賓

卒射釋獲者遂以所執餘獲升自西階盡階不升堂告于賓曰左右卒射降反位坐委餘獲于中西興共而俟

司射不告卒射者釋獲者於是有事宜終之也餘獲餘算也無餘算則空手耳俟俟數也

司馬袒決執弓升命取矢如初獲者許諾以旌負侯如初司馬降釋弓反位弟子委矢如初大夫之矢則兼束之以茅上握焉

兼束大夫矢優之是以不拾也束於握上則兼取之順羽便也握謂中央也不束主人矢不可以殊於賓也言大夫之矢則矢有題識也肅愼氏貢楛矢銘其括今文上作尚○楛音戶字又作括

司馬乘矢如初司射遂適西階西釋弓去扑襲進由中東立于中南北面視算

釋弓去扑射事已

釋獲者東面于中西坐先數右獲

固東面矣復言之者爲其少南就右獲

二算爲純

純猶全也耦陰陽

一純以取實于左手十純則縮而委之

縮從也於數者東西爲從古文縮皆爲蹙○從子容反

每委異之

易校數

有餘純則橫於下

又異之也自近爲下

一算爲奇奇則又縮諸純下

奇猶虧也又從之

興自前適左東面

起由中東就左獲少北於故東面鄉之

坐兼斂算實于左手一純以委十則異之

變於右

其餘如右獲

謂所縮所橫

司射復位釋獲者遂進取賢獲執以升自西階盡階不升堂告于賓

賢獲勝黨之算也齊之而取其餘

若右勝則曰右賢於左若左勝則曰左賢於右以純

數告。若有奇者亦曰奇。賢猶勝也。言賢者以之爲雋也。假如右勝。告曰右賢於左。若干純若干奇。○中丁仲反。

若左右鈞。則左右皆執一算以告曰左右鈞。降復位。坐兼斂算。實八算于中。委其餘于中西。興共而俟。

司射適堂西。命弟子設豐。將飲不勝者。設豐所以承其爵也。豐形蓋似豆而卑。

弟子奉豐升。設于西楹之西。乃降。勝者之弟子洗觶升酌。南面坐奠于豐上。降袒執弓。反位。勝者之弟子。其少者也。耦不酌。下無能也。酌者不授爵。略之也。執弓。反射位。不俟其黨已酌。有事。

司射遂袒執弓。挾一个。搢扑。北面于三耦之南。命三耦及衆賓。勝者皆袒決遂。執張弓。執張弓。言能用之也。右手執弦。如卒射。

不勝者皆襲說決拾。卻左手右加弛弓于其上。遂以執弣。固襲。說決拾。夬復言之者。起勝者也。執弛弓。言不能用之也。兩手執弣。又不得執弦。○弛尸紙反。弣芳甫反。

司射先反位。居前。俟所命來。

三耦及衆射者。皆與其耦進。立于射位。北上。司射作升飲者。如作射。一耦進。揖如升射。及階。勝者先升堂少右。先升。尊賢也。少右。辟飲者也。亦相飲之位。○辟音避。

不勝者進北面坐取豐上之觶。興。少退。立卒觶。進坐奠于豐下。興揖。立卒觶。不祭不拜。受罰爵不備禮也。右手執觶。左手執弓。

不勝者先降。後升先降。略之。不由次。

與升飲者相左。交于階前。相揖。出于司馬之南。遂適堂西。釋弓。襲而俟。俟復射。

有執爵者。主人使贊者代弟子酌也。於既升飲而升自西階。立于序端。

執爵者坐取觶。實之。反奠于豐上。升飲者如初。每者輒酌。以至於徧。

三耦卒飲。賓主人大夫不勝。則不執弓。執爵者取觶降洗。升實之。以授于席前。優尊也。

受觶。以適西階上北面立飲。受罰爵者不宜自尊別。

卒觶。授執爵者。反就席。大夫飲。則耦不升。

若大夫之耦不勝則亦執弛弓特升飲

以賓主人飲耦在上嫌其升

尊者可以孤無能對

衆賓繼飲射爵者辯乃徹豐與觶徹猶除也設豐者反豐於堂西執爵者反觶於篚

司馬洗爵升實之以降獻獲者于侯

鄉人獲者賤明其主以侯爲功得獻也

薦脯醢設折俎俎與薦皆三祭

皆三祭爲其將祭侯也祭侯三處也

獲者負侯北面拜受爵司馬西面拜送爵

負侯負侯中也拜送爵不同面者辟正主也其設薦俎西面錯以南爲上受爵于侯薦之於位古文曰再拜受爵

獲者執爵使人執其薦與俎從之適右个設薦俎

獲者以侯爲功是以獻焉人謂主人贊者上設薦俎者也爲設籩在東豆在西俎當其北也言使設新之个音幹○

獲者南面坐左執爵祭脯醢執爵興取肺坐祭遂祭酒

爲侯祭也亦二手祭酒反注如大射

興適左个中亦如之

先祭左个後中者以外卽之至中若神在中也

左个之西北三步東面設薦俎獲者薦右東面立飲不拜既爵

不就乏者明其享侯之餘也立飲薦右近司馬於是司馬北面

司馬受爵奠于篚復位獲者執其薦使人執俎從之辟設于乏南

還設薦俎就乏明已所得禮也言辟之者不使當位辟舉旌偃旌也設于南右之也凡他薦俎皆當其位之前○辟扶盆反

獲者負侯而俟司射適階西釋弓矢去扑說決拾襲適洗洗爵升實之以降獻釋獲者于其位少南薦脯醢折俎有祭

不當其位辟中

釋獲者薦右東面拜受爵司射北面拜送爵釋獲者就其薦坐左執爵祭脯醢興取肺坐祭遂祭酒興司射之西北面立飲不拜既爵司射受爵奠于篚釋獲者少西辟薦反位

辟薦少西之者爲復射妨司射視算也亦辟俎

司射適堂西袒決遂取弓于階西挾一个搢扑以反位

爲將復射

司射去扑倚于階西升請射于賓如初賓許司射降

搢扑由司馬之南適堂西命三耦及衆賓皆袒決遂執弓就位

位射位也不言射者以當序取矢

司射先反位

言先三耦及衆賓也既命之即反位不俟之也鄉不言先三耦未有拾取矢位無所先○先悉薦反

三耦及衆賓皆袒決遂執弓各以其耦進反于射位

以猶與也今文以爲與

司射作拾取矢三耦拾取矢如初反位賓主人大夫降揖如初主人堂東賓堂西皆袒決遂執弓皆進階前揖

南面相俟而揖行也

及楅揖拾取矢如三耦

及楅當楅東西也主人西面賓東面相揖拾取矢不北面揖由便也

卒北面搢三挾一个

亦於三耦爲之位

揖退

皆已揖左還各由其塗反位

賓堂西主人堂東皆釋弓矢襲及階揖升堂揖就席

將袒先言主人將襲先言賓尊賓也

大夫袒決遂執弓就其耦

降袒決遂於堂西就其耦於射位與之拾取矢

揖皆進如三耦耦東面大夫西面大夫進坐說矢束

說矢束者下耦以將拾取○說吐活反又始銳反

興反位而后耦揖進坐兼取乘矢順羽而興反位揖

兼取乘矢者尊大夫不敢與之拾也相下相尊君子之所以相接也

大夫進坐亦兼取乘矢如其耦北面搢三挾一个

亦於三耦爲之位

揖退耦反位大夫遂適序西釋弓矢襲升即席

大夫不序於下尊也

衆賓繼拾取矢皆如三耦以反位

司射猶挾一个以進作上射如初一耦揖升如初

進前也鄉言還當上耦西面是言進終始互相明也今文或言作升射

司馬升命去侯獲者許諾司馬降釋弓反位司射與司馬交于階前去扑襲升請以樂樂于賓賓許諾司射降搢扑東面命樂正曰請以樂樂于賓賓許

東面於西階之前也不就樂正命之者傳尊者之命於賤者遜號命之可也樂正亦許諾猶北面不還以賓在堂

司射遂適階間堂下北面命曰不鼓不釋

不與鼓節相應不釋算也鄉射之鼓五節歌五終所以將八矢一節之間當拾發四節四拾其一節先以聽也

上射揖司射退反位樂正東面命大師曰奏騶虞間若一（東面者進還鄉大師也騶虞國風召南之詩篇也射義曰騶虞者樂官備也其詩有一發五豝五豵于嗟騶虞之言樂得賢者衆多歎思至仁之人以充其官此天子之射節也而用之者方有樂賢之志取其宜也其他賓客鄉大夫則歌采蘋間若一者重節○豝音巴豵子工反）

大師不與許諾樂正退反位乃奏騶虞以射三耦卒射賓主人大夫衆賓繼射釋獲如初卒射降（皆應鼓與歌之節乃釋算降者衆賓）

釋獲者執餘獲升告左右卒射如初（卒已也今文曰告于賓）

司馬升命取矢獲者許諾司馬降釋弓反位弟子委矢司馬乘之皆如初司射釋弓視算如初（算獲算也今文曰視數也）

釋獲者以賢獲與鈞告如初降復位

司射命設豐設豐實觶如初遂命勝者執張弓不勝者執弛弓升飲如初

司射猶袒決遂左執弓右執一个兼諸弦面鏃適堂西以命拾取矢如初（側持弦矢曰執面猶尚也并矢於弦尚其鏃將止變於射也）

司射反位三耦及賓主人大夫衆賓皆袒決遂拾取矢如初矢不挾兼諸弦弣以退不反位遂授有司于堂西（不挾亦謂執之如司射也不以反射位授有司者射禮畢）

辯拾取矢揖皆升就席（謂賓大夫及衆賓也相俟堂西進立于西階之前主人以賓揖升大夫及衆賓從升立時少退于大夫三耦及弟子自若留下）

司射乃適堂西釋弓去扑說決拾襲反位司馬命弟子說侯之左下綱而釋之（說解也釋之不復射掩束之○說吐活反）

命獲者以旌退命弟子退楅司射命釋獲者退中與算而俟（諸所退皆俟堂西備復射也旌言以者旌恆執也獲者釋獲者亦退其薦俎）

司馬反爲司正退復觶南而立（當監旅酬）

樂正命弟子贊工卽位弟子相工如其降也升自西階反坐（贊工遷樂也降時如初入樂正反自西階東北面）

賓北面坐取俎西之觶興阼階上北面酬主人主人降席立于賓東賓坐奠觶拜執觶興主人荅拜賓不祭卒觶不拜不洗實之進東南面

所不者酬而禮殺也賓立飲○殺所界反

主人阼階上北面拜賓少退。

少退少逡遁也○逡遁音旬

主人進受觶賓主人之西北面拜送。

旅酬同階禮殺也

賓揖就席。主人以觶適西階上酬大夫大夫降席立于主人之西如賓酬主人之禮。

其既實觶進西南面立鄉所酬

主人揖就席。若無大夫則長受酬亦如之。

長謂以長幼之次酬衆賓○長丁丈反

司正升自西階。相旅作受酬者。曰某酬某子。

某者字也某子者氏也稱酬者之字受酬者曰某子旅酬下爲上尊之也春秋傳曰字不若子此言

某酬某子者射禮略於飲酒飲酒言某子受酬以飲酒爲主

受酬者降席。司正退立于西序端東面。

退立俟後酬者也始升相立階西北面

衆受酬者拜。興。飲。皆如賓酬主人之禮。辯遂酬在下者皆升受酬于西階上。

在下謂賓黨也鄉飲酒記曰主人之贊者西面北上不與無算爵然後與此異於賓○與音預

卒受者以觶降奠于篚。司正降復位。使二人舉觶于賓與大夫。

二人主人之贊者

舉觶者皆洗觶升實之。西階上北面。皆坐奠觶拜。執觶興。賓與大夫皆席末答拜。舉觶者皆坐祭。遂飲卒觶。興。坐奠觶拜。執觶興。賓與大夫皆答拜。舉觶者逆降。洗。升實觶。皆立于西階上。北面東上。賓與大夫拜。舉觶者皆進。坐奠于薦右。

坐奠之不敢授

賓與大夫辭。坐受觶以興。

辭辭其坐奠觶

舉觶者退反位。皆拜送。乃降。賓與大夫反奠于其所興。

不舉者盛禮已崇古文曰反坐

若無大夫則唯賓。

長一人舉觶如燕禮媵爵之爲

司正升自西階。阼階上受命于主人。適西階上北面。請坐于賓。

請坐欲與賓燕盡殷勤也至此盛禮已成酒清肴乾强有力者猶倦焉

賓辭以俎。

俎者肴之貴者也辭之者不敢以燕坐褻貴肴

反命于主人。主人曰。請徹俎。賓許。司正降自西階。階前命弟子俟徹俎。

弟子，賓黨也。俎者，主人贊者設之，今賓辭之，使其黨俟徹，順賓意也。上言請坐于賓，此言主人曰，互相備耳。

司正升立于序端。賓降席，北面。主人降席自南方，阼階上北面。大夫降席，席東南面。

俟弟子升受俎。

賓取俎，還授司正。司正以降自西階。賓從之降，遂立于階西，東面。司正以俎出，授從者。

授賓家從來者也。古者與人飲食，必歸其盛者，所以厚禮之。○從，才用反。

主人取俎，還授弟子。弟子受俎，降自西階以東。主人降自阼階，西面立。

以東，授主人侍者。

大夫取俎，還授弟子。弟子以降自西階，遂出授從者。大夫從之降，立于賓南。

凡言還者，明取俎各自鄉其席。

衆賓皆降，立于大夫之南，少退，北上。

從降，亦為將燕。○為，于偽反。

主人以賓揖讓，說屨，乃升。大夫及衆賓皆說屨，升坐。

說屨者，將坐，空屨褻賤，不宜在堂也。說屨則摳衣，為其被地。○說，吐活反。

乃羞。

羞，進也。所進者，狗胾醢也。燕設啗具，所以案酒。○胾，狀吏反。

無筭爵。使二人舉觶。賓與大夫不興，取奠觶飲，卒觶不拜。

二人，謂鄉者二人也。使之升立于西階上，賓與大夫將旅，當執觶也。卒觶者固不拜矣，著之者，嫌坐卒爵者拜既爵。此坐于席，禮既殺，不復崇。

執觶者受觶，遂實之。賓觶以之主人，大夫之觶長受，

長，衆賓長。

而錯，皆不拜。

錯者，實主人之觶以之次賓也，實賓長之觶以之次大夫。其或多者，迭飲於坐而已。皆不拜受，禮又殺也。

辯，卒受者興，以旅在下者于西階上。

衆賓之末飲而酬主人之贊者，大夫之末飲而酬賓黨，亦錯焉。不使執觶者酌，以其將旅酬，不以己尊於人也。其末若皆衆賓，則先酬主人之贊者；若皆大夫，則先酬賓黨而已。執觶者酌在上，辯，降復位。

長受酬，酬者不拜，乃飲，卒觶以實之。

言酬者不拜者，嫌酬堂下異位當拜也。古文曰酬者不拜。

受酬者不拜受。

禮殺，雖受尊者之酬，猶不拜。

辯旅，皆不拜。

主人之贊者，於此始旅，嫌有拜。

執觶者皆與旅。嫌已飲不復飲也。上使之勸人耳，非逮下之惠也。亦自以齒與於旅也。○與音預。

卒受者以虛觶降奠于篚，執觶者洗，升實觶，反奠于賓與大夫。復奠之者，燕以飲酒爲歡，醉乃止，主人之意也。今文無執觶，及賓觶大夫之觶皆爲爵，實觶觶爲之。

無筭樂。合鄉樂無次數。

賓興，樂正命奏陔。陔，陔夏，其詩亡。周禮賓醉而出，奏陔夏。陔夏者，天子諸侯以鍾鼓，大夫士鼓而已。○陔，古才反。

賓降及階，陔作，賓出，衆賓皆出，主人送于門外，再拜。拜送賓于門東西面，賓不答拜，禮有終。

明日，賓朝服以拜賜于門外。拜賜，謝恩惠也。

主人不見，如賓服，遂從之，拜辱于門外，乃退。不見，不褻禮也。拜辱，謝其自屈辱。

主人釋服，乃息司正。釋服，說朝服，服玄端也。息猶勞也。勞司正，謂賓之，與之飲酒，以其昨日尤勞倦也。月令曰：勞農以休息之。

無介。勞禮略，貶於飲酒也。此已下皆記禮之異者。

不殺。無俎故也。

使人速。速，召賓。

迎于門外，不拜，入，升不拜至，不拜洗，薦脯醢，無俎，賓酢主人，主人不崇酒，不拜衆賓，既獻衆賓，一人舉觶，遂無筭爵。言遂者，明其間闕也。賓坐奠觶于其所，擯者遂受命于主人，請坐于賓，賓降說屨，升坐矣。不言遂請坐者，請坐主於無筭爵。

無司正。使擯者而已，不立之。

賓不與。昨日至尊，不可褻也。古文與作豫。

徵唯所欲。徵，召也。謂所欲請呼。

以告於鄉先生君子可也。告，請也。鄉先生，鄉大夫致仕者也。君子，有大德行不仕者。○行，下孟反。

羞唯所有。用時見物。

鄉樂唯欲。

不歌雅頌，取周召之詩在所好。

記大夫與則公士為賓。

不敢使鄉人加尊於大夫也。公士在官之士。鄉賓主用處士。○與音預。

使能不宿戒。

能者敏於事，不待宿戒而習之。

其牲狗也。

狗取擇人。

亨于堂東北。

鄉飲酒義曰：祖陽氣之所發也。○亨普庚反。

尊綌冪，賓至徹之。

以綌為冪，取其堅潔。

蒲筵緇布純。

筵，席也。純，緣也。

西序之席北上。

眾賓統於賓。

獻用爵，其他用觶。

爵尊，不可褻也。

以爵拜者不徒作。

以爵拜，謂拜既爵。徒，猶空也。作，起也。不空起，言起必酢主人。

薦脯用籩，五膱，祭半膱橫于上，醢以豆，出自東房。膱長尺二寸。

脯用籩，籩宜乾物也。醢以豆，豆宜濡物也。膱猶脡也。為記者異耳。祭橫于上，殊之也。於人為縮。膱廣狹未聞也。古文膱為胾，今文或作植。○膱音職。

俎由東壁，自西階升。

狗既亨，載于東方。

賓俎脊、脅、肩、肺。主人俎脊、脅、臂、肺。肺皆離。皆右體也。進腠。

以骨名肉，貴骨也。賓俎用肩，主人用臂，尊賓也。離猶挂也。腠，膚理也。進理，謂前其本。古體周所貴也。

若有尊者，則俎其餘體也。○挂苦圭反。

凡舉爵，三作而不徒爵。

謂獻賓、獻大夫、獻工，皆有薦。

凡奠者於左。

不飲，不欲其妨。

將舉者於右。

便其舉也。

眾賓之長一人辭洗，如賓禮。

尊之於其黨。○長丁丈反。

若有諸公，則如賓禮，大夫如介禮；無諸公，則大夫如賓禮。

尊卑之差。諸公，大國之孤也。

樂作。大夫不入。
後樂賢也。
樂正與立者齒。
謂其飲之次也。尊樂正同於賓黨。鄉飲酒記曰：與立者皆薦以齒。○與音預。
三笙一和而成聲。
三人吹笙，一人吹和，凡四人也。爾雅曰：笙小者謂之和。○和，戶臥反。
獻工與笙。取爵于上篚。既獻，奠于下篚。其笙則獻諸西階上。
奠爵于下篚，不復用也。今文無與笙。
立者東面北上。
賓黨。
司正既舉觶而薦諸其位。
薦於觶南。
三耦者使弟子司射前戒之。
弟子，賓黨之少者也。前戒，謂先射請戒之。
司射之弓矢與扑，倚于西階之西。
便其事也。
司射既袒決遂而升，司馬階前命張侯，遂命倚旌。
著並行也。古文曰：遂命獲者倚旌。
凡侯：天子熊侯，白質；諸侯麋侯，赤質；大夫布侯，畫以虎豹；士布侯，畫以鹿豕。
此所謂獸侯也。燕射則張之。鄉射及賓射當張采侯二正，而記此者，天子諸侯之燕射各以其鄉射之禮而張此侯，則經獸侯是也，由是云焉。白質、赤質，皆謂采其地。其地不采者，白布也。熊、麋、虎、豹、鹿、豕，皆正面畫其頭象於正鵠之處耳。君畫一，臣畫二，陽奇陰耦之數也。燕射射熊虎豹，不忘上不相犯；射麋鹿豕，志在君臣相養。其畫之皆毛物之。
凡畫者丹質。
賓射之侯、燕射之侯，皆畫雲氣於側以為飾，必先以丹采其地。丹淺於赤。
射自楹間，物長如笴，其間容弓，距隨長武。
自楹間者，謂射於庠也。楹間，中央東西之節也。物，謂射時所立處也。謂之物者，物猶事也，君子所有事也。長如笴者，謂從畫之長短也。笴，矢幹也，長三尺，與跬相應，射者進退之節也。間容弓者，上下射相去六尺也。距隨者，物橫畫也。始前足至東頭為距，後足來合而南面為隨。武，跡也，尺二寸。
序則物當棟，堂則物當楣。
是制五架之屋也。正中曰棟，次曰楣，前曰庪。○庪，九僞反，又九爲反。
命負侯者由其位。
於賤者禮略。
凡適堂西，皆出入于司馬之南。唯賓與大夫降階，遂西取弓矢。
尊者宜逸，由便也。
旌各以其物。
旌，總名也。雜帛為物，大夫士之所建也。言各者，鄉射或於庠，或於榭。

無物則以白羽與朱羽糅杠長三仞以鴻脰韜上二尋。

　無物者謂小國之州長也其鄉大夫一命其州長士不命不命者無物此翿旌也翿亦所以進退衆者糅者雜也杠橦也七尺曰仞鴻鳥之長脰者也八尺曰尋今文糅爲縮韜爲翿○糅女又反杠音江翿徒刀反橦直江反

凡挾矢於二指之間橫之。

　二指謂左右手之第二指此以食指將指挾之○將子匠反

司射在司馬之北司馬無事不執弓。

　以不主射故也

始射獲而未釋獲復釋獲復用樂行之。

　君子取人以漸

上射於右。

　於右物射

楅長如笴博三寸厚寸有半龍首其中蛇交韋當

　博廣也兩端爲龍首中央爲蛇身相交也蛇龍君子之類也交者象君子取矢於楅上也直心背之衣曰當以丹韋爲之司馬左右撫矢而乘之分委於當○乘繩證反

楅髤橫而奉之南面坐而奠之南北當洗。

　髤赤黑漆也○髤虛求切

射者有過則撻之。

　過謂矢揚中人凡射時矢中人當刑之今鄉會衆賢以禮樂勸民而射者中人本意在侯去傷害之心遠是以輕之以扑撻於中庭而已書曰扑作教刑

衆賓不與射者不降。

　不以無事亂有事古文與爲豫○與音預

取誘射之矢者既拾取矢而后兼誘射之乘矢而取之。

　謂反位已禮成乃更進取之不相因也

賓主人射則司射擯升降卒射即席而反位卒事。

　擯賓主人升降者皆尊之也不使司馬擯其升降主於射

鹿中髤前足跪鑿背容八算釋獲者奉之先首。

　前足跪者象教擾之獸受負也

大夫降立于堂西以俟射。

　尊大夫不使久列於射位

大夫與士射袒纁襦。

　不肉袒殊於耦

耦少退於物。

　下大夫也既發則然

司射釋弓矢視筭與獻釋獲者釋弓矢。

　惟此二事休武主文釋弓矢耳然則擯升降不釋

禮射不主皮主皮之射者勝者又射不勝者降。

　禮射謂以禮樂射也大射賓射燕射是矣不主皮者貴其容體比於禮其節比於樂不待中爲雋也

言不勝者降則不復升射也主皮者無侯張獸皮而射之主於獲也尚書傳曰戰鬬不可不習故於蒐狩以閑之也閑之者貫之也貫之者習之也凡祭取餘獲陳於澤然後鄉大夫相與射也中者雖不中也取不中者雖中也不取何以然所以貴揖讓之取也而賤勇力之取鄉之取也於囿中勇力之取也今之取也於澤宮揖讓之取也澤習禮之處非所於行禮其射又主中此主皮之射與天子大射張皮侯賓射張五采之侯燕射張獸侯

主人亦飲于西階上。

就射爵而飲也己無後才不可以辭罰

獲者之俎折脊脅肺臑。

臑若膞胳觳之折以大夫之餘體○臑如報反膞音純胳音格又音各觳若角反

東方謂之右个。

侯以鄉堂爲面也

釋獲者之俎折脊脅肺皆有祭。

皆獲者也祭祭肺也以言肺謂刌肺不離嫌無祭肺○刌寸本反

大夫說矢束坐說之。

明不自尊別也○說吐活反又始銳反

歌騶虞若采蘋皆五終射無算。

謂衆賓繼射者衆賓無數也每一耦射歌五終也

古者於旅也語。

禮成樂備乃可以言語先王禮樂之道也疾今人慢於禮樂之盛言語無節故追道古也

凡旅不洗。

敬殺

不洗者不祭。

不盛

既旅士不入。

從正禮也既旅則將燕矣士入齒於鄉人

大夫後出。

下鄉人不干其賓主之禮

主人送于門外再拜。

拜送大夫尊之也主人送賓還入門揖乃出送拜之

鄉侯上个五尋。

上个謂最上幅也八尺曰尋上幅用布四丈

中十尺。

方者也用布五丈今官布幅廣二尺二寸旁削一寸考工記曰梓人爲侯廣與崇方謂中也

侯道五十弓弓二寸以爲侯中。

言侯中所取數也量侯道以貍步而云弓者侯之所取數宜用射器也正二寸者骹中之博也今文

改弓爲肱也○骹若交反

倍中以爲躬。

躬身也謂中之上下幅也用布各二丈

倍躬以爲左右舌。

謂上个也居兩旁謂之个左右出謂之舌

下舌半上舌。半者半其出於躬者也用布三丈所以半上舌者侯人之形類也上个象臂下个象足中人張臂八尺張足六尺五八四十五六三十以此爲衰也凡鄉侯用布十六丈數起侯道五十弓以計道七十弓之侯用布二十五丈二尺道九十弓之侯用布三十六丈

箭籌八十。箭篠也籌算也籌八十者略以十耦爲正貴全數其時衆賓從賓○篠息丁反

長尺有握握素。握本所持處也素謂刊之也刊本一作膚

楚扑長如笴。刊本尺。刊其可持處

君射則爲下射。上射退于物一笴。既發則答君而俟。荅對也此以下雜記也今文君射則爲下

君樂作而后就物。君袒朱襦以射。君尊

小臣以巾。執矢以授。君尊不搢矢不挾矢授之稍屬

若飲君。如燕則夾爵。謂君在不勝之黨也賓飲君如燕賓媵觚于公之禮則夾爵夾爵者君既卒爵復自酌

君國中射。則皮樹中。以翿旌獲。白羽與朱羽糅。國中城中也謂燕射也皮樹獸名以翿旌獲尚文德也今文皮樹爲繁豎糅爲縚古文無以

於郊。則閭中。以旌獲。於郊謂大射也大射於大學王制曰小學在公宮之左大學在郊閭獸名如驢一角或曰如驢岐蹄周書曰北唐以閭析羽爲旌

於竟。則虎中。龍旜。於竟謂與鄰國君射也畫龍於旜尚文章也通帛爲旜

大夫兕中。各以其物獲。兕獸名似牛一角

唯君有射于國中。其餘否。臣不習武事於君側也古文有作又今文無其餘否

君在。大夫射則肉袒。不袒纁襦厭於君也今文無射

儀禮卷五

儀禮卷六

漢大司農北海鄭　玄註

明　後學東吳葛　鼒訂

燕禮第六

燕禮。

小臣戒與者。

小臣相君燕飲之法。戒與者，謂留羣臣也。君以燕禮勞使臣，若臣有功，故與羣臣樂之。小臣則警戒告語焉。飲酒以合會爲歡也。○與音預，相息亮反，勞力報反，使所吏反，樂音洛。

膳宰具官饌于寢東。

膳宰，天子曰膳夫，掌君飲食膳羞者也。具官饌，具其官之所饌，謂酒也，牲也，脯醢也。寢，路寢。

樂人縣。

縣，鍾磬也。國君無故不徹縣，宮縣者，爲燕新之。○縣音玄，爲于僞反。

設洗篚于阼階東南。當東霤。罍水在東。篚在洗西南肆。設膳篚在其北西面。

設此不言其官，賤也。當東霤者，人君爲殿屋也，亦南北以堂深。肆，陳也。膳篚者，君象觚所饌也。亦南陳，言西面，尊之，異其文。○霤力又反，罍音雷，觚音孤。

司宮尊于東楹之西。兩方壺。左玄酒南上。公尊瓦大。兩有豐。冪用綌若錫。在尊南南上。尊士旅食于門西。兩圜壺。

司宮，天子曰小宰，聽酒人之成要者也。尊方壺，爲卿大夫士也。臣道直方，於東楹之西，予君專此酒也。玉藻曰：唯君面尊。玄酒在南，順君之面也。瓦大，有虞氏之尊也。禮器曰：君尊瓦甒。豐，形似豆，卑而大。冪用綌若錫，冬夏異也。在尊南，在方壺之南也。尊士旅食者用圜壺，變於卿大夫也。旅，眾也。士眾食，謂未得正祿，所謂庶人在官者也。今文錫爲緆。○大音泰，圜音圓，甒亡甫反，緆悉歷反。

司宮筵賓于戶西東上無加席也。

筵，席也。席用蒲筵緇布純，無加席，燕私禮，臣屈也。諸侯之官無司几筵也。○純之閏反，又章允反。

射人告具。

告事具於君。射人主此禮，以其或射也。

小臣設公席于阼階上。西鄉。設加席。公升即位于席。

西鄉。

周禮：諸侯酢席莞筵紛純，加繅席畫純。後設公席者，凡禮卑者先即事，尊者後也。○鄉許亮反，本又作嚮，莞音官，繅音早。

小臣納卿大夫。卿大夫皆入門右。北面東上。士立于西方。東面北上。祝史立于門東。北面東上。小臣師一人。在東堂下南面。士旅食者立于門西。東上。

納者，以公命引而入也。自士以下，從而入即位耳。師，長也。小臣之長一人，猶天子大僕正君之服位者也。凡入門而右，由闑東；左則由闑西。○長丁丈反，大音泰，闑魚列反。

公降立于阼階之東南。南鄉爾卿。卿西面北上。爾大夫。大夫皆少進。

爾，近也，移也。揖而移之，近之也。大夫猶北面，少前。

射人請賓。

命當由君出也。

公曰：命某爲賓。

某大夫也。

射人命賓。賓少進，禮辭。

命賓者，東面南顧。禮辭，辭不敏也。

反命。

射人以賓之辭告於君。

又命之。賓再拜稽首，許諾。

又，復。

射人反命。

告賓許。

賓出，立于門外，東面。

當更以賓禮入。

公揖卿大夫，乃升就席。

揖之，人之也。

小臣自阼階下，北面，請執冪者與羞膳者。

執冪者，執瓦大之冪也。方圜壺無冪。羞膳，羞於公，謂庶羞。

乃命執冪者。執冪者升自西階，立于尊南，北面，東上。

以公命於西階前命之也。東上，玄酒之冪爲上也。羞膳者從而東，由堂東升自北階，房中西面南上。不言之者，不升堂，略之也。

膳宰請羞于諸公卿者。

小臣不請而使膳宰，於卑者彌略也。禮以異爲敬。

射人納賓。

射人爲擯者也。今文曰擯者。

賓入及庭，公降一等揖之。

及，至也。至庭，謂既入而左，北面時。

公升就席。

以其將與主人爲禮，不參之也。

賓升自西階，主人亦升自西階，賓右北面至再拜，賓答再拜。

主人，宰夫也。宰夫，大宰之屬，掌賓客之獻飲食者也。其位在洗北，西面。君於其臣雖爲賓，不親獻，以其尊莫敢伉禮也。至再拜者，拜賓來至也。天子膳夫爲獻主。

主人降洗，洗南西北面。

賓將從降，鄉之。

賓降階西，東面。主人辭降，賓對。

對，答。

主人北面盥，坐取觚洗。賓少進，辭洗。主人坐奠觚于篚，興對。賓反位。

賓少進者，又辭，宜違其位也。獻不以爵，辟正主也。古文觚皆爲觶。○辟音避。觶，章豉反。

主人卒洗，賓揖，乃升。

賓每先升尊也

主人升賓拜洗主人賓右奠觚答拜降盥

主人復盥爲手坋塵也○坋步困反

賓降主人辭賓對卒盥賓揖升主人升坐取觚

取觚將就瓦大酌膳

執冪者舉冪主人酌膳執冪者反冪

君物曰膳膳之言善也酌君尊者尊賓也

主人筵前獻賓賓西階上拜筵前受爵反位主人賓右拜送爵

賓既拜前受觚退復位

膳宰薦脯醢賓升筵膳宰設折俎

折俎牲體骨也鄉飲酒記曰賓俎脊脅肩肺

賓坐左執爵右祭脯醢奠爵于薦右興取肺坐絶祭嚌之興加于俎坐帨手執爵遂祭酒興席末坐啐酒降席坐奠爵拜告旨執爵興主人答拜

降席席西也旨美也○嚌才計反帨始銳反啐七內反

賓西階上北面坐卒爵興坐奠爵遂拜主人答拜

遂拜拜既爵也

賓以虚爵降

將酢主人

主人降賓洗南坐奠觚少進辭降主人東面對

上既言爵矣復言觚者嫌易之也大射禮曰主人西階西東面少進對今文從此以下觚皆爲爵

賓坐取觚奠于篚下盥洗

篚下篚南

主人辭洗

謙也今文無洗

賓坐奠觚于篚興對卒洗及階揖升主人升拜洗如賓禮賓降盥主人降賓辭降卒盥揖升酌膳執冪如初以酢主人于西階上主人北面拜受爵賓主人之左拜送爵

賓既南面授爵乃之左

主人坐祭不啐酒

辟正主也未薦者臣也

不拜酒不告旨

主人之義

遂卒爵興坐奠爵拜執爵興賓答拜主人不崇酒以虚爵降奠于篚

崇充也不以酒惡謝賓甘美君物也

賓降立于西階西

既受獻矣不敢安盛

射人升賓賓升立于序内東面

東西牆謂之序大射禮曰擯者以命升賓

主人盥洗象觚升實之東北面獻于公

象觚觚有象骨飾也取象觚者東面

公拜受爵主人降自西階阼階下北面拜送爵士薦脯醢膳宰設折俎升自西階

薦進也大射禮曰宰胥薦脯醢由左房

公祭如賓禮膳宰贊授肺不拜酒立卒爵坐奠爵拜執爵興

凡異者君尊變於賓也

主人答拜升受爵以降奠于膳篚

更爵洗升酌膳酒以降酢于阼階下北面坐奠爵再拜稽首公答再拜

更爵者不敢襲至尊也古文更爲受

主人坐祭遂卒爵再拜稽首公答再拜主人奠爵于篚

主人盥洗升媵觚于賓酌散西階上坐奠爵拜賓賓降筵北面答拜

媵送也讀或爲揚揚舉也酌散者酌方壺酒也於膳爲散今文媵皆作騰○媵以證反

主人坐祭遂飲賓辭卒爵拜賓答拜

辭者辭其代君行酒不立飲也此降於正主酬也

主人降洗賓降主人辭降賓辭洗卒洗揖升不拜洗

不拜洗酬而禮殺○殺所界反

主人酌膳賓西階上拜

拜者拜其酌也

受爵于筵前反位主人拜送爵賓升席坐祭酒遂奠于薦東

遂者因坐而奠不北面也奠之者酬不舉也

主人降復位賓降筵西東南面立

賓不立於序內位彌尊也位彌尊者其禮彌卑記所謂一張一弛者是之類與

小臣自阼階下請媵爵者公命長

命長使選卿大夫之中長幼可使者○長丁丈反

小臣作下大夫二人媵爵

作使也卿爲上大夫不使之者爲其尊

媵爵者阼階下皆北面再拜稽首公答再拜

再拜稽首拜君命也

媵爵者立于洗南西面北上序進盥洗角觶升自西階序進酌散交于楹北降阼階下皆奠觶再拜稽首執觶興公答再拜

序次第也猶代也楹北西楹之北也交而相待於西階上既酌右還而反往來以右爲上

媵爵者皆坐祭遂卒觶興坐奠觶再拜稽首執觶興
公答再拜媵爵者執觶待于洗南
待君命也
小臣請致者
請使一人與二人與優君也
若君命皆致則序進奠觶于篚阼階下皆再拜稽首
公答再拜媵爵者洗象觶升實之序進坐奠于薦南
北上降阼階下皆再拜稽首送觶公答再拜
序進往來由尊北交于東楹之北奠于薦南不敢必君舉也大射禮曰媵爵者皆退反位
公坐取大夫所媵觶興以酬賓賓降西階下再拜稽
首公命小臣辭賓升成拜
與以酬賓就其階而酬之也升成拜復再拜稽首也先時君辭之於禮若未成然
公坐奠觶答再拜執觶興立卒觶賓下拜小臣辭賓
升再拜稽首
不言成拜者為拜故下賓未拜也下不輒拜禮殺也此賓拜于君之左不言之者不敢敵偶於君
公坐奠觶答再拜執觶興賓進受虛爵降奠于篚
易觶洗
君尊不酌故也凡爵不相襲者也於尊者言更自敵以下不言易更作新易有故之辭進受虛爵尊君
也不言公酬賓於西階上及公反位者亦尊君空其文也
公有命則不易不洗反升酌膳觶下拜小臣辭賓升

再拜稽首
下拜下亦未拜先下未拜有二或禮殺或君親辭君親辭則聞命即升升乃拜是以不言成拜
公答再拜
拜於阼階上也於是賓請旅侍臣
賓以旅酬於西階上
旅序也以次序勸卿大夫飲酒
射人作大夫長升受旅
言作大夫則卿存矣長者尊先而卑後
賓大夫之右坐奠觶拜執觶興大夫答拜
賓在右者相飲之位
賓坐祭立飲卒觶不拜
酬而禮殺
若膳觶也則降更觶洗升實散大夫拜受賓拜送
言更觶卿尊也
大夫辯受酬如受賓酬之禮不祭卒受者以虛觶降
奠于篚
卒猶後也大射禮曰奠于篚復位今文辯皆作徧
主人洗升實散獻卿于西階上
酬而後獻卿別尊卑也飲酒成於酬也
司宮兼卷重席設于賓左東上

言兼卷則每卿異席也重席重蒲筵緇布純也卿坐東上統於君也席自房來○重直容反

卿升拜受觚主人拜送觚卿辭重席司宮徹之

徹猶去也重席雖非加猶爲其重累去之辟君也

乃薦脯醢卿升席坐左執爵右祭脯醢遂祭酒不啐酒降席西階上北面坐卒爵興坐奠爵拜執爵興主人答拜受爵卿降復位

不酢辟君也卿無俎者燕主於羞

辯獻卿主人以虛爵降奠于篚

今文無奠于篚

射人乃升卿卿皆升就席若有諸公則先卿獻之如獻卿之禮

諸公者謂大國之孤也孤一人言諸者容牧有三監○先悉薦反

席于阼階西北面東上無加席

席孤北面爲其大尊屈之也亦因阼階西位近君近君則屈親寵苟敬私昵之坐○大音泰

小臣又請媵爵者二大夫媵爵如初

又復

請致者若命長致則媵爵者奠觶于篚一人待于洗南長致致者阼階下再拜稽首公答再拜

命長致者公或時未能舉自優暇也

洗象觶升實之坐奠于薦南降與立于洗南者二人皆再拜稽首送觶公答再拜

奠于薦南者於公所用酬賓觶之處二人俱拜以其共勸君

公又行一爵若賓若長唯公所酬

一爵先媵者之下觶也若賓若長則賓禮殺矣長公卿之尊者也賓則以酬長長則以酬賓

以旅于西階上如初大夫卒受者以虛觶降奠于篚

主人洗升獻大夫于西階上大夫升拜受觚主人拜送觚大夫坐祭立卒爵不拜既爵主人受爵大夫降復位

既盡也不拜之者禮又殺

胥薦主人于洗北西面脯醢無脀

胥膳宰之吏也主人大夫之下先大夫薦之尊之也不於上者上無其位也脀俎實○脀之承反

辯獻大夫遂薦之繼賓以西東上

徧獻之乃薦略賤也亦獻而后布席也

卒射人乃升大夫大夫皆就席

席工于西階上少東樂正先升北面立于其西

工瞽矇歌諷誦詩者也凡執技藝者稱工少牢饋食禮曰皇尸命工祝樂記師乙曰乙賤工也樂正于天子樂師也凡樂掌其序事樂成則告備

小臣納工工四人二瑟小臣左何瑟面鼓執越內弦右手相入升自西階北面東上坐小臣坐授瑟乃降

工四人者燕禮輕從大夫制也面鼓者燕尚樂可鼓者在前也越瑟下孔也內弦弦爲主也相扶工

也後二人徒相天子大僕二人也小臣四人祭僕六人御僕十二人皆同官○何胡我反相息亮反

工歌鹿鳴四牡皇皇者華

三者皆小雅篇也鹿鳴君與臣下及四方之賓宴講道修政之樂歌也此采其己有旨酒以召嘉賓嘉賓既來示我以善道又樂嘉賓有孔昭之明德可則效也四牡君勞使臣之來樂歌也此采其勤苦王事念將父母懷歸傷悲忠孝之至以勞賓也皇皇者華君遣使臣之樂歌也此采其更是勞苦自以為不及欲諮謀於賢知而以自光明也○知音智

卒歌主人洗升獻工工不興左瑟一人拜受爵主人西階上拜送爵

工歌乃獻之賤者先就事也左瑟便其右一人工之長者也工拜於席○便婢面反

薦脯醢

輒薦之變於大夫也

使人相祭

使扶工者相其祭薦祭酒

卒爵不拜

賤不備禮

主人受爵

將復獻衆工也

衆工不拜受爵坐祭遂卒爵辯有脯醢不祭主人受爵降奠于篚

遂猶因也古文曰卒祭不拜

公又舉奠觶唯公所賜以旅于西階上如初

言賜者君又彌尊賓長彌卑

卒

旅畢也

笙入立于縣中奏南陔白華華黍

以笙播此三篇之詩縣中縣中央也鄉飲酒禮曰磬南北面奏南陔白華華黍皆小雅篇也今亡其義未聞昔周之興也周公制禮作樂采時世之詩以為樂歌所以通情相風切也其有此篇明矣後世衰微幽厲尤甚禮樂之書稍稍廢棄孔子曰吾自衛反魯然後樂正雅頌各得其所謂當時在者而復重雜亂者也惡能存其亡者乎且正考父校商之名頌十二篇於周大師歸以祀其先王至孔子二百年之間五篇而已此其信也○風方鳳反惡音烏父音甫陔下才反

主人洗升獻笙于西階上一人拜盡階不升堂受爵降主人拜送爵階前坐祭立卒爵不拜既爵升授主人

一人笙之長者也鄉射禮曰笙一人拜于下

衆笙不拜受爵降坐祭立卒爵辯有脯醢不祭乃間歌魚麗笙由庚歌南有嘉魚笙崇丘歌南山有臺笙由儀

間代也謂一歌則一吹也六者皆小雅篇也魚麗言太平年豐物多也此采其物多酒旨所以優賓也南有嘉魚言太平君子有酒樂與賢者共之也此采其能以禮下賢者賢者纍蔓而歸之與之宴樂也南山有臺言太平之治以賢者為本也此采其愛友賢者為邦家之基民之父母既欲其身之

壽考又欲其名德之長也由庚崇邱由儀今亡其義未聞

遂歌鄉樂。周南關雎葛覃卷耳。召南鵲巢采蘩采蘋。

周南召南國風篇也王后國君夫人房中之樂歌也關雎言后妃之德葛覃言后妃之職卷耳言后妃之志鵲巢言國君夫人之德采蘩言國君夫人不失職也采蘋言卿大夫之妻能修其法度也昔太王王季居于岐山之陽躬行召南之教以興王業及文王而行周南之教以受命大雅云刑于寡妻至于兄弟以御于家邦謂此也其始一國爾文王作邑于豐以故地為卿士之采地乃分為二國周周公所食也召召公所食也於時文王三分天下有其二德化被于西土是以其詩有仁賢之風者屬之召南焉有聖人之風者屬之周南焉夫婦之道者生民之本王政之端此六篇者其教之原也故國君與其臣下及四方之賓燕用之合樂也鄉樂者風也小雅為諸侯之樂大雅頌為天子之樂鄉飲酒升歌小雅禮盛者可以進取燕合鄉樂者禮輕者可以逮下也春秋傳曰肆夏繁遏渠天子所以享元侯也文王大明緜兩君相見之樂也然則諸侯之相與燕升歌大雅合小雅也天子與次國小國之君燕亦如之與大國之君燕升歌頌合大雅其笙間之篇未聞

大師告樂正曰。正歌備。

大師上工也掌合陰陽之聲教六師以六律為之音者也子貢問師乙曰吾聞聲歌各有宜也如賜者宜何歌也是明其掌而知之也正歌者升歌及笙各三終間歌三終合樂三終為一備備亦成也

樂正由楹內東楹之東告于公。乃降復位。

言由楹內者以其立於堂廉也復位位在東縣之北

射人自阼階下。請立司正。公許。射人遂為司正。

君許其請因命用為司正君三舉爵樂備作矣將留賓飲酒更立司正以監之察儀法也射人俱相禮其事同○監古銜反相息亮反

司正洗角觶。南面坐奠于中庭。升東楹之東受命。西階上北面。命卿大夫。君曰。以我安。卿大夫皆對曰。諾。敢不安。

洗奠角觶于中庭明其事以自表威儀多也君意殷勤欲留賓飲酒命卿大夫以我故安或亦其實

不主意於賓也

司正降自西階。南面坐取觶。升酌散。降南面坐奠觶。右還北面少立。坐取觶。興坐不祭。卒觶奠之。興再拜稽首。

右還將適觶南先西面也必從觶西為君之在東也少立者自嚴正慎其位也○為于偽反

左還南面坐取觶。洗南面反奠于其所。

反奠虛觶不空位也

升自西階東楹之東。請徹俎降。公許。告于賓。賓北面取俎以出。膳宰徹公俎。降自阼階以東。

膳宰降自阼階以賓親徹若君親徹然

卿大夫皆降東面北上。

以將坐降待賓反也

賓反入。及卿大夫皆說屨。升就席。公以賓及卿大夫皆坐。乃安。

凡燕坐必說屨屨賤不在堂也禮者尚敬敬多則不親燕安坐相親之心也

羞庶羞。

謂臏肝膋狗胾醢也骨體所以致敬也庶羞所以盡愛也敬之愛之厚賢之道○臏士戀反膋音遼胾壯吏反

大夫祭薦。

燕乃祭薦不敢於盛成禮也

司正升受命皆命。君曰無不醉。賓及卿大夫皆興對曰諾。敢不醉。皆反坐。

皆命者命賓命卿大夫也起對必降席司正退立西序端

主人洗。升獻士于西階上。士長升。拜受觶。主人拜受觶。

獻士用觶士賤也今文觶作觚

士坐祭立飲。不拜既爵。其他不拜。坐祭立飲。

他謂衆士也亦升受爵不拜

乃薦司正與射人一人。司士一人。執冪二人。立于觶南東上。

天子射人司士皆下大夫二人諸侯則上士其人數亦如之司正爲上

辯獻士。士既獻者立于東方西面北上。乃薦士。

每已獻而即位于東方蓋尊之畢獻薦于其位

祝史小臣師。亦就其位而薦之。

次士獻之己不變位位自在東方

主人就旅食之尊而獻之。旅食不拜。受爵。坐祭立飲。

北面酌南鄉獻之於尊南不洗者以其賤略之也亦畢獻乃薦之主人執虛爵奠于篚復位○鄉許亮反

若射。則大射正爲司射。如鄉射之禮。

大射正射人之長者也如鄉射之禮者燕爲樂卿大夫宜從其禮也如者如其告弓矢既具至退中與算也納射器而張侯其告請先于君乃以命賓及卿大夫其爲司正者亦爲司馬君與賓爲耦卿射記曰自君射至龍旜亦其異者也薦旅食乃射者是燕射主於飲酒

賓降洗。升媵觚于公。酌散。下拜。公降一等。小臣辭。賓升再拜稽首。公答再拜。

此當言媵觶酬之禮皆用觶言觚者字之誤也古者觶字或作角旁氏由此誤爾○觚依注音觶

賓坐祭。卒爵。再拜稽首。公答再拜。賓降洗象觶。升酌膳。坐奠于薦南。降拜。小臣辭。賓升成拜。公答再拜。賓反位。

反位反席也今文曰洗象觚

公坐取賓所媵觶。興。唯公所賜。

至此又言媵觶者明公崇禮不倦也今文觶又爲觚

受者如初受酬之禮。降更爵。洗。升酌膳。下拜。小臣辭。升成拜。公答拜。乃就席。坐行之。

坐行之若今坐相勸酒

有執爵者。

士有盥升主酌授之者

唯受于公者拜。

公所賜者也其餘則否。

司正命執爵者爵辯卒受者與以酬士

欲令惠均○令力呈反。

大夫卒受者以爵興西階上酬士士升大夫奠爵拜

士答拜

興酬士者士立堂下無坐位

大夫立卒爵不拜實之士拜受大夫拜送士旅于西階上辯

祝史小臣旅食皆及焉

士旅酌

旅序也士以次序自酌相酬無執爵者

卒。

主人洗升自西階獻庶子于阼階上如獻士之禮辯降洗遂獻左右正與內小臣皆於阼階上如獻庶子之禮。

庶子掌正六牲之體及舞位使國子修德學道世子之官也而與膳宰樂正聯事樂正亦學國子以舞左右正謂樂正僕人正也小樂正立于西縣之北僕人正僕人士立于其北北上大樂正立于東縣之北若射則僕人正僕人士陪于工後內小臣奄人掌君陰事陰令后夫人之官也皆獻于阼階上別於外內臣也獻正下及內小臣則磬人鐘人鑮人鼓人僕人之屬盡獻可知也凡獻皆薦也。

無算爵。

算數也爵行無次無數唯意所勸醉而止

士也有執膳爵者有執散爵者執散爵者酌以進公公不拜受執散爵者酌以之公命所賜所賜者興受爵降席下奠爵再拜稽首公答拜。

席下席西也古文曰公答再拜

受賜爵者以爵就席坐公卒爵然後飲。

不敢先虛爵明此勸惠從尊者來也

執膳爵者受公爵酌反奠之。

宴歡在於飲酒成其意

受賜爵者興授執散爵執散爵者乃酌行之。

予其所勸者

唯受爵於公者拜卒受爵者興以酬士于西階上士升大夫不拜乃飲實爵。

乃猶而也

士不拜受爵大夫就席士旅酌亦如之公有命徹冪則卿大夫皆降西階下北面東上再拜稽首公命小臣辭公答再拜大夫皆辟。

命徹冪者公意殷勤必盡酒也小臣辭不升成拜明雖醉正臣禮也不言賓賓彌臣也君答拜於上

示不虛受也。○辟音避。

遂升，反坐。士終旅於上，如初。

卿大夫降而爵止，於其反席卒之。

無算樂。

升歌間合無數也，取歡而已。其樂章亦然。

宵，則庶子執燭於阼階上，司宮執燭於西階上，甸人執大燭於庭，閽人爲大燭於門外。

宵，夜也。燭，燋也。甸人，掌共薪蒸者。庭大燭，爲位廣也。閽人，門人也。爲，作也。作大燭以俟賓客出。○甸，大練反。燋，哉約反，劉哉妙反。共音恭。

賓醉，北面坐，取其薦脯以降。

取脯，重得君賜。

奏陔。

陔，陔夏，樂章也。賓出奏陔夏，以爲行節也。凡夏，以鐘鼓奏之。

賓所執脯，以賜鐘人于門內霤，遂出。

必賜鐘人，鐘人掌以鐘鼓奏九夏。今奏陔以節己，用賜脯以報之，明雖醉不忘禮。古文賜作錫。

卿大夫皆出。

隨賓出也。

公不送。

賓禮訖，是臣也。

公與客燕。

謂四方之使者。

曰：「寡君有不腆之酒，以請吾子之與寡君須臾焉。使某也以請。」

君使人戒客辭也。禮，使人各以其爵。寡，鮮也，猶言少德，謙也。腆，善也。上介出請，入告。古文腆皆作殄。今文皆曰不腆酒，無之。○鮮，息淺反。

對曰：「寡君，君之私也。君無所辱賜于使臣，臣敢辭。」

上介出答主國使者辭也。私，謂獨受恩厚也。君無所辱賜於使臣，謙不敢當也。敢者，怖懼用勢決之辭。

「寡君固曰不腆，使某固以請。」「寡君，君之私也。君無所辱賜于使臣，臣敢固辭。」

重傳命，固如故。

「寡君固曰不腆，使某固以請。」「某固辭不得命，敢不從？」

許之也。於是出見主國使者，辭以見許爲得命。今文無使某。

致命曰：「寡君使某，有不腆之酒，以請吾子之與寡君須臾焉。」

親相見，致君命辭也。

「君貺寡君多矣，又辱賜于使臣，臣敢拜賜命。」

貺，賜也，猶愛也。敢拜賜命，從使者拜君之賜命，猶謙不必辭也。

記。燕，朝服於寢。

朝服者，諸侯與其羣臣日視朝之服也。謂冠玄端、緇帶、素韠、白屨也。燕於路寢，相親昵也。今辟雍十月行此燕禮，玄冠而衣皮弁服，與禮異也。○朝直遙反，韠音畢，辟音璧，衣於既反。

亨于門外東方。

亨於門外，臣所掌也。○亨普庚反。

若與四方之賓燕，則公迎之于大門內，揖讓升。

四方之賓，謂來聘者也。自戒至於拜至，皆如公食。亦告饌具而後公即席，小臣請執冪、請羞者，乃迎賓也。○食音嗣。

賓爲苟敬，席于阼階之西，北面，有脀，不嚌肺，不啐酒。

其介爲賓。

苟，且也，假也。主國君饗時，親進醴于賓，今燕又且獻焉，人臣不敢褻煩尊者，至此升堂而辭讓，欲以臣禮燕爲恭敬也。於是席之如獻諸公之位，言苟敬者，賓實主國所宜敬也。脀，折俎也。不嚌啐，似若尊者然也。介門西北面西上，公降迎上介以爲賓，揖讓升如初禮。主人獻賓，獻公，既獻苟敬，乃媵觚。羣臣即位，如燕也。

無膳尊，無膳爵。

降尊以就卑也。

與卿燕，則大夫爲賓；與大夫燕，亦大夫爲賓。

不以所與燕者爲賓者，燕爲序歡心，賓主敬也。公父文伯飲南宮敬叔酒，以路堵父爲客，此之謂也。君但以大夫爲賓者，大夫卑，雖尊之，猶遠于君。今文無則下無燕。○爲于僞反，父音甫，飲於鴆反，堵音者。

羞膳者與執冪者，皆士也。

尊君也。膳宰卑於士。

羞卿者，小膳宰也。

膳宰之佐也。

若以樂納賓，則賓及庭，奏肆夏；賓拜酒，主人答拜而樂闋；公拜受爵而奏肆夏；公卒爵，主人升受爵以下而樂闋。

肆夏，樂章也，今亡。以鐘鎛播之，鼓磬應之，所謂金奏也。記曰：入門而縣興，示易以敬也。卿大夫有王事之勞，則奏此樂焉。○闋苦穴反，易以豉反。

升歌鹿鳴，下管新宮，笙入三成。

新宮，小雅逸篇也。管之入三成，謂三終也。

遂合鄉樂。

鄉樂，周南、召南六篇。言遂者，不間也。

若舞則勺。

勺，頌篇，告成大武之樂歌也。其詩曰：於鑠王師，遵養時晦。又曰：實維爾公允師。既合鄉樂，萬舞而奏之，所以美王侯，勸有功也。○勺音灼，於鑠上音烏，下舒若反。

惟公與賓有俎。

主於燕，其餘可以無俎。

獻公，曰：臣敢奏爵以聽命。

授公，釋此辭，不敢必受之。

凡公所辭，皆栗階。

栗，蹙也，謂越等急趨君命也。

凡栗階不過二等。其始升猶聚足連步越二等左右足各十發而升堂。

凡公所酬既拜請旅侍臣。既拜謂自酌升拜時也擯者阼階下告于公還西階下告公許旅行也請行酒于羣臣必請者不專惠也。

凡薦與羞者小膳宰也。謂於卿大夫以下也上特言羞卿者小膳宰欲絶於賓羞賓者亦士。

有內羞。謂羞豆之實酏食糝食羞籩之實糗餌粉餈○酏以支反食音嗣糝素感反糗去久反餌音二餈才私反

君與射則為下射袒朱襦樂作而后就物。君尊。

小臣以巾授矢稍屬。君尊不搢矢○屬章欲反

不以樂志。辟不敏也○辟音避

既發則小臣受弓以授弓人。俟復發也不使大射正燕射輕。

工射退于物一笴既發則答君而俟。○笴工但反又工老反

若飲君燕則夾爵。謂君在不勝之黨賓飲之如燕媵觚則又夾爵。

君在大夫射則肉袒。不纁襦厭於君○厭一涉反

若與四方之賓燕媵爵曰臣受賜矣臣請贊執爵者。受賜謂公鄉者酌之至燕主人事賓之禮殺賓降洗升媵觶于公答恩惠也○鄉許亮反

相者對曰吾子無自辱焉。辭之也對答也亦告公以公命答之也。

有房中之樂。絃歌周南召南之詩而不用鐘磬之節也謂之房中者后夫人之所諷誦以事其君子。

儀禮卷六

儀禮卷七

漢大司農北海鄭　玄註

明　後學東吳金　蟠訂

大射第七

大射之儀。君有命戒射。

將有祭祀之事當射宰告於君君乃命之言君有命政教宜由尊者

宰戒百官有事於射者。

宰於天子冢宰治官卿也作大事則掌以君命戒於百官

射人戒諸公卿大夫射。司士戒士射與贊者。

射人掌以射法治射儀司士掌國中之士治凡其戒令皆司馬之屬也殊戒公卿大夫與士辨貴賤也贊佐也謂士佐執事不射者

前射三日。宰夫戒宰及司馬。射人宿視滌。

宰夫冢宰之屬掌百官之徵令者司馬於天子政官之卿凡大射則合其六耦滌謂溉器掃除射宮

司馬命量人。量侯道。與所設乏。以貍步。大侯九十。參七十。干五十。設乏各去其侯西十北十。

量人司馬之屬掌量道巷塗數者侯謂所射布也尊者射之以威不寧侯卑者射之以求為侯量侯道謂去堂遠近也容謂之乏所以為獲者之禦矢貍之何物每舉足者正視遠近為發必中也是以量侯道取象焉鄉射記曰侯道五十弓考工記曰弓之下制六尺則此貍步六尺明矣大侯熊侯謂之大者與天子熊侯同參讀為糝糝雜也雜侯者豹鵠而麋飾下天子大夫也干讀為豻豻侯者豻鵠豻飾也大夫將祭於己射麋侯士無臣祭不射○參依註音糝素感反干依註音豻五旦反

遂命量人巾車張三侯。大侯之崇見鵠於參。參見鵠於干。干不及地武。不繫左下綱。設乏西十北十。凡乏用革。

巾車於天子宗伯之屬掌裝衣車者亦使張侯侯巾類崇高也高必見鵠鵠所射之主射義曰為人君者以為君鵠為人臣者以為臣鵠為人父者以為父鵠為人子者以為子鵠言射中此乃能任己位也言鵠之言較較直也射者所以直己志或曰鵠鳥名也射之難中中之為俊是以所以射於侯取名也淮南子曰鳱鵠知來然則所云正者正也亦鳥名齊魯之間名題肩為正正鵠皆鳥之捷黠者考工記曰梓人為侯廣與崇方參分其廣而鵠居一焉則大侯之鵠方六尺糝侯之鵠方四尺六寸大半寸豻侯之鵠方三尺三寸少半寸及至也武迹也中人之足長尺二寸以豻侯計之糝侯去地一丈五寸少半寸大侯去地二丈二尺五寸少半寸凡侯北面西方謂之左前射三日張侯設乏欲使有事者豫志焉○見賢遍反

樂人宿縣于阼階東。笙磬西面。其南笙鐘。其南鑮。皆南陳。

笙猶生也東為陽中萬物以生春秋傳曰太蔟所以金奏贊陽出滯姑洗所以修絜百物考神納賓是以東方鐘磬謂之笙皆編而縣之周禮曰凡縣鐘磬半為堵全為肆有鐘有磬為全鑮如鐘而大奏樂以鼓鑮為節

建鼓在阼階西南鼓。應鼙在其東南鼓。

建猶樹也以木貫而載之樹之跗也南鼓謂所伐面也應鼙應朔鼙也先擊朔鼙應鼙應之鼙小鼓也在東便其先擊小後擊大也鼓不在東縣南為君也

西階之西。頌磬東面。其南鐘。其南鑮。皆南陳。一建鼓在其南東。鼓朔鼙在其北。

言成功曰頌西爲陰中萬物之所成春秋傳曰夷則所以詠歌九則平民無貳無射所以宣布哲人之令德示民軌儀是以西方鐘磬謂之頌朔始也奏樂先擊西鼙樂爲賓所由來也鐘不言頌鼙不言東鼓義同省文也古文頌爲庸

一建鼓在西階之東南面。

言面者國君於其羣臣備三面爾無鐘磬有鼓而已其爲諸侯則軒縣

簜在建鼓之間。

簜竹也謂笙簫之屬倚于堂

鼗倚于頌磬西紘。

鼗如鼓而小有柄賓至搖之以奏樂也紘編磬繩也設鼗於磬西倚于紘也王制曰天子賜諸侯樂則以柷將之賜伯子男樂則以鼗將之

厥明。司宮尊于東楹之西。兩方壺。膳尊兩甒在南。有豐。冪用錫若絺。綴諸箭。蓋冪。如勺。又反之。皆玄尊。酒在北。

膳尊君尊也後陳之尊之也豐以承尊也說者以爲若井鹿盧其爲字從豆𧯷聲近似豆大而卑矣冪覆尊巾也錫細布也絺細葛也箭篠也爲冪蓋卷辟綴於篠橫之也又反之爲覆勺也皆玄尊二者皆有玄酒之尊重本也酒在北尊統於君南爲上也唯君面尊言專惠也今文錫或作緆絺或作綌古文箭作晉

尊士旅食于西鑮之南北面。兩圜壺。

旅衆也士衆食未得正祿謂庶人在官者圜壺變於方也賤無玄酒

又尊于大侯之乏東北。兩壺獻酒。

爲隸僕人巾車參侯豻侯之獲者獻讀爲沙沙酒濁特泲之必摩沙者也兩壺皆沙酒郊特牲曰汁獻涚于醆酒服不之尊侯時而陳於南統於侯皆東面〇泲子禮反涚始銳反

設洗于阼階東南。罍水在東。篚在洗西。南陳。設膳篚在其北。西面。

或言南陳或言西面異其文也

又設洗于獲者之尊西北。水在洗北。篚在南。東陳。

亦統於侯也無爵因服不也有篚爲奠虛爵也服不之洗亦侯時而陳於其南

小臣設公席于阼階上。西鄉。司宮設賓席于戶西。南面。有加席。卿席賓東。東上。小卿賓西。東上。大夫繼而東上。若有東面者。則北上。席工于西階之東。東上。諸公阼階西。北面。東上。

唯賓及公席布之也其餘樹之於位後耳小卿命於其君者也席於賓西射禮辨貴賤也諸公大國有孤卿一人與君論道亦不典職如公矣

官饌。

百官各饌其所當共之物

羹定。

烹肉熟也射義曰諸侯之射也必先行燕禮燕禮牲用狗

射人告具于公。公升即位于席西鄉。小臣師納諸公

卿大夫諸公卿大夫皆入門右北面東上士西方東面北上大夫在干侯之東北北面東上士旅食者在士南北面東上小臣師從者在東堂下南面西上

大夫在干侯東北士旅食者在士南爲有侯故入庭深也小臣師正之佐也正相君出入君之大命

公降立于阼階之東南南鄉小臣師詔揖諸公卿大夫諸公卿大夫西面北上揖大夫大夫皆少進

詔告也變爾言揖亦以其入庭深也上言大夫誤衍耳

大射正擯

大射正射人之長

擯者請賓公曰命某爲賓

某大夫名

擯者命賓賓少進禮辭

命賓者東面南顧辭辭以不敏

反命

以賓之辭告於君

又命之賓再拜稽首受命

又復

擯者反命賓出立于門外北面公揖卿大夫升就席

小臣自阼階下北面請執冪者與羞膳者

請士可使執君兩甒之冪及羞膳臨庶羞於君者方圜壺獻無冪

乃命執冪者執冪者升自西階立于尊南北面東上

命者於西階前以公命命之東上執玄尊之冪爲上羞膳者從而東由堂東升自北階立于房中西面南上不言命者不升堂略之

膳宰請羞于諸公卿者

膳宰請者異於君也

擯者納賓賓及庭公降一等揖賓賓辟

及至也辟逡遁不敢當盛

公升即席

以賓將與主人爲禮不參之

奏肆夏

肆夏樂章名今亡呂叔玉云肆夏時邁也時邁者太平巡狩祭山川之樂歌其詩曰明昭有周式序在位又曰我求懿德肆于時夏此以延賓其著宣王德勸賢與周禮曰賓出入奏肆夏

賓升自西階主人從之賓右北面至再拜賓荅再拜

主人宰夫也又掌賓客之獻飲食君於臣雖爲賓不親獻以其莫敢亢禮

主人降洗洗南西北面

賓將從降鄉之不於洗北辟正主

賓降階西東面主人辭降賓對

對答

主人北面盥坐取觚洗賓少進辭洗主人坐奠觚于篚興對賓反位

賓少進者，所辭異，宜違其位也。獻不用爵，辟正主。

主人卒洗，賓揖，乃升。賓每先升揖之。

主人升，賓拜洗，主人賓右奠觚答拜，降盥。賓降，主人辭降，賓對。卒盥，賓揖升，主人升，坐取觚。取觚，將就瓦甒酌膳。

執冪者舉冪，主人酌膳，執冪者蓋冪，酌者加勺，又反之。反之，覆勺。

筵前獻賓。賓西階上拜，受爵于筵前，反位。主人賓右拜送爵。賓既拜於筵前，受爵，退復位。

宰胥薦脯醢。宰胥，宰官之吏也。不使膳宰薦，不主於飲酒，變於燕。

賓升筵，庶子設折俎。庶子，司馬之屬，掌正六牲之體者也。鄉射記曰：賓俎脊、脅、肩、肺。不使膳宰設俎，為射變於燕。

賓坐，左執觚，右祭脯醢，奠爵于薦右，興，取肺，坐，絕祭，嚌之，興，加于俎，坐，捝手，執爵，遂祭酒，興，席末坐，啐酒，降席，坐奠爵，拜，告旨，執爵興。主人答拜。降席，席西也。旨，美也。

樂闋。闋，止也。樂止者，尊賓之禮盛於上也。

賓西階上北面坐卒爵，興，坐奠爵，拜，執爵興。主人答拜。

賓以虛爵降。既卒爵，將酢也。

主人降。賓洗南西北面坐奠觚，少進，辭降。主人西階西東面少進對。賓坐取觚，奠于篚下，盥洗。篚下，篚南。

主人辭洗。賓坐奠觚于篚，興對，卒洗，及階，揖升。主人升，拜洗，如賓禮。賓降盥，主人降，賓辭降，卒盥，揖升，酌膳，執冪如初，以酢主人于西階上。主人北面拜受爵，賓主人之左拜送爵。賓南面授爵，乃於左拜。凡授爵，鄉所受者。

主人坐祭，不啐酒。辟正主也。未薦者，臣也。

不拜酒。主人之義。燕禮曰：不拜酒，不告旨。

遂卒爵，興，坐奠爵，拜，執爵興。賓答拜。主人不崇酒，以虛爵降，奠于篚。

賓降立于西階西東面。

不崇酒。辟正君也。崇。充也。謂謝酒惡相充實。

擯者以命升賓。賓升立于西序東面。

既受獻矣。不敢安盛。

主人盥洗象觚。升酌膳。東北面獻于公。

命。公命也。東西牆謂之序。

公拜受爵。乃奏肆夏。

象觚。觚有象骨飾也。取象觚東面。不言實之。變於燕。

主人降自西階。阼階下北面拜送爵。宰胥薦脯醢。由左房。庶子設折俎。升自西階。

言乃者。其節異於賓。

公祭如賓禮。庶子贊授肺。不拜酒。立卒爵。坐奠爵拜。執爵興。

自由也。左房。東房也。人君左右房。鄉射記曰。主人俎脊脅臂肺也。

主人答拜。樂闋。升受爵。降奠于篚。

凡異者。君尊。變於賓。

更爵洗。升酌散以降。酢于阼階下。北面坐奠爵再拜稽首。公答拜。

更。易也。易爵。不敢襲至尊。古文更為受。

主人坐祭。遂卒爵。興。坐奠爵。再拜稽首。公答拜。主人奠爵于篚。

主人盥洗。升媵觚于賓。酌散。西階上坐奠爵拜。賓西階上北面答拜。

媵。送也。散。方壺之酒也。古文媵皆作騰。

主人坐祭。遂飲。賓辭。卒爵。興。坐奠爵拜。執爵興。賓答拜。

辭者。辭其代君行酒。不立飲也。辭比於正主酬也。

主人降洗。賓降。主人辭降。賓辭洗。卒洗。賓揖升。不拜洗。

不拜洗酬。而禮殺也。

主人酌膳。賓西階上拜。受爵于筵前。反位。主人拜送爵。賓升席。坐祭酒。遂奠于薦東。

遂者。因坐而奠之。不北面也。奠之者。酬不舉也。

主人降復位。賓降筵西。東南面立。

賓不立於序內。位彌尊。

小臣自阼階下請媵爵者。公命長。

命之使選於長幼之中也。卿則尊。士則卑。

小臣作下大夫二人媵爵。

作。使。

媵爵者阼階下皆北面再拜稽首。公答拜。

（再拜稽首。拜君命。）

媵爵者立于洗南，西面北上，序進，盥洗角觶，升自西階，序進，酌散，交于楹北，降，適阼階下，皆奠觶，再拜稽首，執觶興。公答拜。

（序，次第也。猶代也。先者既酌，右還而反，與後酌者交於西楹北，相左。俟於西階上，乃降。往來以右爲上。古文曰：降造阼階下。）

媵爵者皆坐祭，遂卒觶，興，坐奠觶，再拜稽首，執觶興。公答再拜。媵爵者執觶待于洗南。

（待，待君命。）

小臣請致者。

（請君使一人與，二人與，不必君命。）

若命皆致，則序進，奠觶于篚，阼階下皆北面再拜稽首。公答拜。媵爵者洗象觶，升實之，序進，坐奠于薦南，北上，降，適阼階下，皆再拜稽首，送觶。公答拜。

（既酌而代進，往來由尊北，交於東楹北，亦相左。奠於薦南，不敢必君舉。）

媵爵者皆退反位。

（反門右北面位。）

公坐取大夫所媵觶，興，以酬賓。賓降西階下，再拜稽首。小臣正辭，賓升成拜。

（公起酬賓於西階，降尊以就卑也。正，長也。小臣長辭，變於燕。升成拜，復再拜稽首。先時君辭之，於禮若未成然。）

公坐奠觶，答拜，執觶興。公卒觶，賓下拜，小臣正辭。賓升，再拜稽首。

（不言成拜者，爲拜故下，實未拜也。下不就拜禮也。下亦降也。發端言降拜，因上事言下拜。）

公坐奠觶，答拜，執觶興。賓進受虛觶，降，奠于篚，易觶興洗。

（賓進以臣道也。君受虛爵，君不親酌。凡爵不相襲者，於尊者言更，自敵以下言易。更作新，易有故之辭也。不言公酬賓於西階上及公反位者，尊君，空其文也。）

公有命，則不易不洗，反升酌膳，下拜。小臣正辭。賓升，再拜稽首。公答拜。

（不易，君義也。不洗，臣禮也。）

賓告于擯者，請旅諸臣。擯者告于公，公許。

（旅，序也。賓欲以次序勸諸臣酒。）

賓以旅大夫于西階上。擯者作大夫長升受旅。

（作，使也。使之以長幼之次，先孤。）

賓大夫之右坐奠觶，拜，執觶興。大夫答拜。賓坐祭，立卒觶，不拜。若膳觶也，則降更觶洗，升實散。大夫拜受。賓拜送，遂就席。大夫辯受酬，如受賓酬之禮，不祭酒。卒受者以虛觶降，奠于篚，復位。主人洗酬，升實散，獻卿於西階上。司宮兼卷重席，設於賓左，東上。卿升拜受觚。主人拜送觚。卿辭重席。司宮徹之。

徹猶去也。重席雖非加。猶爲其重累。辭之。辟君。

乃薦脯醢。卿升席。庶子設折俎。

卿折俎未聞。蓋用脊脅臑折肺。卿有俎者。射禮尊。

卿坐。左執爵。右祭脯醢。奠爵于薦右。興。取肺。坐。絶祭。不嚌肺。興。加于俎。坐。挩手。取爵。遂祭酒。執爵興。降席西階上。北面坐。卒爵。興。坐。奠爵。拜。執爵興。

陳酒肴。君之惠也。不嚌肺。亦自貶於君。

主人答拜。受爵。卿降復位。

復西面位。不酢。辟君。

辯獻卿。主人以虛爵降。奠于篚。擯者升卿。卿皆升就席。若有諸公。則先卿獻之。如獻卿之禮。席于阼階西。北面東上。無加席。

公孤也。席之北面。爲大尊屈之也。亦因阼階上近君。近君則親寵。苟敬私昵之坐。

小臣又請媵爵者。二大夫媵爵如初。請致者。若命長致。則媵爵者奠觶于篚。

命長致者。使長者一人致也。公或時未能舉。自優暇。

一人待于洗南。

不致者。

長致者阼階下再拜稽首。公答拜。

再拜稽首。拜君命。

洗象觶。升實之。坐奠于薦南。降與立于洗南者二人。皆再拜稽首送觶。公答拜。

奠於薦南。先媵者上觶之處也。二人皆拜如初。共勸君飲之。

公又行一爵。若賓若長。唯公所賜。

一爵。先媵者之下觶也。若賓若長。禮殺也。長。孤卿之尊者也。於是言賜。射禮明尊卑。

以旅于西階上。如初。

賜賓則以酬長。賜長則以酬賓。大夫長升受旅以辯。

大夫卒受者以虛觶降。奠于篚。

主人洗觚。升獻大夫于西階上。大夫升拜受觚。主人拜送觚。大夫坐祭。立卒爵。不拜既爵。主人受爵。大夫降復位。

既盡也。大夫卒爵不拜。賤不備禮。

胥薦主人于洗北。西面。脯醢。無脀。

胥。宰官之吏。主人。下大夫也。先大夫薦之。尊之也。不薦於上。辟正主。脀。俎實。

辯獻大夫。遂薦之。繼賓以西。東上。若有東面者。則北上。擯者升大夫。大夫皆升就席。

辯獻乃薦。略賤也。亦獻後布席也。

乃席工于西階上少東。小臣納工。工六人。四瑟。

工。謂瞽矇善歌諷誦詩者也。六人。太師少師各一人。上工四人。四瑟者。禮大樂衆也。

僕人正徒相太師。僕人師相少師。僕人士相上工。徒空手也僕人正僕人之長師其佐也士其吏也天子視瞭相工諸侯兼官是以僕人掌之太師少師工之長也凡國之瞽矇正焉杜蒯曰曠也大師也於是分別工及相者射禮明貴賤

相者皆左何瑟。後首。內弦。挎越。右手相。謂相上工者後首主於射略此樂也內弦挎越以右手相工由便也越瑟下孔所以發越其聲者也古文後首為後手

後者徒相入。謂相太師少師者也上列官之尊卑此言先後之位亦所以明貴賤凡相者以工出入

小樂正從之。從太師也後升者變於燕也小樂正於天子樂師也

升自西階。北面東上。工六人

坐授瑟乃降。相者也降立于西縣之北

小樂正立于西階東。不統於工明雖衆位猶在此

乃歌鹿鳴三終。鹿鳴小雅篇也人君與臣下及四方之賓燕講道修政之樂歌也言己有旨酒以召嘉賓與之飲者樂嘉賓之來示我以善道又樂嘉賓有孔昭之明德可則傚也歌鹿鳴三終而不歌四牡皇皇者華主於講道略於勞苦與諮事

主人洗升實爵。獻工。工不興。左瑟。工歌而獻之以事報之也洗爵獻工辟正主也獻不用觶工賤異之也工不興不能備禮左瑟便其右大師無瑟於是言左瑟者節也

一人拜受爵。謂大師也言一人者工賤同之也工拜於席

主人西階上拜送爵。薦脯醢。輒薦之變於大夫

使人相祭。使人相者相其祭薦祭酒

卒爵不拜。主人受虛爵。衆工不拜。受爵坐祭。遂卒爵。辯有脯醢不祭。相者相其祭酒而已

主人受爵。降奠于篚。復位。大師及少師上工皆降立于鼓北。羣工陪于後。鼓北西縣之北也言鼓北者與鼓齊面餘長在後也羣工陪于後三人為列也於是時小樂正亦降立于其南北面工立僕人立於其側坐則在後考工記曰鼓人為皐陶長六尺有六寸

乃管新宮三終。管謂吹簜以播新宮之樂其篇亡其義未聞笙從工而入既管不獻略下樂也立于東縣之中

卒管。大師及少師上工皆東坫之東南。西面北上坐。不言縣北統於堂也於是時大樂正還北面立于其南

擯者自阼階下請立司正

三爵既備上下樂作君將留羣臣而射宜更立司正以監之察儀法也

公許擯者遂爲司正

君許其請因命用之不易之者俱相禮其事同也

司正適洗洗角觶南面坐奠于中庭

奠觶者著其位以顯其事威儀多也

升東楹之東受命于公西階上北面命賓諸公卿大夫公曰以我安賓諸公卿大夫皆對曰諾敢不安

以我安者君意殷勤欲留之以我故安也

司正降自西階南面坐取觶升酌散降南面坐奠觶

奠於中庭故也

興右還北面少立坐取觶興坐不祭卒觶奠之興再拜稽首左還南面坐取觶洗南面反奠于其所北面立

皆所以自昭明於衆也將於觶南北面則右還於觶北南面則左還如是得從觶西往來也必從觶西往來者爲君在阼不背之也

司射適次袒決遂執弓挾乘矢於弓外見鏃於弣右巨指鉤弦

司射射人也次若今時更衣處張幃席爲之耦次在洗東南袒左免衣也決猶闓也以象骨爲之着右巨指所以鉤弦而闓之遂射韝也以朱韋爲之着左臂所以遂弦也方持弦矢曰挾乘矢四矢弣弓把也見鏃焉順其射也右巨指右手大擘以鉤弦弦在旁挾由便也古文挾皆作接

自阼階前曰爲政請射

爲政謂司馬也司馬政官主射禮

遂告曰大夫與大夫士御於大夫

因告選三耦於君御由侍也大夫與大夫爲耦不足則士侍於大夫與爲耦也今文於爲于

遂適西階前東面右顧命有司納射器

納內也

射器皆入君之弓矢適東堂賓之弓矢與中籌豐皆止于西堂下衆弓矢不挾總衆弓矢楅皆適次而俟

中閭中算器也籌算也豐可奠射爵者衆弓矢三耦及卿大夫以下弓矢也司射矢亦止西堂下衆弓矢不挾則納公與賓弓矢者挾之楅承矢器今文俟作待

工人士與梓人升自北階兩楹之間疏數容弓若丹若墨度尺而午射正涖之

工人士梓人皆司空之屬能正方圜者一從一橫曰午謂畫物也射正司射之長

卒畫自北階下司宮埽所畫物自北階下

埽物重射事也工人士梓人司宮位在北堂下

太史俟于所設中之西東面以聽政

中未設也太史俟焉將有事也鄉射禮曰設中南當楅西當西序東面

司射西面誓之曰公射大侯大夫射參士射干射者非其侯中之不獲卑者與尊者爲耦不異侯太史許

諾。

誓猶告也。古文異作辭。

遂比三耦。

比，選次之也。不言面者，大夫在門右北面，士西方東面。

三耦俟于次北。西面北上。

未知其耦。今文俟爲立。

司射命上射曰。某御於子。命下射曰。子與某子射。卒。

遂命三耦。取弓矢于次。

取弓矢不拾者，次中隱蔽處。

司射入于次。搢三挾一个。出于次。西面揖。當階北面揖。及階揖。升堂揖。當物北面揖。及物揖。由下物少退。誘射。

搢，扱也。挾，一个挾於弦也。个，猶枚也。由下物而少退，謙也。誘，猶教也。夫子循循然善誘人。

射三侯。將乘矢。始射干。又射參。大侯再發。

將，行也。行四矢，象有事於四方。詩云：四矢反兮，以御亂兮。

卒射。北面揖。

揖於當物之處，不南面者，爲不背卿。

及階揖。降如升射之儀。遂適堂西。改取一个挾之。

改，更也。不射而挾矢，示有事也。

遂取扑搢之以立于所設中之西南東面。

扑，所以撻犯教者也。於是言立，著其位也。鄉射記曰：司射之弓矢與扑，倚于西階之西。○扑，普卜反。

司馬師命負侯者。執旌以負侯。

司馬師，正之佐也。欲令射者見侯與旌，深志於侯中也。負侯，獲者也。天子服不氏下士一人，徒四人。掌以旌居乏待獲。析羽爲旌。

負侯者皆適侯。執旌負侯而俟。司射適次。作上耦射。

作，使也。

司射反位。上耦出次。西面揖。進。上射在左。並行。當階北面揖。及階揖。上射先升三等。下射從之。中等。

上射在左，便射位也。中，猶閒也。

上射升堂。少左。下射升。上射揖。並行。

並，併也。併東行。

皆當其物。北面揖。及物揖。皆左足履物。還視侯中。合足而俟。

視侯中，各視其侯之中。大夫耦則視參中，參中十四尺。士耦則視干中，干中十尺。

司馬正適次。袒決遂。執弓。右挾之。出。升自西階。適下物。立于物閒。左執弣。右執簫。南揚弓。命去侯。

司馬正，政官之屬。簫，弓末。揚弓者，執下末。揚，猶舉也。適下物，由上射後東過也。命去侯者，將射當獲也。鄉射禮曰：西南面立於物閒。

負侯皆許諾。以宮趨。直西。及乏南。又諾以商。至乏聲止。

宮爲君商爲臣其聲和相生也鄉射禮曰獲者執旌許諾古文聲爲磬

授獲者退立于西方獲者興共而俟

大侯服不氏負侯徒一人居乏相代而獲參侯干侯徒負侯居乏不相代鄉射禮曰獲者執旌許諾聲不絶以至於乏坐東面偃旌興而俟古文獲皆作護非也

司馬正出于下射之南還其後降自西階遂適次釋弓說決拾襲反位

拾遂也鄉射禮曰司馬反位立于司射之南

司射進與司馬正交與階前相左由堂下西階之東北面視上射命曰毋射獲毋獵獲上射揖司射退反位

乃射上射既發挾矢而后下射射拾發以將乘矢

射獲矢中乏也從旁爲獵

拾更也將行也

獲者坐而獲

坐言獲也

舉旌以宮偃旌以商

等言獲也

獲而未釋獲

但言獲未釋算古文釋爲舍

卒射右挾之北面揖揖如升射

右挾之右手挾弦

上射降二等下射少右從之中等並行上射于左與升射者相左交于階前相揖適次釋弓說決拾襲反位

上射於左由下射階上少右乃降待之言襲者凡射皆袒

三耦卒射亦如之

司射去扑倚于階西適阼階下北面告于公曰三耦卒射反搢扑反位司馬正袒決遂執弓右挾之出與司射交于階前相左

出出於次也袒時亦適次

升自西階自右物之後立于物間西南面揖弓命取矢

揖推也

負侯許諾如初去侯皆執旌以負其侯而俟

俟小臣取矢以旌指教之

司馬正降自西階北面命設楅

此出于下射之南還其後而降之

小臣師設楅司馬正東面以弓爲畢

畢所以教助執事者鄉射記曰乃設楅于中庭南當洗東肆

既設楅司馬正適次釋弓說決拾襲反位小臣坐委

矢于楅北括。司馬師坐乘之。

乘，四四數之。

若矢不備，則司馬正又袒執弓升，命取矢如初，曰：取矢不索。乃復求矢，加于楅。卒，司馬正進坐，左右撫之，興反位。

左右撫，分上下射。此坐皆北面。

司射適西階西，倚扑，升自西階，東面請射于公。

倚扑者，將即君前，不敢佩刑器也。升堂者，欲諸公卿大夫辯聞也。

公許。遂適西階上，命賓御于公，諸公卿則以耦告于上，大夫則降，即位而后告。

告諸公卿於堂上，尊之也。

司射自西階上北面告于大夫，曰：請降。司射先降，搢扑，反位。大夫從之降，適次，立于三耦之南，西面北上。

適次，由次前而北，西面立。

司射東面于大夫之西，比耦，大夫與大夫，命上射曰：某御於子。命下射曰：子與某子射。卒，遂比衆耦。

衆耦，士也。

衆耦立于大夫之南，西面北上。若有士與大夫爲耦，則以大夫之耦爲上。

爲上，居羣士之上。

命大夫之耦曰：子與某子射。告於大夫曰：某御於子。

士雖爲上射，其辭猶尊大夫。

命衆耦如命三耦之辭。諸公卿皆未降。

言未降者，見其志在射。

遂命三耦各與其耦拾取矢，皆袒決遂，執弓右挾之。

此命入次之事也。司射既命而反位，不言之者，上射出，當作取矢事，未訖。

一耦出，西面揖，當楅北面揖，及楅揖。

三耦同入次，其出也一。上射出，西面立，司射作之，乃揖行也。當楅，楅正南之東西。

上射東面，下射西面。上射揖進，坐，横弓，卻手自弓下取一个，兼諸弣，興，順羽，且左還，毋周，反面揖。

横弓者，南踣弓也。卻手自弓下取矢者，以左手在弓表，右手從裏取之，便也。兼，并也。并矢於弣，當順羽。既又當執弦順羽者，手放而下，備不整理也。左還，反其位，毋周右還而反東面也。君在阼，還周則下射將背之。古文且爲阻。

下射進，坐，横弓，覆手自弓上取一个，兼諸弣，興，順羽，且左還，毋周，反面揖。

横弓亦南踣弓也。人東西鄉，以南北爲横。覆手自弓上取矢，以左手在弓裏，右手從表取之，便也。

既拾取矢，梱之。

梱，齊等之也。古文梱作魁。

兼挾乘矢，皆内還，南面揖。

内還者，上射左，下射右，不皆右還，亦以君在阼，嫌下射故左還而背之也。上以陽爲内，下以陰爲内。

因其宜可也

適楅南，皆左還，北面揖，搢三，挾一个。

楅南鄉當楅之位也

揖以耦左還，上射於左。

以猶與也言以者耦之事成於此意相人耦也上射轉居左便其反位也上射少北乃東面

退者與進者相左，相揖，還退。釋弓矢于次，說決拾，襲，反位。二耦拾取矢，亦如之。後者遂取誘射之矢，兼乘矢而取之，以授有司于次中。皆襲反位。

有司納射器因留主授受之

司射作揖如初。一耦揖升如初。司馬命去侯，負侯許諾如初。司馬降，釋弓反位。司射猶挾一个，去扑，與司馬交于階前，適阼階下，北面請釋獲于公。

猶守故之辭於此言之者司射既誘射恆執弓挾矢以掌射事備尚未知當教之也今三耦卒射衆已知之矣猶挾之者君子不必也

公許，反搢扑，遂命釋獲者設中，以弓爲畢，北面。

北面立于所設中之南當視之也鄉射禮曰設中南當楅西當西序

大史釋獲，小臣師執中，先首，坐設之，東面退。大史實八算于中，橫委其餘于中西，興，共而俟。

先猶前也命大史而小臣師設之國君官多也小臣師退反東堂下位鄉射禮曰橫委其餘于中西南末

司射西面命曰：「中離維綱，揚觸，梱復，公則釋獲，衆則不與。」

離猶過也獵也侯有上下綱其邪制躬舌之角者爲維或曰維當爲絹絹綱耳揚觸者謂矢中他物揚而觸侯也梱復爲矢至侯不著而還復復反也公則釋獲優君也衆當中鵠而著古文梱作魁○中丁仲反

唯公所中，中三侯皆獲。

值中一侯則釋獲

釋獲者命小史，小史命獲者。

傳告服不使知此司射所命

司射遂進由堂下，北面視上射，命曰：「不貫不釋。」上射揖，司射退反位。

貫猶中也射不中鵠不釋算古文貫作關

釋獲者坐取中之八算，改實八算，興，執而俟。

執所取算

乃射，若中，則釋獲者每一个釋一算，上射於右，下射於左，若有餘算，則反委之。

委餘算禮貴異

又取中之八算，改實八算于中，興，執而俟。三耦卒射。

賓降，取弓矢于堂西。

不敢與君並俟告取之以升俟君事畢

諸公卿則適次繼三耦以南

言繼三耦明在大夫北

公將射則司馬師命負侯皆執其旌以負其侯而俟

君尊若始焉

司馬師反位隸僕人埽侯道

新之

司射去扑適阼階下告射于公公許適西階東告于賓

告當射也今文曰阼階下無適

遂搢扑反位小射正一人取公之決拾於東坫上一

小射正授弓拂弓皆以俟于東堂

授弓當授大射正拂弓去塵

公將射則賓降適堂西袒決遂執弓搢三挾一个升自西階先待于物北北一笴東面立

不敢與君併笴矢幹東面立鄉君也

司馬升命去侯如初還右乃降釋弓反位

還右還君之右也猶出下射之南還其後也今文曰右還

公就物小射正奉決拾以笥大射正執弓皆以從於物

笥萑葦器大射正舍司正親其職

小射正坐奠笥于物南遂拂以巾取決興贊設決朱極三

極猶放也所以韜指利放弦也以朱韋爲之三者食指將指無名指無極放弦契於此指多則痛小指短不用

小臣正贊袒公袒朱襦卒袒小臣正退俟于東堂小射正又坐取拾興贊設拾以笥退奠于坫上復位

既袒乃設拾拾當以韝襦上

大射正執弓以袂順左右隈上再下壹左執弣右執簫以授公公親揉之

順放之也隈弓淵也揉宛之觀其安危也今文順爲循古文揉爲紐○隈烏回反揉而九反

小臣師以巾內拂矢而授矢于公稍屬

內拂恐塵及君也稍屬不搢矢

大射正立于公後以矢行告于公

若不中使君當知而改其度

下曰留上曰揚左右曰方

留不主也揚過去也方出旁也

公既發大射正受弓而俟拾發以將乘矢

公下射也而先發不留尊也

公卒射小臣師以巾退反位大射正受弓

小射正以笥受決拾退奠于坫上復位大射正退反司正之位小臣正贊襲公還而后賓降釋弓于堂西反位于階西東面（受弓以授有司於東堂。階西東面賓降位。）

公即席司正以命升賓賓升復筵而后卿大夫繼射諸公卿取弓矢于次中袒決遂執弓搢三挾一个出西面揖揖如三耦升射卒射降如三耦適次釋弓說決拾襲反位衆皆繼射釋獲皆如初（諸公卿言取弓矢衆言釋獲互言也。）

卒射釋獲者遂以所執餘獲適阼階下北面告于公曰左右卒射（司射不言告者釋獲者於是有事宜終之也餘獲餘算也無餘算則無所執古文曰餘算。）

反位坐委餘獲于中西興共而俟司馬袒執弓升命取矢如初負侯許諾以旌負侯如初司馬降釋弓如初小臣委矢于楅如初（司馬司馬正於是司馬師亦坐乘矢。）

賓諸公卿大夫之矢皆異束之以茅卒正坐左右撫之進束反位（異束大夫矢尊殊之也正司馬正也進前也又言束整結之示親也。）

賓之矢則以授矢人于西堂下（是言矢人則納射器之有司各以其器名官職不言君矢小臣以授矢人于東堂下可知。）

司馬釋弓反位而后卿大夫升就席（此言其升前小臣委矢於楅。）

司射適階西釋弓去扑襲進由中東立于中南北面視算（釋弓去扑射事已也。）

釋獲者東面于中西坐先數右獲（固東面矣復言之者少南就右獲。）

二算為純（純猶全也耦陰陽也。）

一純以取實于左手十純則縮而委之（縮從也於數者東西為從古文縮皆作蹙。）

每委異之（易校數。）

有餘純則横諸下（又異之也自近為下。）

一算為奇奇則又縮諸純下（又從之。）

興自前適左

從中前北也，更端故起。東面坐。少比於故。坐兼斂算實于左手。一純以委，十則異之。變於右也。其餘如右獲。謂所縮所橫者。司射復位。釋獲者遂進取賢獲，執之由阼階下，北面告于公。賢獲，勝黨之算也。執之者，齊而取其餘。若右勝，則曰右賢於左；若左勝，則曰左賢於右，以純數告；若有奇者，亦曰奇。告曰某賢於某若干純若干奇。若左右鈞，則左右各執一算以告，曰左右鈞。還復位，坐兼斂算，實八算于中，委其餘于中西，興，共而俟。

司射命設豐。當飲不勝者射爵。司宮士奉豐由西階升，北面坐設于西楹西，降復位。勝者之弟子洗觶升酌散，南面坐奠于豐上，降反位。弟子，其少者也。不授者，射爵猶罰爵，略之。

司射袒執弓，挾一个，搢扑，東面于三耦之西，命三耦及衆射者：勝者皆袒決遂，執張弓。執張弓，言能用之也。右手挾弦。不勝者皆襲，說決拾，卻左手，右加弛弓于其上，遂以執弣。固襲說決拾，夬復言之者，起勝者也。不勝者執弛弓，言不能用之也。兩手執弣，無所挾也。司射先反位。居前俟所命入次而來飲。三耦及衆射者皆升飲射爵于西階上。不勝之黨無不飲。小射正作升飲射爵者，如作射。一耦出，揖如升射，及階，勝者先升，升堂少右。先升，尊賢也。少右，辟飲者，亦因相飲之禮然。不勝者進，北面坐取豐上之觶，興，少退，立卒觶，進，坐奠于豐下，興，揖。立卒觶，不祭，不拜，受罰爵，不備禮也。右手執觶，左手執弓。不勝者先降。後升先降，略之，不由次也。降而少右，復並行。與升飲者相左，交于階前，相揖，適次，釋弓，襲，反位。僕人師繼酌射爵，取觶實之，反奠于豐上，退俟于序端。

僕人師酌者君使之代弟子也自此以下辯爲之酌

升飲者如初三耦卒飲

若賓諸公卿大夫不勝則不降不執弓耦不升

此耦謂士也諸公卿或闕士爲之耦者不升其諸公卿大夫相爲耦者不降席重恥尊也

僕人師洗升賓觶以授賓諸公卿大夫受觶于席以降適西階上北面立飲卒觶授執爵者反就席

雖尊亦西階上立飲不可以己尊枉正罰也授爵而不奠豐尊大夫也

若飲公則侍射者降洗角觶升酌散降拜

侍射賓也飲君則不敢以爲罰從致爵之禮也

公降一等小臣正辭賓升再拜稽首公答再拜賓坐祭卒爵再拜稽首公答再拜賓降洗象觶升酌膳以致下拜小臣正辭升再拜稽首公答再拜公卒觶賓進受觶降洗散觶升實散下拜小臣正辭升再拜稽首公答再拜

賓復酌自飲者夾爵也但如致爵則無以異於燕也夾爵亦所以耻公也所謂若飲君燕則夾爵

賓坐不祭卒觶降奠于篚階西東面立

不祭象射爵

擯者以命升賓賓升就席

擯者司正也今文席爲筵

若諸公卿大夫之耦不勝則亦執弛弓特升飲

此耦亦謂士也特猶獨也以尊爲耦而又不勝使之獨飲若無倫匹孤賤也

衆皆繼飲射爵如三耦射爵辯乃徹豐與觶

徹除也

司宮尊侯于服不之東北兩獻酒東面南上皆加勺設洗于尊西北篚在南東肆實一散于篚

爲大侯獲者設尊也言尊侯者獲者之功由侯也不於初設之者不敢必君射也君不射則不獻大侯之獲者散爵名容五升

司馬正洗散遂實爵獻服不

言服不者著其官尊大侯也服不司馬之屬掌養猛獸而教擾之者洗酌皆西面

服不侯西北三步北面拜受爵

近其所爲獻

司馬正西面拜送爵反位

不侯卒爵略賤也此終言之獻服不之徒乃反位

宰夫有司薦庶子設折俎

宰夫有司宰夫之吏也鄉射記曰獲者之俎折脊脅肺

卒錯獲者適右个薦俎從之

不言服不言獲者國君大侯服不負侯其徒居乏待獲變其文容二人也司馬正皆獻之薦俎已錯

乃適右个明此獻己己歸功於侯也適右个由侯內鄉射記曰東方謂之右个

獲者左執爵右祭薦俎二手祭酒

祭俎不奠爵不備禮也二手祭酒者獲者南面於俎北當爲侯祭於豆間爵反注爲一手不能正也

此薦俎之設如於北面人焉天子祝侯曰唯若寧侯無或若女不寧侯不屬於王所故抗而設女彊飲彊食貽女曾孫諸侯百福諸侯以下祝辭未聞

適左个祭如右个中亦如之

先祭个後中者以外卽之至中若神在中鄉射禮曰獻獲者俎與薦皆三祭

卒祭左个之西北三步東面

北鄉受獻之位也不北面者嫌為侯卒爵

設薦俎立卒爵

不言不拜既爵司馬正己反位不拜可知也鄉射禮曰獲者薦右東面立飲

司馬師受虛爵洗獻隸僕人與巾車獲者皆如大侯之禮

隸僕人埽侯道巾車張大侯及參侯干侯之獲者其受獻之禮如服不也隸僕人巾車於服不之位受之以功成於大侯也不言量人者此自後以及先可知

卒司馬受虛爵奠于篚

獲者之篚

獲者皆執其薦庶子執俎從之設于乏少南

少南為復射妨旌也隸僕人巾車量人自服不而南

服不復負侯而俟

司射適階西去扑適堂西釋弓說決拾襲適洗洗觚升實之降獻釋獲者于其位少南

獻釋獲者與獲者異文武不同也去扑者扑不升堂也少南辟中

薦脯醢折俎皆有祭

俎與服不同唯祭一為異

釋獲者薦右東面拜受爵司射北面拜送爵釋獲者就其薦坐左執爵右祭脯醢興取肺坐祭遂祭酒

祭俎不奠爵亦嫌不備禮

興司射之西北面立卒爵不拜既爵司射受虛爵奠于篚釋獲者少西辟薦反位

辟薦少西之者為復射妨司射視筭亦辟俎也

司射適堂西袒決遂取弓挾一个適階西搢扑以反位

為將復射

司射倚扑于階西適阼階下北面請射于公如初

不升堂賓諸公卿大夫既射矣聞之可知

反搢扑適次命三耦皆袒決遂執弓序出取矢

歸言拾是言序互言耳

司射先反位

言先先三耦也司射既命三耦以入次之事卽反位三耦入次袒決遂執弓挾矢乃出反次外西面位歸不言司射先反位三耦未有次外位無所先也

三耦拾取矢如初小射正作取矢如初

小射正司射之佐作取矢禮殺代之

三耦既拾取矢諸公卿大夫皆降如初位與耦入於次皆袒決遂執弓皆進當楅進坐說矢束上射東面下射西面拾取矢如三耦

皆進當楅進三耦揖之位也凡繼射命耦而已不作射不作取矢從初

若士與大夫爲耦士東面大夫西面大夫進坐說矢束退反位

說矢束自同於三耦謙也

耦揖進坐兼取乘矢興順羽且左還毋周反面揖

兼取乘矢不敢與大夫拾

大夫進坐亦兼取乘矢如其耦北面搢三挾一个揖進大夫與其耦皆適次釋弓說決拾襲反位諸公卿升就席

大夫反位諸公卿乃升就席大夫與己上下位

衆射者繼拾取矢皆如三耦遂入于次釋弓矢說決拾襲反位司射猶挾一个以作射如初一耦揖升如初司馬升命去侯負侯許諾司馬降釋弓反位

司射與司馬交于階前倚扑于階西適阼階下北面請以樂于公公許

請奏樂以爲節也始射獲而未釋獲復釋獲復用樂行之君子之於事始取苟能中課有功終用成法教化之漸也射用應樂爲難孔子曰射者何以聽循聲而發發而不失正鵠者其唯賢者乎

司射反搢扑東面命樂正曰命用樂

言君有命用樂射也樂正在工南北面

樂正曰諾司射遂適堂下北面眡上射命曰不鼓不釋

不與鼓節相應不釋算也鼓亦樂之節學記曰鼓無當於五聲五聲不得不和凡射之鼓節投壺其存者也周禮射節天子九諸侯七卿大夫以下五

上射揖司射退反位樂正命大師曰奏貍首間若一

樂正西面受命左還東面命大師以大射之樂章使奏之也貍首逸詩曾孫也貍之言不來也其詩有射諸侯首不朝者之言因以名篇後世失之謂之曾孫曾孫者其章頭也射義所載詩曰曾孫侯氏是也以爲諸侯射節者采其既有弧矢之威又言小大莫處御於君所以燕以射則燕則譽有樂以時會君事之志也間若一者調其聲之疏數重節

大師不興許諾樂正反位奏貍首以射三耦卒射賓待于物如初公樂作而后就物稍屬不以樂志其他如初儀

不以樂志君之射儀遲速從心其發不必應樂辟不敏志意所擬度也春秋傳曰吾志其目

卒射如初賓就席諸公卿大夫衆射者皆繼射釋獲如初卒射降反位釋獲者執餘獲進告左右卒射如初

司馬升命取矢負侯許諾司馬降釋弓反位小臣委矢司馬師乘之皆如初司射釋弓視算如初釋獲者

以賢獲與鈞告如初。復位。司射命設豐。實觶如初。遂命勝者執張弓。不勝者執弛弓。升飲如初。卒退豐與觶如初。司射猶袒決遂。左執弓。右執一个。兼諸弦。面鏃。適次。命拾取矢如初。側持弦矢曰執。面。猶尚也。兼矢於弦。尚鏃。將止。變於射也。

司射反位。三耦及諸公卿大夫衆射者皆袒決遂。以拾取矢如初。矢不挾。兼諸弦面鏃。退適次。皆授有司弓矢。襲反位。不挾。亦謂執之如司射。

卿大夫升就席。司射適次。釋弓說決拾。去扑。襲反位。司馬正命退楅解綱。小臣師退楅巾車。量人解左下綱。司馬師命獲者以旌與薦俎退。解。猶釋也。今文司馬師無司馬。

司射命釋獲者退中與算而俟。諸所退射器。皆俟。備君復射。釋獲者亦退其薦俎。

公又舉奠觶。唯公所賜。若賓若長。以旅于西階上。如初。大夫卒受者以虛觶降。奠于篚。反位。司馬正升自西階。東楹之東。北面告于公。請徹俎。公許。射事既畢。禮殺。人倦。宜徹俎燕坐。

遂適西階上。北面告于賓。賓北面取俎以出。諸公卿取俎如賓禮。遂出。授從者于門外。自其從者。

大夫降復位。門東北面位。

庶子正徹公俎。降自阼階以東。降自阼階。若親徹也。以東。去藏。

賓諸公卿皆入門東面北上。諸公卿不入門而右。以將燕。亦因從賓。

司正升賓。賓諸公卿大夫皆說屨升就席。公以賓及卿大夫皆坐乃安。鄉命以我安。臣於君。尚猶踧踖。至此乃敢安。

羞庶羞。羞。進也。庶。衆也。所進衆羞。謂膷肝膋狗胾醢也。或有炮鼈膾鯉雉兔鶉鴽。

大夫祭薦。燕乃祭薦。不敢於盛成禮。

司正升受命。皆命。公曰。衆無不醉。賓及諸公卿大夫皆興。對曰。諾。敢不醉。皆反位坐。皆命者。命賓命諸公命卿大夫。皆鄉其位也。興對。必降席。敬也。司正退立西序端。

主人洗酌獻士于西階上。士長升拜受觶。主人拜送。獻士用觶。士賤也。今文觶作觚。

士坐祭立飲，不拜。既爵，其他不拜，坐祭，立飲。

其他謂衆士也。升不拜受爵。

乃薦司正與射人于觶南，北面，東上，司正爲上。

司正射人士也，以齒受獻，既乃薦之也。司正，大射正也。射人，小射正。略其佐。

辯獻士。士既獻者立于東方，西面，北上。乃薦士。

士既獻易位者，以御大夫在堂，臣位尊東也。畢獻薦之，略賤。

祝史、小臣師亦就其位而薦之。

亦者，亦士也。辯獻乃薦也。祝史門東，北面，東上。

主人就士旅食之尊而獻之。旅食不拜，受爵，坐祭，立飲。

主人既酌，西面，士旅食北面受之。不洗者，於賤略之也。

主人執虛爵，奠于篚，復位。

賓降洗，升媵觶于公，酌散，下拜。公降一等，小臣正辭。

賓升，再拜稽首。公答再拜。

賓受公觴多矣，禮將終，宜勸公，序厚意也。今文觶爲觚，公答拜無再拜。

賓坐祭，卒爵，再拜稽首。公答再拜。賓降，洗象觚，升酌膳，坐奠于薦南，降拜。小臣正辭。賓升成拜，公答拜。反位。

反位，反席也。此觚當爲觶。

公坐取賓所媵觚，興。唯公所賜。受者如初受酬之禮。

降更爵洗，升酌膳，下再拜稽首。小臣正辭，升成拜。公答拜。乃就席，坐行之。

坐行之，若今坐相勸酒。

有執爵者。

士有盥升，主酌授之。

唯受于公者拜。

公所賜者拜，其餘則否。

司正命執爵者爵辯，卒受者興以酬士。

欲令惠均。

大夫卒受者以爵興，西階上酬士。士升，大夫奠爵拜，士答拜。

興酬士者，士立堂下，與上坐者異。

大夫立卒爵，不拜，實之。士拜受，大夫拜送。士旅于西階上，辯。

祝史、小臣師，旅食皆及焉。

士旅酌。

旅，序也。士以次自酌相酬，無執爵者。

若命曰復射，則不獻庶子。

獻庶子，則正禮畢，後無事。

司射命射唯欲。

司射命賓及諸公卿大夫射欲者則射不欲者則止可否之事從人心也

卿大夫皆降再拜稽首公答拜

拜君樂與臣下執事無已不言賓賓從羣臣禮在上

壹發中三侯皆獲

其功一也而和者亦多尚歡樂也矢揚觸或有參中者

主人洗升自西階獻庶子于阼階上如獻士之禮辯獻降洗遂獻左右正與內小臣皆於阼階上如獻庶子之禮

庶子既掌正六牲之體又正舞位授舞器與膳宰樂正聯事又掌國子之戒令教治世子之官也左右正謂樂正僕人正也位在中庭之左右小樂正在頌磬之北右也工在西卽北面工遷於東則東面大樂正在笙磬之北左也工在西則西面工遷於東則北面僕人正相大師工升堂與其師士降立於小樂正之北北上工遷於東則倍其工後國君無故不釋縣二正君之近官也內小臣奄人掌君陰事陰令后夫人之官也獻三官於阼階別內外臣也同獻更洗以時事不聯也獻正下及內小臣則磬人鐘人鑮人鼓人僕人師僕人士盡獻可知也庶子內小臣位在小臣師之東少退西上

無算爵

算數也爵行無次數唯意所勸醉而止

士也有執膳爵者有執散爵者執膳爵者酌以進公公不拜受執散爵者酌以之公命所賜所賜者興受爵降席下奠爵再拜稽首公答再拜

席下席西

受賜爵者以爵就席坐公卒爵然後飲

酬之禮爵代舉今爵並行嫌不代也並行猶代者明勸惠從尊者來

執膳爵者受公爵酌反奠之

燕之歡在飲酒成其意也

受賜者興授執散爵者執散爵者乃酌行之

與其所歡者

唯受于公者拜卒爵者興以酬士于西階上士升大夫不拜乃飲實爵

乃猶而也

士不拜受爵大夫就席士旅酌亦如之公有命徹冪則賓及諸公卿大夫皆降西階下北面東上再拜稽首

命徹冪者公意殷勤欲盡酒

公命小臣正辭公答拜大夫皆辟升反位

升不成拜於將醉正臣禮

士終旅於上如初

卿大夫降而爵止於其反席卒之

無算樂

升歌間合無次數唯意所樂

宵則庶子執燭於阼階上司宮執燭於西階上甸人

執大燭於庭，閽人爲燭於門外。宵，夜也。燭，燋也。甸人掌共薪蒸者。庭大燭，爲其位廣也。爲，作也。作燭，俟賓出。

賓醉，北面坐取其薦脯以降。取脯重得君之賜。

奏陔。陔夏，樂章也。其歌頌類也，以鐘鼓奏之。其篇今亡。

賓所執脯以賜鐘人于門內霤，遂出。必賜鐘人，鐘人以鐘鼓奏陔夏，賜之脯，明雖醉，志禮不忘樂。

卿大夫皆出。從賓出。

公不送。臣也，與之安燕交歡，嫌亢禮也。

公入，驁。驁夏，亦樂章也。以鐘鼓奏之，其詩今亡。此公出而言入者，射宮在郊，以將還爲入。燕不驁者，於路寢無出入也。

儀禮卷七

儀禮卷八

漢大司農北海鄭　玄註

明　後學東吳葛　鼒訂

聘禮第八

聘禮。君與卿圖事。圖謀也謀聘故及可使者謀事者必因朝其位君南面卿西面大夫北面士東面

遂命使者。遂猶因也既謀其人因命之也聘使卿○使所吏反下以意推之

使者再拜稽首辭。辭以不敏。

君不許乃退。退反位也受命者必進

既圖事戒上介亦如之。既已也戒猶命也已謀事乃命上介難於使者易於介

宰命司馬戒衆介衆介皆逆命不辭。宰上卿貳君事者也諸侯謂司徒爲宰衆介者士也士屬司馬周禮司馬之屬司士掌作士適四方使爲介逆猶受也

宰書幣。書聘所用幣多少也宰又掌制國之用

命宰夫官具。宰夫宰之屬也命之使衆官具幣及所宜齎

及期夕幣。及猶至也夕幣先行之日夕陳幣而視之重聘也

使者朝服帥衆介夕。視其事也古文帥皆作率

管人布幕于寢門外。管猶館也館人謂掌次舍帷幕者也布幕以承幣寢門外朝也古文管作官今文布作敷

官陳幣皮北首西上加其奉于左皮上馬則北面奠幣于其前。奉所奉以致命謂束帛及玄纁也馬言則者此享主用皮或時用馬馬入則在幕南皮馬皆乘古文奉爲卷今文無則○乘繩證反

使者北面衆介立于其左東上。既受行同位也位在幕南

卿大夫在幕東西面北上。大夫西面辟使者○辟音避

宰入告具于君君朝服出門左南鄉。入告入路門而告○鄉許亮反下以意求之

史讀書展幣。展猶校錄也史幕東西面讀書賈人坐撫其幣每者曰在必西面者欲君與使者俱見之也○賈音

嫁後同掌物價之官

宰執書告備具于君。授使者。使者受書授上介。

史展幣畢。以書還授宰。宰既告備。以授使者。其受授皆北面。

公揖入。

揖禮羣臣。

官載其幣舍于朝。

待旦行也。

上介視載者。

監其安處之。畢乃出。○監古銜反

所受書以行。

爲當復展。○爲于僞反復扶又反下以意求之。

厥明。賓朝服釋幣于禰。

告爲君使也。賓使者謂之賓。尊之也。天子諸侯將出。告羣廟。大夫告禰而已。凡釋幣設洗盥如祭。○禰古廟字

有司筵几于室中。祝先入。主人從入。主人在右再拜。

祝告又再拜。

更云主人者。廟中之稱也。祝告。告以主人將行也。

釋幣制玄纁束。奠于几下。出。

祝釋之也。凡物十曰束。玄纁之率。玄居三。纁居二。朝貢禮云。純四只。制丈八尺。○率音律只音紙

主人立于戶東。祝立于牖西。

少頃之間。示有俟於神。

又入取幣。降。卷幣。實于笲。埋于西階東。

又入者。祝也。埋幣必盛以器。若藏之然。○笲音煩器名盛音成

又釋幣于行。

告將行也。行者之先。其古人之名未聞。天子諸侯有常祀在冬。大夫三祀。曰門。曰行。曰厲。喪禮有毀宗躐行。出于大門。則行神之位在廟門外西方。不言埋幣。可知也。今時民春秋祭祀有行神。古之遺禮乎。

遂受命。

賓須介來。乃受命也。言遂者。明自是出不復入。

上介釋幣亦如之。

如其於禰與行。

上介及衆介俟于使者之門外。

俟。待也。待於門外。東面北上。

使者載旜。帥以受命于朝。

旜。旌旗屬也。載之者。所以表識其事也。周禮曰。通帛爲旜。又曰。孤卿建旜。至於朝門。使者北面東上。古文旜皆爲膳。○旜之然反

君朝服南鄉。卿大夫西面北上。君使卿進使者。

進之者。使者謙。不敢必君之終使己。

使者入。及衆介隨入。北面東上。君揖使者進之。上介立于其左。接聞命。

進之者有命宜相近也接猶續也

賈人西面坐啓櫝取圭垂繅不起而授宰

賈人在官知物賈者繅所以藉圭也其或拜則奠于其上今文繅作璪

宰執圭屈繅自公左授使者

屈繅者斂之禮以相變爲敬也自公左贊幣之義

使者受圭同面垂繅以受命

同面者宰就使者北面並授之既授之而君出命矣凡授受者授由其右受由其左

既述命同面授上介

述命者循君之言重失誤

上介受圭屈繅出授賈人衆介不從

賈人將行者在門外北面

受享束帛加璧受夫人之聘璋享玄纁束帛加琮皆如初

享獻也既聘又獻所以厚恩惠也帛今之璧色繒也夫人亦有聘享者以其與己同體爲國小君也其聘用璋取其半圭也君享用璧夫人用琮天地配合之象也圭璋特達瑞也璧琮有加往德也周禮曰瑑圭璋璧琮以覜聘○繒自陵反瑑人轉反

遂行舍于郊

於此脫舍衣服乃即道也曲禮曰凡爲君使已受命君言不宿於家

斂旜

此行道耳未有事也斂藏也

若過邦至于竟使次介假道束帛將命于朝曰請帥奠幣

至竟而假道諸侯以國爲家不敢直徑也將猶奉也帥猶道也請道己道路所當由○請道之道音導

下大夫取以入告出許遂受幣

言遂者明受其幣非爲許故也容其辭讓不得命也○爲于僞反

餼之以其禮上賓大牢積唯芻禾介皆有餼

凡賜人以牲生曰餼餼猶稟也給也以其禮者尊卑有常差也常差者上賓上介牲用大牢羣介用少牢米皆百筥牲陳于門內之西北面米設于中庭上賓上介致之以束帛羣介則牽羊焉上賓有禾十車芻二十車禾以秣馬○積子賜反少時照反秣音末

士帥沒其竟

沒盡

誓于其竟賓南面上介西面衆介北面東上史讀書司馬執策立于其後

此使次介假道止而誓也賓南面專威信也使於衆介之前北面讀書以敇告士衆爲其犯禮暴掠也禮君行師從卿行旅從司馬主軍法者執策示罰

未入竟壹肆

謂於所聘之國竟也肆習也習聘之威儀重失誤

爲壝壇畫階帷其北無宮

壝土象壇也帷其北宜有所鄉依也無宮不壝土畫外垣也○壝以垂反一以癸反

朝服無主無執也。不立主人，主人尊也。不執玉，不敢褻也。徒習其威儀而已。

介皆與北面西上。入門左之位也。古文與作豫。

習享士執庭實。士，士介也。庭實必執之者，皮則有攝張之節。

習夫人之聘享亦如之。習公事不習私事。公事，致命者也。

及竟張旜誓。及，至也。張旜，明事在此國也。張旜，謂使人維之。

乃謁關人。

關人問從者幾人。謁，告也。古者竟上為關，以譏異服，識異言。

以介對。欲知聘問且為有司當共委積之具。○從，才用反。積，子賜反。

君使士請事，遂以入竟。以所與受命者對，謙也。聘禮，上公之使者七介，侯伯之使者五介，子男之使者三介，以其代君交於列國，是以貴之。周禮曰：凡諸侯之卿，其禮各下其君二等。請，猶問也。問所為來之故也。遂以入，因道之。

入竟斂旜乃展。復校錄幣，重其事。斂旜，變於始入。

布幕賓朝服立于幕東西面。介皆北面東上。賈人北面坐拭圭。拭，清也。側幕而坐，乃開櫝。

遂執展之。持之而立，告在。

上介北面視之，退復位。言退復位，則視圭進違位。

退圭。圭璋尊，不陳之。

陳皮北首西上，又拭璧展之，會諸其幣，加于左皮上。會，合也。諸，於也。古文曰陳幣北首。

上介視之退。

馬則幕南北面奠幣于其前。前當幕上。

展夫人之聘享亦如之。賈人告于上介，上介告于賓。展夫人聘享，上介不視，貶於君也。賈人既拭璋琮，南面告於上介，上介於是乃東面以告賓，亦所謂放而文之類。○放，方往反。

有司展羣幣以告。羣幣，私覿及大夫者。有司，載幣者，自展自告。

及郊，又展如初。

郊，遠郊也。周制，天子畿內千里，遠郊百里。以此差之，遠郊上公五十里，侯伯三十里，子男十里也。近郊各半之。

及館，展幣於賈人之館，如初。

館，舍也。遠郊之內有侯館，可以小休止沐浴。展幣不于賓館者，爲主國之人有勞問己者就焉，便疾也。○勞，力到反。

賓至於近郊，張旜。君使下大夫請行，反。君使卿朝服，用束帛勞。

請行，問所之也。雖知之，謙不必也。士請事，大夫請行，卿勞，彌尊賓也。其服皆朝服。

上介出請，入告。賓禮辭，迎於舍門之外，再拜。

出請，出門西面請所以來事也。入告，入北面告賓也。每所及至，皆有舍，其有來者與，皆出請入告。于此言之者，賓彌尊，事彌錄。

勞者不答拜。

凡爲人使，不當其禮。

賓揖，先入，受於舍門內。

不受于堂，此主於侯伯之臣也。公之臣受勞於堂。

勞者奉幣入，東面致命。

東面，鄉賓。

賓北面聽命，還，少退，再拜稽首，受幣。勞者出。

北面聽命，若君南面然。少退，象降拜。

授老幣。

老，賓之臣。

出迎勞者。

欲儐之。

勞者禮辭。賓揖，先入，勞者從之。乘皮設。

設於門內也。物四曰乘。皮，麋鹿皮也。○乘，繩證反，後此類皆同。

賓用束錦儐勞者。

言儐者，賓在公館，如家之義，亦以來者爲賓。

勞者再拜稽首受。

稽首，尊國賓也。

賓再拜稽首送幣。

受送拜皆北面，象階上。

勞者揖皮出，乃退。賓送，再拜。

揖皮，出東面揖執皮者而出。

夫人使下大夫勞以二竹簋方，玄被纁裏，有蓋。

竹簋方者，器名也，以竹爲之，狀如簋而方，如今寒具筥。筥者圓，此方耳。

其實棗蒸栗擇，兼執之以進。

兼猶兩也。右手執棗，左手執栗。

賓受棗，大夫二手授栗。

受授不游手，慎之也。

賓之受如初禮

如卿勞之儀

儐之如初下大夫勞者遂以賓入

出以束錦授從者因東面釋辭請導之以入然則賓送不拜

至于朝主人曰不腆先君之祧既拚以俟矣

賓至外門下大夫入告出釋此辭主人者公也不言公而言主人主人接賓之辭明至欲受之不敢稽賓也腆猶善也遷主所在曰祧周禮天子七廟文武爲祧諸侯五廟則祧始祖也是亦廟也言祧者祧尊而廟親待賓客者上尊者○腆他典反拚方問反

賓曰俟閒

賓之意不欲奄卒主人也且以道路悠遠欲沐浴齋戒俟閒未敢聞命○卒寸忽反

大夫帥至于館卿致館

致至也賓至此館主人以上卿禮致之所以安之也

賓迎再拜卿致命賓再拜稽首卿退賓送再拜

卿不俟設飧之畢以不用束帛致故也不用束帛致之者明爲新至非大禮也○飧音孫

宰夫朝服設飧

食不備禮曰飧詩云不素飧兮春秋傳曰方食魚飧皆謂是

飪一牢在西鼎九羞鼎三腥一牢在東鼎七

中庭之饌也飪熟也熟在西腥在東象春秋也鼎西九東七凡其鼎實與其陳如陳饔餼羞鼎則陪鼎也以其實言之則曰羞以其陳言之則曰陪○飪而審反

堂上之饌八西夾六

八六者豆數也凡饌以豆爲本堂上八豆八簋六鉶兩簠八壺西夾六豆六簋四鉶兩簠六壺其實與其陳亦如饔餼○鉶音刑

門外米禾皆一十車

禾槀實并刈者也諸侯之禮車米視生牢禾視死牢牢十車大夫之禮皆視死牢而已雖有生牢不取數焉米陳門東禾陳門西○刈魚廢反

薪芻倍禾

各四十車凡此之陳亦如饔餼

上介飪一牢在西鼎七羞鼎三堂上之饌六門外米禾皆十車薪芻倍禾

西鼎七無鮮魚鮮腊

衆介皆少牢

亦飪在西鼎五羊豕腸胃魚腊新至尚熟堂上之饌四豆四簋兩鉶四壺無簠

厥明訝賓于館

此訝下大夫也以君命迎賓謂之訝訝迎也亦皮弁

賓皮弁聘至于朝賓入于次

服皮弁者朝聘主相尊敬也諸侯視朔皮弁服入于次者俟辦也次在大門外之西以帷爲之○辦蒲莧反辦具之辦

乃陳幣

有司入于主國廟門外以布幕陳幣如展幣焉圭璋賈人執櫝而俟

卿爲上擯大夫爲承擯士爲紹擯擯者出請事

擯爲主國之君所使出接賓者也紹繼也其位相承繼而出也主君公也則擯者五人侯伯也則擯者四人子男也則擯者三人聘義曰介紹而傳命君子於其所尊不敢質敬之至也既知其所爲來之事復請之者賓來當與主君爲禮爲其謙不敢斥尊者啓發以進之於是時賓出次直闑西北面上擯在闑東閾外西面其相去也公之使者七十步侯伯之使者五十步子男之使者三十步此旅擯耳不傳命上介在賓西北東面承擯在上擯東南西面各自次序而下末介末擯旁相去二丈六尺上擯之請事進南面揖賓俱前賓至末介上擯至末擯亦相去二丈六尺比揖而請事還入告于公天子諸侯朝覲乃命介紹傳命耳其儀各鄉本受命反面傳而下及末則鄉受之反面傳而上又受命傳而下亦如之此二丈六尺者門容二徹參个旁加各一步也今文無擯○所爲于僞反下爲其皆同闑魚列反閾音域

公皮弁迎賓于大門內大夫納賓。

公不出大門降于待其君也大夫上擯也謂之大夫者上序可知從大夫總無所別也於是賓主人皆裼○裼西歷反

賓入門左。

內賓位也衆介隨入北面西上少退擯者亦入門而右北面東上上擯進相君○相息亮反

公再拜。

南面拜迎

賓辟不荅拜。

辟位逡遁不敢當其禮○辟音避下以意推之

公揖入每門每曲揖。

每門輒揖者以相人偶爲敬也凡君與賓入門賓必後君介及擯者隨之並而鴈行既入則或左或右相去如初玉藻曰君入門介拂闑大夫中棖與闑之間士介拂棖賓入不中門不履閾此賓謂聘卿大夫也門中門之正也不敢與君並由之敬也介與擯者鴈行卑不踰尊者之迹亦敬也賓之介猶主人之擯○行戶郎反棖直庚反

及廟門，公揖入立于中庭。

公揖先入省內事也既則立於中庭以俟賓不復出如此得君行一臣行二於禮可矣公迎賓大門內卿大夫以下入廟門即位而俟之

賓立接西塾。

接猶近也門側之堂謂之塾立近塾者己與主君交禮將有出命俟之於此介在幣南北面西上上擯亦隨公入門東東上少進於士○塾音熟

几筵既設，擯者出請命。

有几筵者以其廟受宜依神也賓至廟門司宮乃于依前設之神尊不豫事也席西上上擯待而出請受賓所以來之命重停賓也至此言命事彌至言彌信也周禮諸侯祭祀席蒲筵繢純右彫几○依前之依於豈反本又作扆純章允反

賈人東面坐啓櫝取圭垂繅不起而授上介。

賈人鄉入陳幣東面俟於此言之就有事也授圭不起賤不與爲禮也不言裼襲者賤不裼也繅有組繫也○鄉音向下同

上介不襲，執圭屈繅授賓。

上介北面受圭進西面授賓不襲者以盛禮不在於己也屈繅并持之也曲禮曰執玉其有藉者則裼無藉者則襲

賓襲執圭。

執圭盛禮而又盡飾爲其相蔽敬也玉藻曰服之襲也充美也是故尸襲執玉龜襲也

擯者入告出辭玉。擯者上擯也入告公以賓執圭將致其聘命圭贄之重者辭之亦所以致尊讓也

納賓賓入門左。公事自闑西

介皆入門左北面西上。隨賓入也介無事止於此今文無門

三揖。君與賓也入門將曲揖既曲北面又揖當碑揖

至于階三讓。讓升

公升二等。先賓升二等亦欲君行一臣行二

賓升西楹西東面。與主君相鄉

擯者退中庭。鄉公所立處退者以公宜親受賓命不用擯相也

賓致命。致其君之命也

公左還北鄉。當拜

擯者進。進阼階西釋辭於賓相公拜也

公當楣再拜。拜貺也貺惠賜也楣謂之梁○楣亡悲反

賓三退負序。三退三逡遁也不言辟者以執圭將進授之

公側襲受玉于中堂與東楹之間。側猶獨也言獨見其尊賓也佗日公有事必有贊爲之者凡襲于隱者公序坫之間可知也中堂南北之中也入堂深尊賓事也東楹之間亦以君行一臣行二○見賢遍反下以意求之

擯者退負東塾而立。反其等位無事

賓降介逆出。逆出由便

賓出。聘事畢

公側授宰玉。使藏之授於序端

裼降立。裼者免上衣見裼衣凡當盛禮者以充美爲敬非盛禮者以見美爲敬禮尚相變也玉藻曰裘之裼

〔也見美也又曰麛裘青豻褎絞衣以裼之論語曰素衣麛裘皮弁時或素衣其裘同可知也裘者爲温表之爲其褻也寒暑之服冬則裘夏則葛凡禮裼者左降立俟享也亦於中庭古文裼皆作賜○麛音迷或作麑同豻伍旦反褎本又作裒詳又反爲温爲其皆去聲襢音旦〕

擯者出請。〔不必賓事之有無〕

賓裼奉束帛加璧享。擯者入告出許。〔許受之〕

庭實皮則攝之。毛在內。內攝之入設也。〔皮虎豹之皮攝之者右手幷執前足左手幷執後足毛在內不欲文之豫見也內攝之者兩手相鄉也入設亦參分庭一在南言則者或以馬凡君於臣臣於君麋鹿皮可也〕

賓入門左。揖讓如初。升致命。張皮。〔張者釋外足見文也〕

公再拜受幣。士受皮者自後右客。〔自由也從東方來由客後西居其左受皮也執皮者既授亦自前西而出〕

賓出當之坐攝之。〔象受于賓〕

公側授宰幣。皮如入右首而東。〔如入左在前皮右首者變于生也〕

聘于夫人用璋。享用琮。如初禮。〔如公立于中庭以下〕

若有言則以束帛如享禮。〔有言有所告請若有所問也記曰有故則束帛加書以將命春秋臧孫辰告糴于齊公子遂如楚乞師晉侯使韓穿來言汶陽之田皆是也無庭實也〕

擯者出請事。賓告事畢。〔公事畢〕

賓奉束錦以請覿。〔覿見也鄉將公事是欲交其歡敬也不用羔因使而見非特來〕

擯者入告。出辭。〔客有大禮未有以待之〕

請禮賓。賓禮辭。聽命。擯者入告。〔告賓許也〕

宰夫徹几改筵。〔宰夫又主酒食者也將禮賓徹神几改神席更布也賓席東上公食大夫禮曰蒲筵常緇布純加莞席尋玄帛純此筵上下大夫也周禮曰筵國賓于牖前莞筵紛純加繅席畫純左彤几者則是筵孤也孤彤几卿大夫其漆几與○莞音完〕

公出迎賓以入。揖讓如初。〔公出迎者己之禮更端也〕

公升側受几于序端。〔漆几也今文無升〕

宰夫內拂几三。奉兩端以進。

內拂几不欲塵坋尊者以進自東箱來授君○坋蒲悶反

公東南鄉。外拂几三。卒振袂中攝之。進西鄉。

進就賓也

擯者告。

告賓以公授几

賓進。訝受几于筵前。東面俟。

未設也今文訝爲梧○梧五故反

公壹拜送。

公尊也古文壹作一

賓以几辟。

辟位逡遁

北面設几。不降階上答再拜稽首。

不降以主人禮未成也几賓左几

宰夫實觶以醴。加柶于觶。面枋。

酌以授君也君不自酌尊也宰夫亦洗升實觶以醴自東箱來不面擸不訝授也○擸以涉反

公側受醴。

將以飲賓

賓不降。壹拜。進筵前受醴。復位。公拜送醴。

賓壹拜者醴質以少爲貴

宰夫薦籩豆脯醢。賓升筵。擯者退。負東塾。

事未畢擯者不退中庭以有宰夫也

賓祭脯醢。以柶祭醴三。庭實設。

庭實乘馬

降筵北面。以柶兼諸觶尚擸。坐啐醴。

降筵就階上○啐七內反尚與上通

公用束帛。

致幣也言用尊于下也亦受之于序端

建柶北面奠于薦東。

糟醴不啐

擯者進相幣。

贊以辭

賓降辭幣。

不敢當公禮也

公降一等辭。

辭賓降也

栗階升聽命。

栗階趨君命尚疾不連步

降拜。

拜受

公辭。

不降一等，殺也。○殺，所界反。

升，再拜稽首，受幣，當東楹北面。

亦訝受，而北面者，禮主於己，己臣也。

退，東面俟。

俟君拜也。不北面者，謙，若不敢當階然。

公壹拜，賓降也，公再拜。

不俟公再拜者，不敢當公之盛也。公再拜者，事畢成禮也。

賓執左馬以出。

受尊者禮，宜親之也。效馬者并左右靮授之，餘三馬，主人牽者從出也。○靮，下歷反。

上介受賓幣，從者訝受馬。

從者，士介。

賓覿，奉束錦，總乘馬，二人贊，入門右，北面奠幣，再拜稽首。

不請不辭，鄉時已請也。覿用束錦，辟享幣也。總者，總八轡牽之。贊者，居馬間扣馬也。入門而右，私事自闑右，奠幣再拜，以臣禮見也。贊者，賈人之屬，介特覿也。○辟音避。

擯者辭。

辭其臣。

賓出。

事畢。

擯者坐取幣出，有司二人牽馬以從，出門西面于東塾南。

將還之也。贊者有司受馬乃出。凡取幣于庭，北面。

擯者請受。

請以客禮受之。

賓禮辭，聽命。

賓受其幣，贊者受馬。

牽馬右之，入設。

庭實先設，客禮也。右之，欲人居馬左，任右手便也。於是牽馬者四人，事得申也。曲禮曰：效馬效羊者右牽之。

賓奉幣入門左，介皆入門左，西上。

以客禮入，可從介。

公揖讓如初，升，公北面再拜。

公再拜者，以其初以臣禮見，新之也。

賓三退，反還，負序。

反還者，不敢與授主同。

振幣進授，當東楹北面。

不言君授，略之也。

士受馬者自前還，牽者後，適其右，受。

自由也。適牽者之右而受之也。此亦並授者。不自前左，由便也。便其已授而去也。受馬自前，變於受皮也。

牽馬者自前西乃出。自，由也。

賓降階東拜送君辭。拜送幣于階東，以君在堂，辟之。

拜也君降一等辭。君乃辭之，而賓由拜，敬也。

擯者曰寡君從子雖將拜起也。此禮固多有辭矣，未有著之者，是其志而煥乎？未敢明說。

栗階升公西鄉賓階上再拜稽首。成拜。

公少退。爲敬。

賓降出公側授宰幣馬出。廟中宜清。

公降立擯者出請上介奉束錦士介四人皆奉玉錦束請覿。玉錦，錦之文纖縟者也。禮有以少文爲貴者。後言束，辭之便也。

擯者入告出許上介奉幣儷皮二人贊。儷，猶兩也。上介用皮，變於賓也。皮，麋鹿皮。○儷音麗。

皆入門右東上奠幣皆再拜稽首。皆者，皆衆介也。贊者奠皮出。

擯者辭。亦辭其臣。

介送出。亦事畢也。

擯者執上幣士執衆幣有司二人舉皮從其幣出請受。此請受，請于上介也。擯者先即西面位請之，釋辭之時，衆執幣者隨立門中而俟。

委皮南面。擯者既釋辭，執衆幣者進即位，有司乃得委之南面，便其復入也。委皮當門。○復，扶又反。

執幣者西面北上擯者請受。請于上介也。上言其文，此言其位，互約文也。

介禮辭聽命皆進訝受其幣。此言皆訝受者，嫌擯者一一授之。

上介奉幣皮先入門左奠皮。皮先者，介隨執皮者而入也。入門左，介至揖位而立，執皮者奠皮，以有不敢授之義。古文重入。

公再拜。拜中庭也。不受于堂，介賤也。

介振幣自皮西進北面授幣退復位再拜稽首送幣。進者，北行參分庭一而東行，當君乃復北行也。

介出。宰自公左受幣。不側受，介禮輕。

有司二人坐舉皮以東。擯者又納士介。納者，出道入也。○道音導。

士介入門右奠幣，再拜稽首。終不敢以客禮見。

擯者辭。介逆出。擯者執上幣以出。禮請受賓固辭。禮請受者，一請受而聽之也。賓為之辭，士介賤，不敢以言通於主君。固，衍字，當如面大夫也。

公答再拜。擯者出立于門中以相拜。擯者以賓辭入告，還立門中閾外，西面。公乃遙答拜也。相者贊告之。

士介皆辟。辟於其東面位，逡遁也。

士三人東上坐取幣立。俟擯者執上幣來也。

擯者進。就公所也。

宰夫受幣于中庭以東。使宰夫受于士，士介幣輕也。受之于公左，賓幣公側授宰，上介幣宰受于公左，士介幣宰夫受于士，敬之差。

執幣者序從之。序從者，以宰夫當一一受之。

擯者出請賓告事畢。賓既告事畢，眾介逆道賓而出也。

擯者入告。公出送賓。公出，眾擯亦逆道。紹擯及賓並行，間亦六步。

及大門內。公問君。鄉以公禮將事，無由問也。賓至始入門之位北面，將揖而出，眾介亦在其右，少退西上，於此可以問君居處何如，序殷勤也。時承擯、紹擯亦於門東北面東上，上擯往來傳君命，南面。蘧伯玉使人於孔子，孔子問曰：夫子何為？此公問君之類也。

賓對。公再拜。拜其無恙。公拜，賓亦辟。

公問大夫。賓對。公勞賓。賓再拜稽首。公答拜。勞以道路之勤。○勞，力到反，注及下同。

公勞介。介皆再拜稽首。公答拜。賓出。公再拜送。賓不顧。公既拜，客趨辟，君命上擯送賓出，反告賓不顧，於此君可以反路寢矣。論語說孔子之行曰：君召使擯，色勃如也，足躩如也。賓退，必復命曰：賓不顧矣。○行，下孟反。躩，屈縛反，又驅碧反。

賓請有事於大夫。請問，問卿也。不言問聘，聘亦問也，嫌近君也。上擯送賓出，賓東面而請之，擯者反命，因告之。

公禮辭許。

（禮辭，一辭。）

賓卽館。（小休息也。卽，就也。）

卿大夫勞賓，賓不見。（以己公事未行，上介以賓辭辭之。）

大夫奠鴈再拜，上介受。（不言卿，卿與大夫同執鴈，下見于國君。周禮：凡諸侯之卿見朝君，皆執羔。）

勞上介亦如之。

君使卿韋弁歸饔餼五牢。（變皮弁服韋弁，敬也。韋弁，韎韋之弁，兵服也。而服之者，皮韋同類，取相近耳。其服蓋韎布以爲衣而素裳。牲殺曰饔，生曰餼。今文歸或爲饋。○韎音昧，又亡拜反。）

上介請事，賓朝服禮辭。（朝服，示不受也。受之當以尊服。）

有司入陳。（入賓所館之廟，陳其積。）

饔。（謂飪與腥。）

飪一牢，鼎九，設于西階前，陪鼎當內廉，東面北上，上當碑，南陳，牛羊豕魚腊腸胃同鼎，膚鮮魚鮮腊，設扃鼏，膷臐膮蓋陪牛羊豕。（陪鼎，三牲臛膷臐膮陪之，庶羞加也。當內廉，辟堂塗也。腸胃次腊，以其出牛羊也。膚，豕肉也。唯燖者有膚。此饌先陳其位，後言其次，重大禮，詳其事也。宮必有碑，所以識日景，引陰陽也。凡碑引物者，宗廟則麗牲焉以取毛血。其材，宮廟以石，窆用木。○腊音昔。扃，古螢反。鼏，亡狄反。膷音香。膮，許堯反。臛，火各反，字林火郭反。燖，劉音尋，一本作爓，音潛。窆，彼驗反。）

腥二牢，鼎二七，無鮮魚鮮腊，設于阼階前，西面，南陳。（有腥者，所以優賓也。）

如飪鼎，二列。

堂上八豆，設于戶西，西陳，皆二以並，東上韭菹，其南醓醢，屈。（戶，室戶也。東上，變于親食賓也。醓，醢汁也。屈猶錯也。今文並皆爲併。○韭音九。菹，莊居反。醓，他感反。）

八簋繼之，黍其南稷，錯。（黍在北。）

六鉶繼之，牛以西羊豕，豕南牛，以東羊豕。（鉶，羹器也。）

兩簠繼之，粱在北。（簠不次簋者，粱稻加也。凡饌屈錯，要相變。）

八壺設于西序，北上，二以並，南陳。（壺，酒尊也。酒蓋稻酒、粱酒。不錯者，酒不以雜錯爲味。）

西夾六豆，設于西墉下，北上韭菹，其東醓醢，屈。六簋繼之，黍其東稷，錯。四鉶繼之，牛以南羊，羊東豕，豕以

北牛兩簠繼之粱在西皆二以並南陳六壺西上二以並東陳東陳在北墉下統於豆

饌于東方亦如之東方東夾室

西北上亦非菹其東醓醢也

壺東上西陳亦在北墉下統於豆

醓醢百甕夾碑十以爲列醓在東夾碑在鼎之中央也醓在東醓穀陽也醢肉陰也○甕烏弄反

餼二牢陳于門西北面東上牛以西羊豕豕西牛羊豕餼生也牛羊右手牽之豕東之寢右亦居其左

米百筥筥半斛設于中庭十以爲列北上黍粱稻皆二行稷四行庭實固當庭中言當中庭者南北之中也東西爲列列當醓醢南亦相變也此言中庭則設碑近如堂深也○行戶郎反下同

門外米三十車車秉有五籔設于門東爲三列東陳大夫之禮米禾皆視死牢秉籔數名也秉有伍籔二十四斛也籔讀若不數之數今文籔或爲逾○籔色縷反一音速注不數之數同卷末放此逾劉音余後同

禾三十車車三秅設於門西西陳秅數名也三秅千二百秉○秅丁故反

薪芻倍禾倍禾者以其用多也薪從米芻從禾四者之車皆陳北輈凡此所以厚重禮也聘義曰古之用財不能均如此然而用財如此其厚者言盡之於禮也盡之於禮則內君臣不相陵而外不相侵故天子制之而諸侯務焉爾○輈丁留反

賓皮弁迎大夫于外門外再拜大夫不答拜大夫使者卿也

揖入及廟門賓揖入賓與使者揖而入使者止執幣賓俟之于門內謙也古者天子適諸侯必舍於太祖廟諸侯行舍于諸公廟大夫行舍于大夫廟○大祖音泰

大夫奉束帛執其所以將命

入三揖皆行皆猶並也使者尊不後主人

至于階讓大夫先升一等讓不言三不成三也凡升者主人讓于客三敵者則客三辭主人乃許升亦道賓之義也使者尊主人三讓則許升矣今使者三讓則是主人四讓也公雖尊亦三讓乃許升不可以不下主人也古文曰三讓

賓從升堂北面聽命。北面，于階上也。

大夫東面致命。賓降階西再拜稽首。拜餼亦如之。大夫以束帛同致饔餼也。賓殊拜之，敬也，重君之禮也。

大夫辭升成拜。尊賓。

受幣堂中西北面。趨主君命也。堂中西，中央之西。

大夫降出。賓降授老幣。出迎大夫。老，家臣也。賓出迎，欲儐之。

大夫禮辭許。入揖讓如初。賓升一等。大夫從升堂。賓先升，敵也。皆北面。

庭實設馬乘。乘，四馬也。

賓降堂受老束錦。大夫止。止，不降，使之餘尊。

賓奉幣西面。大夫東面。賓致幣。不言致命，非君命也。

大夫對北面當楣再拜稽首。稽首，尊君客也。致對，有辭也。

受幣于楹間南面。退東面俟。賓北面授，尊君之使。

賓再拜稽首送幣。大夫降執左馬以出。出廟門，從者亦訝受之。

賓送于外門外再拜。明日賓拜于朝。拜饔與餼。皆再拜稽首。拜謝主君之恩惠於大門外。周禮曰：凡賓客之治，令訝聽之。此拜亦皮弁服。

上介饔餼三牢。飪一牢在西鼎七。羞鼎三。飪鼎七，無鮮魚鮮腊也。賓介皆異館。

腥一牢在東鼎七。堂上之饌六。六者，賓西夾之數。

西夾亦如之。筥及罋如上賓。

餼一牢。門外米禾視死牢。牢十車。薪芻倍禾。凡其實與陳如上賓。凡所不貶者，尊介也。言如上賓者，明此賓客介也。凡，凡飪以下。

下大夫韋弁用束帛致之。上介韋弁以受。如賓禮。介不皮弁者，以其受大禮似賓，不敢純如賓也。

儐之兩馬束錦。士介四人皆餼大牢。米百筥。設于門外。

牢米不入門，略之也。米設當門，亦十爲列，北上。牢在其南，西上。

宰夫朝服牽牛以致之。

執紖牽之，東面致命。朝服，無束帛，亦略之。士介西面拜迎。○紖，直軫反。

士介朝服北面再拜稽首受。

受於牢東，拜自牢後，適宰夫右受，由前東面授從者。

無儐。

既受拜送之矣，明日，衆介亦各如其受之服，從賓拜於朝。

賓朝服問卿。

不皮弁，別於主君。卿，每國三人。

卿受于祖廟。

重賓禮也。祖，王父也。

下大夫擯。

無士擯者，既接於君所，急見之。

擯者出請事。大夫朝服，迎于外門外，再拜。賓不答拜。

揖。大夫先入，每門每曲揖。及廟門，大夫揖入。

入者，省內事也。既而俟于宁也。

擯者請命。

亦從入而出請。不几筵，辟君也。

庭實設四皮。

麋鹿皮也。

賓奉束帛入，三揖，皆行。至于階，讓。

皆，猶並也。古文曰三讓。

賓升一等，大夫從，升堂，北面聽命。

賓先升，使者尊。

賓東面致命。

致其君命。

大夫降，階西再拜稽首。賓辭，升成拜。受幣堂中西，北面。

於堂中央之西受幣，趨聘君之命。

賓降出。大夫降，授老幣。無儐。

不儐賓，辟君也。

擯者出請事。賓面，如覿幣。

面亦見也。其謂之面，威儀質也。

賓奉幣，庭實從。

庭實，四馬。

入門右，大夫辭。

大夫於賓入，自階下辭迎之。

賓遂左。

見私事也。雖敵，賓猶謙，入門右，爲若降等然。曲禮曰：客若降等，則就主人之階，主人固辭於客，然後客復就西階。

庭實設，揖讓如初。大夫至庭中旋並行。大夫升一等，賓從之。大夫先升道賓。大夫西面，賓稱面。稱舉也。舉相見之辭以相接。大夫對北面當楣再拜，受幣于楹閒，南面退，西面立。受幣楹閒，敵也。賓亦振幣進北面授。賓當楣再拜送幣，降出。大夫降，授老幣。擯者出請事。上介特面，幣如覿。介奉幣。特面者，異於主君，士介不從而入也。君尊，衆介始覿不自別也。上賓則衆介皆從之。皮二人贊。亦儷皮也。入門右，奠幣，再拜。降等也。大夫辭。於辭，上介則出。擯者反幣。降等也。庭實設，介奉幣，大夫揖讓如初。

大夫亦先升一等。今文曰入設。介升，大夫再拜受。亦於楹閒南面而受。介降拜，大夫降辭，介升再拜送幣。介既送幣，降出也。大夫亦授老幣。擯者出請衆介面，如覿幣。入門右，奠幣，皆再拜。大夫辭。介逆出。擯者執上幣出，禮請受。賓辭。賓亦爲士介辭。○爲，于僞反。大夫答再拜。擯者執上幣立於門中，以相拜。士介皆辟。老受擯者幣于中庭。士三人坐取羣幣以從之。擯者出請事。賓出，大夫送于外門外，再拜。賓不顧。不顧言去。○相，息亮反。擯者退，大夫拜辱。拜送也。下大夫嘗使至者，幣及之。嘗使至己國，則以幣問之也。君子不忘舊。上介朝服，三介，問下大夫。下大夫如卿受幣之禮。上介三介，下大夫使之禮也。其面如賓面于卿之禮。大夫若不見。

有故也。

君使大夫各以其爵爲之受，如主人受幣禮，不拜。各以其爵，主人卿也則使卿，大夫也則使大夫。不拜，代受之耳，不當主人禮也。

夕，夫人使下大夫韋弁歸禮。夕，問卿之夕也。使下大夫，下君也。君使之云夫人者，以致辭當稱寡小君。○今文歸作饋，下及記同。

堂上籩豆六，設于戶東，西上，二以並，東陳。籩豆六者，下君禮也。臣設于戶東，又辟饌位也。其設脯其南醢，屈。六籩六豆。

壺設于東序，北上，二以並，南陳。醙黍清皆兩壺。醙，白酒也。凡酒稻爲上，黍次之，粱次之，皆有清白。以黍間清白者，互相備，明三酒六壺也。先言醙，白酒尊，先設之。○醙，所九反。間，間廁之間。

大夫以束帛致之。致夫人命也。此禮無牢，下朝君也。

賓如受饔之禮，儐之乘馬束錦。上介四豆、四籩、四壺，受之如賓禮。四壺，無稻酒也。不致牢，下於君也。

儐之兩馬束錦。明日，賓拜禮于朝。於是乃言賓拜，明介從拜也。今文禮爲醴。

大夫餼賓大牢，米八筐。其陳於門外，黍粱各二筐，稷四筐，二以並，南陳。無稻。牲陳於後，東上。不饌於堂庭，辟君也。

賓迎，再拜。老牽牛以致之，賓再拜稽首受。老退，賓再拜送。老，室老，大夫之貴臣。

上介亦如之。衆介皆少牢，米六筐，皆士牽羊以致之。米六筐者，又無粱也。士亦大夫之貴臣。

公于賓，壹食再饗。饗謂亨大牢以飲賓也。公食大夫禮曰：「設洗如饗。」則饗與食互相先後也。古文壹皆爲一，今文饗皆爲鄉。○食音嗣，注及下同。亨，普庚反。飲，於鴆反。

燕與羞，俶獻無常數。羞謂禽羞鴈鶩之屬，成熟煎和也。俶，始也。始獻四時新物，聘義所謂時賜無常數，由恩意也。古文俶作淑。○俶，昌叔反。鶩音木。

賓介皆明日拜于朝。上介壹食壹饗。饗食賓，介爲介，從饗獻矣，復特饗之，客之也。

若不親食，使大夫各以其爵朝服致之以侑幣，如致饔，無儐。君不親食，謂有疾及他故也。必致之，不廢其禮也。致之必使同班，敵者易以相親敬也。致禮於卿使卿，致禮於大夫使大夫，非必命數也。無儐，以己本宜往。古文侑皆作宥。○侑音又。

致饗以酬幣，亦如之。酬幣，饗禮酬賓勸酒之幣也。所用未聞也。禮幣束帛乘馬，亦不是過也。禮器曰：「琥璜爵。」蓋天子酬諸侯。○琥音虎。

大夫於賓，壹饗壹食。上介，若食若饗。若不親饗，則公作大夫致之以酬幣，致食以侑幣。作使也。大夫有故，君必使其同爵者為之致之。列國之賓來，榮辱之事，君臣同之。

君使卿皮弁還玉于館。玉，圭也。君子於玉比德焉，以之聘，重禮也。還之者，德不可取於人，相切厲之義也。皮弁者，始以此服受之，不敢不終也。

賓皮弁襲，迎于外門外，不拜，帥大夫以入。迎之不拜，示將去，不純為主也。帥，道也。今文曰拜迎于門外，古文帥為率。

大夫升自西階，鉤楹。鉤楹，由楹內將南面致命。致命不東面，以賓在下也。必言鉤楹者，賓在下，嫌楹外也。

賓自碑內聽命，升自西階，自左，南面受圭，退負右房而立。聽命於下，敬也。自左南面，右大夫，且並受也。必並受者，若鄉君前耳。退為大夫降逡遁。今文或曰由自西階，無南面。

大夫降中庭。賓降自碑內，東面授上介于阼階東。大夫降出，言中庭者，為賓降節也。授于阼階東者，欲親見賈人藏之也。賓還阼階下西面立。

上介出請，賓迎，大夫還璋，如初入。出請，請事于外，以入告也。賓雖將去，出入猶東，唯升堂由西階，凡介之位未有改也。

賓裼，迎大夫，賄用束紡。賄，予人財之言也。紡，紡絲為之，今之縳也。所以遺聘君，可以為衣服，相厚之至也。○賄，呼罪反。紡，敷罔反。縳，息絹反，一作系。

禮玉、束帛、乘皮，皆如還玉禮。禮，禮聘君也，所以報享也。亦言玉，璧可知也。今文禮皆作醴。

大夫出，賓送，不拜。

公館賓。為賓將去，親存送之，厚殷勤，且謝聘君之意也。公朝服。

賓辟。不敢受國君見已於此館也。此不見，言辟者，君在廟門，敬也。凡君有事於諸臣之家，車造廟門乃下。○造，七到反。

上介聽命。聽命於廟門中，西面，如相拜然也。擯者每贊君辭，則曰：敢不承命，告于寡君之老。

聘享、夫人之聘享、問大夫、送賓，公皆再拜。拜此四事，公東面拜，擯者北面。

公退，賓從，請命於朝。賓從者，實為拜主君之館已也。言請命者，以已不見，不敢斥尊者之意。○為，于偽反。

公辭，賓退。

賓三拜乘禽于朝，訝聽之。辭其拜也。退，還館裝駕，為旦將發也。周禮曰：賓從拜辱於朝，明日客拜禮賜，遂行。發去乃拜乘禽，明已受賜，大小無不識。

遂行，舍于郊。始發，且宿近郊，自展軨。○軨，力丁反。

公使卿贈如覿幣。贈送也所以好送之也言如覿幣見爲反報也今文公爲君○好呼報反

受于舍門外。如受勞禮。無儐。不入無儐明去而宜有已也如受勞禮以贈勞同節○勞力到反

使下大夫贈上介。亦如之。使士贈衆介。如其覿幣。大夫親贈。如其面幣。無儐。贈上介亦如之。使人贈衆介。如其面幣。士送至于竟。

使者歸。及郊。請反命。郊近郊也告郊人使請反命於君也必請之者以己久在外嫌有罪惡不可以入春秋時鄭伯惡其大夫高克使之將兵逐而不納此蓋請而不得入○惡烏路反

朝服載旜。行時稅舍于此郊今還至此正其故行服以俟君命敬也古文旜作膳

禳乃入。禳祭名也爲行道累歷不祥禳之以除災凶○禳如羊反

乃入陳幣於朝。西上。上賓之公幣私幣皆陳。上介公幣陳。他介皆否。皆否者公幣私幣皆不陳此幣使者及介所得於彼國君卿大夫之贈賄也其或陳或不陳詳尊而略卑也其陳之及卿大夫處者待之如夕幣其禮於君者不陳上賓使者公幣君之賜也私幣卿大夫之幣也他介士介也言他容衆從者

束帛各加其庭實。皮左。不加於其皮上勞其多也

公南鄉。亦宰告于君君乃朝服出門左南鄉

卿進使者。使者執圭垂繅北面。上介執璋屈繅立于其左。此主於反命士介亦隨入並立東上

反命曰。以君命聘于某君。某君受幣于某宮。某君再拜。以享某君。某君再拜。君亦揖使者進之乃進反命也某君某國君也某宮若言桓宮僖宮也某君再拜謂再拜受也必言此者明彼君敬君己不辱命

宰自公左受玉。亦於使者之東同面並受也不右使者由便也

受上介璋。致命亦如之。變反言致者若云非君命也致命曰以君命聘於某君夫人某君再拜以享于某君夫人某君再拜不言受幣于某宮可知略之

執賄幣以告。曰。某君使某子賄。授宰。某子若言高子國子凡使者所當以告君者上介取以授之賄幣在外也

禮玉亦如之。亦執束帛加璧也告曰某君使某子禮宰受之士隨自後左士介受乘皮如初上介出取玉束帛士介後取皮也

執禮幣以盡言賜禮。禮幣，主國君初禮賓之幣也。以盡言賜禮，謂自此至於贈。

公曰然而不善乎。善其能使於四方，而猶女也。

授上介幣再拜稽首。公答再拜。授上介幣，當拜公言也。不授宰者，當復陳之。

私幣不告。亦略卑也。

君勞之再拜稽首。君答再拜。勞之以道路勤苦。

若有獻則曰某君之賜也。言此物某君之所賜予爲惠者也。其所獻雖珍異，不言某爲彼君之服御物，謙也。其大夫出反必獻，忠孝也。

君其以賜乎。不必其當君也。獻不拜者，爲君之答己也。

上介徒以公賜告如上賓之禮。徒，謂空手，不執其幣。

君勞之再拜稽首。君答拜。勞士介亦如之。士介四人，旅答壹拜，又賤也。

君使宰賜使者幣。使者再拜稽首。以所陳幣賜之也。禮，臣子人賜之而必獻之君父，不敢自私服也。君父因以予之，則拜受之，如更受賜也。既拜，宰以上幣授之。

賜介。介皆再拜稽首。士介之幣，皆載以造朝，不陳之耳。與上介同受賜命，俱拜。既拜，宰亦以上幣授上介。

乃退。君揖入，皆出去。

介皆送至于使者之門。將行，俟于門；反，又送于門。與尊長出入之禮也。○長，丁丈反。

乃退揖。揖別也。

使者拜其辱。隨謝之也。再拜上介，三拜士介。

釋幣于門。門，大門也。主于闑，布席于闑西闑外，東面，設洗于門外東方，其餘如初于禰時。出于行，入于門，不兩告，告所先見也。

乃至于禰。筵几于室，薦脯醢。告反也。薦，進也。

觴酒陳。主人酌進奠，一獻也。言陳者，將復有次也。先薦後酌，祭禮也。行釋幣，反釋奠，略出謹入也。

席于阼。

爲酢主人也。酢主人者，祝取爵酌，不酢於室，異於祭。

薦脯醢。成酢禮也。

三獻。室老亞獻，士三獻也。每獻奠，輒取爵酌主人自酢也。

一人舉爵。三獻禮成，更起酒也。主人奠之，未舉也。

獻從者。從者，家臣從行者也。主人獻之，勞之也。皆升飲酒於西階上，不使人獻之，辟國君也。

行酬乃出。主人舉奠酬從者，下辟室老，亦與焉也。○辟音避。

上介至亦如之。

聘遭喪入竟則遂也。遭喪，主國君薨也。入竟則遂，國君以國爲體，士既請事，已入竟矣，關人未告則反。

不郊勞。子未君也。

不筵几。致命不於廟，就尸柩於殯宮，又不神之。

不禮賓。喪降事也。

主人畢歸禮。賓所飲食，不可廢也。禮謂饔餼、饗食。○食音嗣。

賓唯饔餼之受。受正，不受加也。

不賄，不禮玉，不贈。喪殺禮，爲之不備。○殺，色界反。

遭夫人世子之喪，君不受，使大夫受于廟，其他如遭君喪。夫人世子死，君爲喪主，使大夫受聘禮，不以凶接吉也。其他謂禮所降。

遭喪將命于大夫，主人長衣練冠以受。遭喪，謂主國君薨，夫人世子死也。此三者皆大夫攝主人。長衣，素純布衣也。去衰易冠，不以純凶接純吉也。吉時在裏爲中衣，中衣、長衣繼皆揜尺，表之曰深衣，純袂寸半耳。君喪不言使大夫受，子未君，無使臣義也。○純，諸允反，又之閏反。去，起呂反。衰，七回反。

聘君若薨于後，入竟則遂。既接於主國君也。

赴者未至，則哭于巷，衰于館。未至，謂赴告主國君者也。哭于巷者，哭于巷門，未可爲位也。衰于館，未可以凶服出見人。其聘享之事，自若吉也。今文赴作訃。

受禮。受饔餼也。

不受饗食
亦不受加
赴者至則衰而出
禮爲鄰國闕於是可以凶服將事也
唯稍受之
稍稟食也
歸執圭復命于殯升自西階不升堂
復命于殯者臣子之於君父存亡同
子即位不哭
將有告請之事宜清靜也不言世子者君薨也諸臣待之亦皆如朝夕哭位
辯復命如聘
自陳幣至于上介以公賜告無勞
子臣皆哭
使者既復命子與羣臣皆哭
與介入北鄉哭
北鄉哭新至別於朝夕○別彼列反
出袒括髮
悲哀變於外臣也○括古活反
入門右即位踊
從臣位自哭至踊如奔喪禮

若有私喪則哭于館衰而居不饗食
私喪謂其父母哭于館衰而居不敢以私喪自聞于主國凶服于君之吉使春秋傳曰大夫以君命
出聞喪徐行而不反
歸使衆介先衰而從之
己有齊斬之服不忍顯然趨於往來其在道路使介居前歸又請反命己猶徐行隨之君納之乃朝服既反命出公門釋服哭而歸其他如奔喪之禮吉時道路深衣
賓入竟而死遂也主人爲之具而殯
具謂始死至殯所當用
介攝其命
爲致聘享之禮也初時上介接聞命
君弔介爲主人
雖有臣子親姻猶不爲主人以介與賓並命於君尊也
主人歸禮幣必以用
當中奠贈諸喪具之用不必如賓禮
介受賓禮無辭也
介受主國賓己之禮無所辭也以其當陳之以反命也有賓喪嫌其辭之
不饗食歸介復命柩止于門外
門外大門外也必以柩造朝達其忠心
介卒復命出奉柩送之君弔卒殯
卒殯成節乃去

若大夫介卒亦如之。不言上介者小聘上介士也。

士介死爲之棺斂之。不具他衣物也自以時服也。

君不弔焉。主國君使人弔不親往。

若賓死未將命則既斂于棺造于朝介將命。未將命謂俟間之後也以柩造朝以己至朝志在達君命。

若介死歸復命唯上介造于朝若介死雖士介賓既復命往卒殯乃歸。往謂送柩。

小聘曰問不享有獻不及夫人主人不筵几不禮面不升不郊勞。記貺於聘所以爲小也獻私獻也面猶覿也。

其禮如爲介三介。如爲介如爲大聘上介。

記久無事則聘焉。事謂盟會之屬。

若有故則卒聘束帛加書將命百名以上書于策不及百名書于方。故謂災患及時事相告請也將猶致也名書文也今謂之字策簡也方板也。

主人使人與客讀諸門外。受其意既聘享賓出而讀之不於內者人稠處嚴不得審悉主人主國君也人內史也書必璽之○稠直由反璽音徙。

客將歸使大夫以其束帛反命于館。爲書報也。

明日君館之。既報館之書問尚疾也。

既受行出遂見宰問幾月之資。資行用也古者君臣謀密草創未知所之遠近問行用當知多少而已古文資作齎○齎子兮反。

使者既受行日朝同位。謂前夕幣之間同位者使者北面介立于左少退別於其處臣也。

出祖釋軷祭酒脯乃飲酒于其側。祖始也既受聘享之禮行出國門止陳車騎釋酒脯之奠於軷爲行始也詩傳曰軷道祭也謂祭道路之神春秋傳曰軷涉山川然則軷山行之名也道路以險阻爲難是以委土爲山或伏牲其上使者爲軷祭酒脯祈告也卿大夫處者於是餞之飲酒於其側禮畢乘車轢之而遂行舍於近郊矣其牲犬羊可也古文軷作祓○軷蒲末反騎其義反難乃旦反餞在淺反轢力狄反祓芳弗反。

所以朝天子圭與繅皆九寸剡上寸半厚半寸博三寸繅三采六等朱白蒼。圭所執以爲瑞節也剡上象天圜地方也雜采曰繅以韋衣木版飾以三色再就所以薦玉重慎也。

九寸三公之圭也古文繅或作藻今文作璪

問諸侯朱綠繅八寸

二采再就降於天子也於天子曰朝於諸侯曰問記之於聘文互相備

皆玄纁繫長尺絢組

采成文曰絢繫無事則以繫玉因以爲飾皆用五采組上以玄下以絳爲地今文絢作約○繫音計

又胡帝反長直亮反絢呼縣反又胥倫反又音巡約音巡

問大夫之幣俟于郊爲肆又齎皮馬

肆猶陳列也齎猶付也使者既受命宰夫載問大夫之禮待於郊陳之爲行列至則以付之也使者初行舍于近郊幣云肆馬云齎因其宜亦互文也不於朝付之者辟君禮也必陳列之者不夕也古文肆爲肆○齎子兮反行戶郎反肆以一反

辭無常孫而說

孫順也大夫使受命不受辭辭必順且說○孫音遜說音悅

辭多則史少則不達

史謂策祝

辭苟足以達義之至也

至極也今文至爲砥

辭曰非禮也敢對曰非禮也敢

辭不受也對答問也二者皆卒曰敢言不敢

卿館于大夫大夫館于士士館于工商

館者必於廟不館於敵者之廟爲大尊也自官師以上有廟有寢工商則寢而已

管人爲客三日具沐五日具浴

管人掌客館者也客謂使者下及士介也

飧不致

不以束帛致命草次饌飧具輕

賓不拜

以不致命

沐浴而食之

自潔清尊主國君賜也記此重者沐浴可知

卿大夫訝大夫士訝士皆有訝

卿使者大夫上介也士衆介也訝主國君所使迎待賓者如今使者護客

賓卽館訝將公命

使己迎待之命

又見之以其摯

又復也復以私禮見者訝將舍於賓館之外宜相親也大夫訝者執雁士訝者執雉

賓既將公事復見訝以其摯

既已也公事聘享問大夫復報也使者及上介執鴈羣介執雉各以見其訝

凡四器者唯其所寶以聘可也

言國獨以此爲寶也四器謂圭璋璧琮

宗人授次次以帷少退于君之次

主國之門外諸侯及卿大夫之所使者次位皆有常處

上介執圭如重授賓。慎之也。曲禮曰凡執主器執輕如不克。

賓入門皇升堂讓將授志趨。皇自莊盛也。讓謂舉手平衡也。志猶念也。念趨謂審行步也。孔子之執圭鞠躬如也如不勝上如揖下如授勃如戰色足蹜蹜如有循。古文皇皆作王。○勝音升

授如爭承下如送君還而后退。爭爭鬭之爭。重失隊也。而后猶然後也。○隊直類反

下階發氣怡焉再三舉足又趨。發氣舍息也。再三舉足自安定乃復趨也。至此云舉足則志趨卷豚而行也。孔子之升堂鞠躬如也屏氣似不息者。出降一等逞顏色怡怡如也。沒階趨進翼如也。○卷去阮反豚大本反

及門正焉。容色復故。此皆心變見於威儀。

執圭入門鞠躬焉如恐失之。記異說也。

及享發氣焉盈容。發氣舍氣也。孔子之於享禮有容色。

衆介北面蹌焉。容貌舒揚。

私覿愉愉焉。容貌和敬。

出如舒鴈。威儀自然而有行列舒鴈鵝也。

皇且行入門主敬升堂主慎。復記執玉異說。

凡庭實隨入左先皮馬相間可也。隨入不並行也。間猶代也。土物有宜君子不以所無爲禮畜獸同類可以相代。古文間作干。○間廁之間

賓之幣唯馬出其餘皆東。馬出當從廐也。餘物皆東藏之內府。

多貨則傷于德。貨天地所化生謂玉也。君子於玉比德焉。朝聘之禮以爲瑞節重禮也。多之則是主於貨傷敗其爲德。

幣美則沒禮。幣人所造成以自覆幣謂束帛也。愛之斯欲衣食之君子之情也。是以享用幣所以副忠信。美之則是主於幣而禮之本意不見也。

賄在聘于賄。賄財也。于讀曰爲。言主國禮賓當視賓之聘禮而爲之財也。賓客者主人所欲豐也。若苟豐之是又傷財也。周禮曰凡諸侯之交各稱其邦而爲之幣以其幣爲之禮。古文賄皆作悔。

凡執玉無藉者襲。藉謂繅也。繅所以縕藉玉。

禮不拜至〔以賓不於是始至。今文禮爲醴。〕

醴尊于東廂，瓦大一，有豐。〔瓦大，瓦尊。豐，承尊器，如豆而卑。○大音太。〕

薦脯五膱，祭半膱横之。〔膱，脯如版然者，或謂之脡，皆取直貌焉。○膱音職。脡大頂反。〕

祭醴，再扱，始扱一祭，卒再祭。〔卒謂後扱。〕

主人之庭實，則主人遂以出，賓之士訝受之。〔此謂餘三馬也。左馬，賓執以出矣。士，士介從者。〕

既覿，賓若私獻，奉獻將命。〔時有珍異之物，或賓奉之，所以自序尊敬也。猶以君命致之。〕

擯者入告，出禮辭。〔辭其獻也。〕

賓東面坐奠獻，再拜稽首。〔送獻不入者，奉物禮輕。〕

擯者東面坐取獻，舉以入告，出禮請受。〔東面坐取獻者，以宜並受也。其取之由賓南而自後右客也。〕

賓固辭，公答再拜。〔拜受於賓也。固亦衍字。〕

擯者立于闑外以相拜，賓辟。〔相，贊也。古文闑爲槷。〕

擯者授宰夫于中庭。〔東藏之。既乃介覿。〕

若兄弟之國，則問夫人。〔兄弟謂同姓若婚姻甥舅有親者。問，猶遺也。謂獻也。不言獻者，變於君也。非兄弟，獻不及夫人。〕

若君不見，〔君有病若他故，不見使者。〕

使大夫受。〔受聘享也。大夫，上卿也。〕

自下聽命，自西階升受，負右房而立，賓降亦降。〔此儀如還圭然，而賓大夫易處耳。今文無而。〕

不禮。〔辟正主也。〕

幣之所及，皆勞，不釋服。〔以與賓接於君所，賓又請有事于己，不可以不速也。所不及者，下大夫未嘗使者也。不勞者，以先是賓請有事於己，同類既聞彼爲禮所及，則己往有嫌也。所以知及不及者，賓請有事，固曰某子某子。〕

賜饔，唯羹飪，筮一尸，若昭若穆。〔羹飪，謂飪一牢也。肉謂之羹。唯是祭其先，大禮之盛者也。筮尸若昭若穆，容父在。父在則祭祖，父卒則祭禰。腥饋不祭，則士介不祭也。士之初行，不釋幣于禰，不祭可也。古文羹爲羔，飪作腍。○腍而甚

反劉音審

僕為祝。祝曰。孝孫某。孝子某。薦嘉禮于皇祖某甫。皇考某子。

僕為祝者大夫之臣攝官也○祝祝上之六反下之又反

如饋食之禮。

如少牢饋食之禮不言少牢今以大牢也今文無之

假器于大夫。

不敢以君之器為祭器

盼肉及廋車。

盼猶賦也廋廋人也車巾車也二人掌視車馬之官也賦及之明辯也古文盼作紛

聘日致饔。明日問大夫。

不以殘日問人崇敬也古文殘日問夫人也

夕。夫人歸禮。

與君異日下之也今文歸作饋

既致饔。旬而稍。宰夫始歸乘禽。日如其饔餼之數。

稍稟食也乘謂乘行之禽也謂鴈鶩之屬其歸之以雙為數其賓與上介也古文既為餼○稍所教反

士中日則二雙。

中猶間也不一日一雙大寡不敬也

凡獻執一雙。委其餘于面。

執一雙以將命也面前也其受之也上介受以入告之士舉其餘從之賓不辭拜受于庭上介執之

以相拜于門中乃入授人上介受亦如之士介拜受于門外

禽羞俶獻比。

比放也其致之禮如乘禽也禽羞謂成熟有齊和者俶獻四時珍美新物也俶始也言其始可獻也

聘義謂之時賜

歸大禮之日。既受饔餼。請觀。

聘於是國欲見其宗廟之好百官之富若尤尊大之焉

訝帥之。自下門入。

帥猶道也從下門外入游觀非正也

各以其爵朝服。

此句宜在凡致禮下

士無饔。無饔者無擯。

謂歸餼也

大夫不敢辭。君初為之辭矣。

此句宜在明日問大夫之下

凡致禮。皆用其饗之加籩豆。

凡致禮謂君不親饗賓及上介以酬幣致其禮也其其賓與上介也加籩豆謂其實也亦實於罋筐

饗禮今亡

無饔者無饗禮。

士介無饗禮

凡餼大夫黍粱稷筐五斛。
謂大夫餼賓上介也。器寡而大略。

既將公事，賓請歸。
謂已問大夫事畢，請歸，不敢自專，謙也。主國留之，饗食燕獻無日數，盡殷勤也。

凡賓拜于朝，訝聽之。
拜，拜賜也。唯稍不拜。

燕則上介爲賓，賓爲苟敬。
饗食君親爲主，尊賓也。燕私樂之禮，崇恩殺敬也。賓不欲主君復舉禮事，禮已，于是辭，爲賓，君聽之也。從諸公之席，命爲苟敬。苟敬者，主人所以小敬也。更降迎其介以爲賓。介，大夫也。雖爲賓，猶卑於君也。君則不與亢禮也。主人所以致敬者，自敵以上。

宰夫獻。
爲主人代公獻。

無行則重賄反幣。
無行，謂獨來，復無所之也。必重其賄與反幣者，使者歸，以得禮多爲榮，所以盈聘君之意也。反幣，謂禮玉束帛乘皮，所以報聘君之享禮也。昔秦康公使西乞術聘于魯，辭孫而說。襄仲曰：不有君子，其能國乎。厚賄之。此謂重賄反幣者也。今文曰賄反幣。

曰：子以君命在寡君，寡君拜君命之辱。
此贊君拜聘享辭也。在，存也。

君以社稷故，在寡小君，拜。
此贊拜夫人聘享辭也。言君以社稷故者，夫人與君體敵，不敢當其惠也。其卒亦曰寡君拜命之辱。

又拜送。
拜送賓也。其辭蓋云：子將有行，寡君敢拜送。此宜承上君館之下。

君貺寡君，延及二三老，拜。
此贊拜問大夫之辭。貺，賜也。大夫曰老。

賓于館堂楹閒，釋四皮束帛，賓不致，主人不拜。
賓將遂去是館，留禮以禮主人，所以謝之。不致，不拜，不以將別崇新敬也。

大夫來使，無罪，饗之。
樂與嘉賓爲禮。

過則餼之。
餼之，生致其牢禮也。其致之辭不云君之有故耳。聘義曰：使者聘而誤，主君不親饗食，所以愧厲之。

其介爲介。
也不言罪者，罪將執之。

有大客後至，則先客不饗食，致之。
饗賓有介者，尊行敵禮也。

唯大聘有几筵。
卑不與尊齊禮。
謂受聘享時也。小聘輕，雖受于廟，不爲神位。

十斗曰斛，十六斗曰籔，十籔曰秉。
秉，十六斛。今江淮之間量名有爲籔者。今八籔爲逾。○量音亮。

二百四十斗。

一二八

謂一車之米。秉有五籔。

四秉曰筥。此秉謂刈禾盈手之秉也。筥，穧名也。若今萊陽之間刈稻聚有名爲筥者。詩云彼有遺秉，又云此有不斂穧。○穧，才記反。

十筥曰稯。十稯曰秅。四百秉爲一秅。一車之禾，三秅，爲千二百秉，三百筥，三十稯也。古文稯作緵。○稯，宰孔反，字林子工反。緵音總。

儀禮卷八

儀禮卷九

漢大司農北海鄭　玄註

明　後學東吳金　蟠訂

公食大夫禮第九

公食大夫之禮。

使大夫戒各以其爵。戒猶告也。告之必使同班敵者，易以相親敬。○易，以豉反。

上介出請入告。問所以爲來事。○爲，于僞反，下爲既、爲從、爲公、爲賓同。

三辭。爲既先受賜，不敢當。

賓出拜辱。拜使者屈辱來迎己。

大夫不答拜將命。不答拜，爲人使也。將，猶致也。

賓再拜稽首。受命。

大夫還。復於君。

賓不拜送遂從之。不拜送者，爲從之，不終事。

賓朝服即位于大門外如聘。於是朝服，則初時玄端。如聘，亦入于次俟。

即位具。主人也，擯者俟君於大門外，卿大夫士序及宰夫具其饌物，皆於廟門之外。

羹定。肉謂之羹。定猶熟也。著之者，下以爲節。○定，多佞反。

甸人陳鼎七當門南面西上設扃鼏鼏若束若編。七鼎，一大牢也。甸人，冢宰之屬，兼亨人者。南面西上，以其爲賓，統於外也。扃，鼎扛，所以舉之者也。凡鼎鼏蓋以茅爲之，長則束本，短則編其中央。今文扃作鉉，古文鼏皆作密。

設洗如饗。必如饗者，先饗後食，如其近者也。饗禮亡。燕禮則設洗於阼階東南。古文饗或作鄉。

小臣具槃匜在東堂下。爲公盥也。公尊，不就洗。小臣於小賓客饗食，掌正君服位。

宰夫設筵加席几。設筵於戶西，南面而左几。公不賓至授几者，親設湆醬，可以略此。

無尊。主於食，不獻酬。

飲酒漿飲俟于東房。飲酒，清酒也。漿飲，截漿也。其俟奠於豐上也。飲酒先言飲，明非獻酬之酒也。漿飲先言漿，別於六飲。

也

凡宰夫之具饌于東房

凡非一也飲食之具宰夫所掌也酒漿不在凡中者雖無尊猶嫌在堂

公如賓服迎賓于大門內

不出大門降於國君

大夫納賓

大夫謂上擯也納賓以公命

賓入門左公再拜賓辟再拜稽首

左西方賓位也辟逡遁不敢當君拜也

公揖入賓從

揖入道之

及廟門公揖入

廟禰廟也

賓入三揖

每曲揖及當碑揖相人偶

至于階三讓

讓先升

公升二等賓升

遠下人君

大夫立于東夾南西面北上

東夾南東西節也取節于夾明東于堂

士立于門東北面西上

統于門者非其正位辟賓在此

小臣東堂下南面西上宰東夾北西面南上

宰宰夫之屬也古文無南上

內官之士在宰東北西面南上

夫人之官內宰之屬也自卿大夫至此不先卿位從君而入者明助君饗食賓自無事

介門西北面西上

西上自統於賓也然則承擯以下立於士西少進東上

公當楣北鄉至再拜賓降也公再拜

楣謂之梁至再拜者興禮俟賓嘉其來也公再拜賓降矣

賓西階東北面答拜

西階東少就主君敬也

擯者辭

辭拜於下

拜也公降一等辭曰寡君從子雖將拜興也

賓降再拜公降擯者釋辭矣賓猶降終其再拜稽首興起也

賓栗階升不拜

自以已拜也栗實栗也不拾級連步趨主國君之命不拾級而下曰辵○辵勑略反

命之成拜階上北面再拜稽首

賓降拜，主君辭之。賓雖終拜，於主君之意猶爲不成。

士舉鼎，去鼏於外，次入，陳鼎于碑南，南面西上。右人抽扃，坐奠于鼎西南，順出自鼎西，左人待載。

入由東，出由西，明爲賓也。今文奠爲委，古文待爲持。

雍人以俎入，陳于鼎南。旅人南面加匕于鼎，退。

旅人，雍人之屬，旅食者也。雍人言入，旅人言退，文互相備也。出入之由亦如舉鼎者。匕俎每器一人。

大夫長盥，洗東南，西面北上，序進盥，退者與進者交于前，卒盥，序進，南面匕。

諸侯官多也。

長以長幼也。序，猶更也。前，洗南。

載者西面。

載者，左人也。亦序自鼎東西面於其前。大夫匕，則載之。

魚腊飪。

飪，熟也。食禮宜熟，饗有腥者。

載體進奏。

體，謂牲與腊也。奏，謂皮膚之理也。進其理，本在前，下大夫體七个。

魚七，縮俎，寢右。

右首也。寢右，進鬐也。乾魚近腴多骨鯁。

腸胃七，同俎。

以其同類也。不異其牛羊，腴賤也。此俎實凡二十八。

倫膚七。

倫，理也，謂精理滑脆者。今文倫或作論。

腸胃膚皆橫諸俎，垂之。

順其在牲之性也。腸胃垂，及俎拒。

大夫既匕，匕奠于鼎，逆退，復位。

事畢，宜由便也。士匕載者又待設俎。

公降盥。

將設醬。

賓降，公辭。

辭其從己。

卒盥，公壹揖壹讓，公升，賓升。

揖讓皆一，殺于初。古文壹皆作一。

宰夫自東房授醯醬。

授，授公也。醯醬，以醯和醬。

公設之。

以其爲饌本。

賓辭，北面坐遷而東遷所。

東遷所，奠之東側其故處。

公立于序內，西鄉。

不立阼階上，示親饌。

賓立于階西。疑立。

不立階上。以主君離阼也。疑。正立也。自定之貌。今文曰西階。

宰夫自東房薦豆六。設于醬東。西上。韭菹以東。醓醢。昌本。昌本南。麋臡。以西菁菹。鹿臡。

醓醢。醢有醓。昌本。昌蒲本。菹也。醢有骨謂之臡。菁。蔓菁。菹也。今文臡皆作麋。

士設俎于豆南。西上。牛羊豕。魚在牛南。腊腸胃亞之。

亞。次也。不言緷錯。俎尊也。○緷。側耕反。

膚以爲特。

直豕與腸胃東也。特膚者。出下牲賤。

旅人取匕。甸人舉鼎。順出。奠于其所。

以其空也。其所。謂當門。

宰夫設黍稷六簋于俎西。二以竝。東北上。黍當牛俎。其西稷。錯以終。南陳。

竝。併也。今文曰併。古文簋皆作軌。

大羹湆不和。實于鐙。宰右執鐙。左執蓋。由門入。升自阼階。盡階不升堂。授公。以蓋降。出入反位。

大羹湆。煑肉汁也。大古之羹。不和。無鹽菜。瓦豆謂之鐙。宰。謂大宰。宰夫之長也。有蓋者。饌自外入。爲風塵。今文湆爲汁。又曰入門自阼階。無升。

公設之于醬西。賓辭。坐遷之。

亦東遷所。

宰夫設鉶四于豆西。東上。牛以西羊。羊南豕。豕以東牛。

鉶。菜和羹之器。

飲酒實于觶。加于豐。

豐。所以承觶者也。如豆而卑。

宰夫右執觶。左執豐。進設于豆東。

食有酒者。優賓也。設于豆東。不舉也。燕禮記曰。凡奠者於左。

宰夫東面坐啓簋會。各卻于其西。

會。簋蓋也。亦一一令卻之。各當其簋之西。

贊者負東房。南面告具于公。

負東房。負房戶而立也。南面者。欲得鄉公與賓也。

公再拜。揖食。

再拜。拜賓饌具。

賓降拜。

答公拜。

公辭。賓升。再拜稽首。

不言成拜。降未拜。

賓升席。坐取韭菹。以辯擩于醢上豆之間祭。

擩。猶染也。今文無于。

贊者東面坐取黍。實于左手。辯。又取稷。辯。反于右手。

興以授賓。賓祭之。

取授以右手便也賓亦興受坐祭之於豆祭也獨云贊興優賓也少儀曰受立授立不坐

三牲之肺不離。贊者辯取之。壹以授賓。

肺不離者刌之也不言刌刌則祭肺也此舉肺不離而刌之便賓祭也祭離肺者絕肺祭也壹猶稍也○古文壹作一

賓興受。坐祭。

於是云賓興受坐祭重牲也賓亦每肺興受祭於豆祭

捝手。扱上鉶以柶。辯擩之。上鉶之間祭。

扱以柶扱其鉶菜也捝拭也拭以巾

祭飲酒於上豆之間。魚腊醬湆不祭。

不祭者非食物之盛者

宰夫授公飯粱。公設之于湆西。賓北面辭。坐遷之。

既告具矣而又設此殷勤之加也遷之遷而西之以其東上也

公與賓皆復初位。

位序內階西

宰夫膳稻于粱西。

膳猶進也進稻粱者以簠

士羞庶羞。皆有大。蓋。執豆如宰。

羞進也庶衆也進衆珍味可進者也大以肥美者特為臠所以祭也魚或謂之膴膴大也唯醢醬無大如宰如其進大羹湆右執豆左執蓋

先者反之。

釋曰反之者以其庶羞十六豆羞人不足故先至者反取之下文云先者一人升設於稻南其人不反則此云先者反之謂第二已下為先者也

由門入。升自西階。

庶羞多羞人不足則相授于階上復出取也

先者一人升。設于稻南。簋西。間容人。

簋西黍稷西也必言稻南者明庶羞加不與正豆併也間容人者賓當從間往來也

旁四列。西北上。

不統于正饌者雖加自是一禮是所謂羹胾中別

膷以東。臐。膮。牛炙。

膷臐膮今時臛也牛曰膷羊曰臐豕曰膮皆香美之名也古文膷作香臐作薰

炙南醢。以西牛胾。醢。牛鮨。

先設醢辟之以次也內則謂鮨為膾然則膾用鮨今文鮨作鰭

鮨南羊炙。以東羊胾。醢。豕炙。炙南醢。以西豕胾。芥醬。

魚膾。

芥醬芥實醬也內則曰膾春用葱秋用芥

衆人騰羞者盡階。不升堂。授。以蓋降出。

騰當作媵媵送也授授先者一人

贊者負東房。告備于公。

復告庶羞具者以其異饌

贊升賓。

以公命命賓升席。

賓坐席末取粱卽稻祭于醬湆閒。

卽，就也。祭稻粱不於豆祭，祭加宜於加。

贊者北面坐辯取庶羞之大與一以授賓。賓受兼壹祭之。

壹壹受之而兼一祭之，庶羞輕也。自祭之於膷臐之閒，以異饌也。

賓降拜。

拜庶羞。

公辭。賓升再拜稽首。公答再拜。

賓北面自閒坐左擁簠粱右執湆以降。

自閒坐，由兩饌之閒也。擁，抱也。必取粱者，公所設也。以之降者，堂，尊處，欲食於階下然也。

公辭。賓西面坐奠于階西東面對西面坐取之栗階升北面反奠于其所降辭公。

奠而後對，成其意也。降辭公，敬也。必辭公者，爲其尊而親臨己食，侍食，贊者之事。

公許。賓升公揖退于箱。

箱，東夾之前，俟事之處。

擯者退負東塾而立。

無事。

賓坐遂卷加席公不辭。

贊者以告公，公聽之，重來優賓。

賓三飯以湆醬。

每飯歠湆，以殽擩醬，食正饌也。三飯而止，君子食不求飽，不言其肴，優賓。

宰夫執觶漿飲與其豐以進。

此進漱也，非爲卒食，爲將有事，緣賓意欲自潔清。

賓捝手興受。

受觶。

宰夫設其豐于稻西。

酒在東，漿在西，是所謂左酒右漿。

庭實設。

乘皮。

賓坐祭遂飲奠於豐上。

飲漱。

公受宰夫束帛以侑西鄉立。

束帛，十端帛也。侑猶勸也。主國君以爲食賓殷勤之意未至，復發幣以勸之，欲用深安賓也。西鄉立，序內位也。受束帛于序端。

賓降筵北面。

以君將有命也。北面於西階上。

擯者進相幣。

爲君釋幣辭於賓。

賓降辭幣。升聽命。
降辭幣，主國君又命之。升聽命，釋許辭。

降拜。
當拜受幣。

公辭。賓升再拜稽首。受幣當東楹北面。
主國君南面授之。當東楹者，欲得君行一，臣行二也。

退西楹西東面立。
俟主國君送幣也。退不負序，以將降。

公壹拜。賓降也。公再拜。
賓不敢俟成拜。

介逆出。
以賓事畢。

賓北面揖。執庭實以出。
揖執者，示親受。

公降立。
俟賓反。

上介受賓幣。從者訝受皮。
從者，府史之屬。訝，迎也。今文曰梧受。

賓入門左。沒霤。北面再拜稽首。
便退則食禮未卒，不退則嫌。更入行拜，若欲從此退。

公辭。
止其拜，使之卒食。

揖讓如初。
如初入也。

升。賓再拜稽首。公答再拜。
賓拜，拜主國君之厚意。賓揖，介入復位。

賓降辭公如初。
將復食。

賓升。公揖退于箱。賓卒食會飯。三飲。
卒，已也。已食會飯，三漱漿也。會飯，謂黍稷也。此食黍稷，則初時食稻粱。

不以醬湇。
不復用正饌也。初時食加飯用正饌，此食正飯用庶羞，互相成也。後言湇，或時後用。

挩手興。北面坐取粱與醬以降。西面坐奠于階西。
示親徹也。不以出者，非所當得，又以已得侑幣。

東面再拜稽首。
卒食拜也。不北面者，異於辭。

公降再拜。
答之也。不辭之，使升堂，明禮有終。

介逆出。賓出。公送于大門內。再拜。賓不顧。
初來揖讓而退，不顧，退禮略也。示難進易退之義。擯者以賓不顧告公，公乃還也。

有司卷三牲之俎歸于賓館。

卷猶收也無遺之辭也三牲之俎正饌尤尊盡以歸賓尊之至也歸俎者實于篚他時有所釋故

魚腊不與

以三牲之俎無所釋故也禮之有餘爲施惠不言腸胃膚者在魚腊下不與可知也古文與作豫

明日賓朝服拜賜于朝拜食與侑幣皆再拜稽首。

朝謂大門外

訝聽之。

受其言入告出報也此下大夫有士訝

上大夫八豆八簋六鉶九俎魚腊皆二俎。

記公食上大夫異於下大夫之數豆加葵菹蝸醢四四爲列俎加鮮魚鮮腊三三爲列無特

魚腸胃倫膚若九若十有一下大夫則若七若九

此以命數爲差也九謂再命者也十一謂三命者也七謂一命者也九或上或下者再命謂小國之卿大國之大夫也卿則曰上大夫則曰下大國之孤視子男

庶羞西東毋過四列。

謂上下大夫也古文毋爲無

上大夫庶羞二十加於下大夫以雉兔鶉鴽。

鴽無母

若不親食。

謂主國君有疾病若他故

使大夫各以其爵朝服以侑幣致之。

執幣以將命

豆實實于甕陳于楹外二以並北陳簋實實于筐陳于楹內兩楹間二以並南陳

陳甕筐於楹間者象授受於堂中也南北相當以食饌同列耳甕北陳者變於食甕數如豆醢芥醬

庶羞陳于碑內。

從焉筐米四今文並作併

庭實陳于碑外。

生魚也魚腊從焉上大夫加鮮魚鮮腊雉兔鶉鴽不陳于堂辟正饌

牛羊豕陳于門內西方東上。

執乘皮者也不參分庭一在南者以言歸宜近內

爲其踐汙館庭使近外

賓朝服以受如受饗禮。

朝服食禮輕也

無儐。

以己本宜往

明日賓朝服以拜賜于朝訝聽命。

賜亦謂食侑幣

大夫相食親戒速。

記異於君者也速召也先就告之歸具既具復自召之

迎賓于門外拜至皆如饗拜。

饗大夫相饗之禮也今亡古文饗或作鄉

降盥受醬湆。侑幣束錦也。皆自阼階降堂受。授者升一等。

皆者謂受醬受湆受幣也侑用束錦大夫文也降堂謂止階上今文無束

賓止也。

主人三降賓不從

賓執粱與湆之西序端。

不敢食於尊處

主人辭。賓反之。卷加席。主人辭。賓反之。辭幣降一等。主人從。

從辭賓降

受侑幣。再拜稽首。主人送幣亦然。

敵也

辭於主人降一等。主人從。

辭謂辭其臨己食

卒食。徹于西序端。

亦親徹

東面再拜。降出。

拜亦拜卒食

其他皆如公食大夫之禮。

釋曰云其他謂豆數俎體陳設皆不異上陳但禮異者謂親戒速君則不親迎賓公不出此大夫出大門公受醬湆幣不降此大夫則降也公食大夫大夫降食於階下此言西序端上公食卷加席公不辭此則辭之皆是異也

若不親食。則公作大夫朝服以侑幣致之。

作使也大夫有故君必使其同爵者為之致禮列國之賓來榮辱之事君臣同

賓受于堂。無儐。

與受君禮同

記。不宿戒。

食禮輕也此所以不宿戒者謂前期三日之戒申戒為宿謂前期一日

戒不速。

食賓之朝夙興戒之賓則從戒者而來不復召

不授几。

異於醴也

無阼席。

公不坐

享于門外東方。

必於門外者大夫之事也東方者主陽

司宮具几與蒲筵常。緇布純。加萑席尋。玄帛純。皆卷自末。

司宮大宰之屬掌宮廟者也丈六尺曰常半常曰尋純緣也萑細葦也末經所終有以識之必長筵

者以有左右鑊也。今文萑皆爲莞。

宰夫筵出自東房

筵本在房宰夫敷之也。天子諸侯左右房。

賓之乘車在大門外西方北面立。

賓車不入門廣敬也。凡賓即朝中道而往將至下行而後車還立于西方賓及位而止北面卿大夫之位當車前凡朝位賓主之間各以命數爲遠近之節也。

鉶芼牛藿羊苦豕薇皆有滑。

藿豆葉也。苦苦荼也。滑堇荁之屬。今文苦爲苄。

贊者盥從俎升。

俎其所有事。

簠有蓋冪。

稻粱將食乃設去會於房蓋以冪。冪巾也。今文或作幕。

凡炙無醬。

已有鹹和。

上大夫蒲筵加萑席其純皆如下大夫純。

謂三命大夫也。孤爲賓則莞筵紛純加繅席畫純也。

卿擯由下。

不升堂也。

上贊下大夫也。

上謂堂上擯贊者。事相近以佐上下爲名。

上大夫庶羞酒飲漿飲庶羞可也。

於食庶羞宰夫又設酒漿以之食庶羞可也以優賓。

拜食與侑幣皆再拜稽首

嫌上大夫不稽首

儀禮卷九

儀禮卷十

漢大司農北海鄭　玄註

明　後學東吳葛　鼒訂

覲禮第十

覲禮。

至于郊。王使人皮弁用璧勞。侯氏亦皮弁迎于帷門之外再拜。郊謂近郊去王城五十里小行人職曰凡諸侯入王則逆勞于畿則郊勞者大行人也皮弁者天子之朝朝服也璧無束帛者天子之玉尊也不言諸侯言侯氏者明國殊舍異禮不凡之也郊舍狹寡爲帷宮以受勞掌舍職曰爲帷宮設旌門

使者不答拜。遂執玉。三揖至于階。使者不讓。先升。侯氏升聽命。降。再拜稽首。遂升受玉。不答拜者爲人使不當其禮也不讓先升奉王命尊也升者升壇使者東面致命侯氏東階上西面聽之

使者左還而立。侯氏還璧。使者受。侯氏降再拜稽首。使者乃出。左還還南面示將去也立者見侯氏將有事於己俟之也還玉重禮

侯氏乃止使者。使者乃入。侯氏與之讓升。侯氏先升。授几。侯氏拜送几。使者設几。答拜。侯氏先升賓禮統焉几者安賓所以崇優厚也上介出止使者則已布席也

侯氏用束帛乘馬儐使者。使者再拜受。侯氏再拜送幣。儐使者所以致尊敬也拜者各於其階

使者降。以左驂出。侯氏送于門外。再拜。侯氏遂從之。騑馬曰驂左驂設在西者其餘三馬侯氏之士遂以出授使者之從者于外從之者遂隨使者以至朝

天子賜舍。以其新至道路勞苦未受其禮且使即安也賜舍猶致館也所使者司空與小行人爲承擯今文賜舍作錫

曰。伯父。女順命于王所。賜伯父舍。此使者致館辭○女音汝

侯氏再拜稽首。受館

儐之束帛乘馬。王使人以命致館無禮猶擯之者尊王使也侯氏受館於外既則儐使者於內

天子使大夫戒。曰。某日。伯父帥乃初事。大夫者卿爲訝者也掌訝職曰凡訝者賓客至而往詔相其事戒猶告也其爲告使順循其事也初猶故也今文帥作率

侯氏再拜稽首。受覲日也

諸侯前朝，皆受舍于朝。同姓西面北上，異姓東面北上。

言諸侯者，明來朝者衆矣。顧其入覲，不得並耳。受舍于朝，受次于文王廟門之外。聘禮記曰：宗人授次，次以帷，少退于君之次。則是次也，言舍者，尊舍也。天子使掌次爲之。諸侯上介先朝受焉。此覲也，言朝者，覲遇之禮雖簡，其來之心猶若朝也。分別同姓異姓，受之將有先後也。春秋傳曰：寡人若朝于薛，不敢與諸任齒。則周禮先同姓。

侯氏裨冕，釋幣于禰。

將覲，質明時也。裨冕者，衣裨衣而冠冕也。裨之爲言埤也。天子六服，大裘爲上，其餘爲裨，以事尊卑服之，而諸侯亦服焉。上公衮無升龍，侯伯鷩，子男毳，孤絺，卿大夫玄。此差，司服所掌也。禰謂行主，遷主矣，而云禰，親之也。釋幣者，告將覲也。其釋幣如聘大夫將受命釋幣于禰之禮，既則祝藏其幣，歸乃埋之於祧西階之東。○禰，乃禮反。裨，婢支反，下同。○

乘墨車，載龍旂、弧韣，乃朝以瑞玉爲繅。

墨車，大夫制也。乘之者，入天子之國，車服不可盡同也。交龍爲旂，諸侯之所建。弧，所以張縿之弓也。弓衣曰韣。瑞玉，謂公桓圭，侯信圭，伯躬圭，子穀璧，男蒲璧。繅，所以藉玉，以韋衣木，廣袤各如其玉之大小，以朱白蒼爲六色。今文玉爲璧，繅或爲璪。○韣音獨。繅音早。

天子設斧依於戶牖之間，左右几。

依，如今綈素屏風也，有繡斧文，所以示威也。斧謂之黼。几，玉几也。左右者，優至尊也。其席莞席紛純，加繅席畫純，加次席黼純。○依，於豈反。

天子衮冕，負斧依。

衮衣者，裨之上也。繢之繡之爲九章。其龍，天子有升龍，有降龍。衣此衣而冠冕，南鄉而立，以俟諸侯見。

嗇夫承命，告于天子。

嗇夫，蓋司空之屬也。爲末擯，承命於侯氏下介，傳而上，上擯以告天子。天子見公，擯者五人；見侯伯，擯者四人；見子男，擯者三人。皆宗伯爲上擯。春秋傳曰：嗇夫馳。

天子曰：「非他，伯父實來，予一人嘉之。伯父其入，予一人將受之。」

言非他者，親之辭。嘉之者，美之辭也。上擯又傳此而下至嗇夫，侯氏之下介受之，傳而上，上介以告其君，君乃許入。今文實作寔，嘉作賀。

侯氏入門右，坐奠圭，再拜稽首。

入門右，執臣道，不敢由賓客位也。卑者見尊，奠摯而不授。

擯者謁。

謁猶告也。上擯告以天子前辭，欲親受之，如賓客也。其辭所易者，曰伯父其升。

侯氏坐取圭，升致命。王受之玉。侯氏降階，東北面再拜稽首。擯者延之，曰：「升。」升成拜，乃出。

擯者請之，侯氏坐取圭，則遂左。降拜稽首，送玉也。從後詔禮曰延。延，進也。

四享，皆束帛加璧，庭實唯國所有。

四當爲三。古書作三四或皆積畫，此篇又多四字，字相似，由此誤也。大行人職曰：諸侯廟中將幣皆三享。其禮差，又無取於四也。初享或用馬，或用虎豹之皮。其次享，三牲魚腊，籩豆之實，龜也，金也，丹漆絲纊竹箭也。其餘無常貨。此地物非一國所能有，唯所有分爲三享，皆以璧帛致之。

奉束帛，匹馬卓上，九馬隨之，中庭西上，奠幣，再拜稽首。

卓讀如卓王孫之卓。卓猶的也。以素的一馬以為上。書其國名。後當識其何產也。馬必十匹者。不敢斥王之乘。用成數。敬也。

擯者曰。予一人將受之。

亦言王欲親受之。

侯氏升致命。王撫玉。侯氏降自西階。東面授宰幣。西階前再拜稽首。以馬出。授人。九馬隨之。

王不受玉。撫之而已。輕財也。以馬出。隨侯氏出授玉人於外也。王不使人受馬者。至于享。王之尊益君。侯氏之卑益臣。

事畢。

三享訖。

乃右肉袒于廟門之東。乃入門右。北面立。告聽事。

右肉袒者。刑宜施於右也。凡以禮事者左袒。入更從右者。臣益純也。告聽事者。告王以國所用為罪之事也。易曰。折其右肱。无咎。

擯者謁諸天子。天子辭於侯氏曰。伯父無事。歸寧乃邦。

謁。告。寧。安也。乃。猶汝也。

侯氏再拜稽首。出自屏南。適門西。遂入門左。北面立。王勞之。再拜稽首。擯者延之曰。升。升成拜。降出。

王辭之。不即左者。當出隱於屏而襲之也。天子外屏。勞之。勞其道勞也。○勞。力報反。

天子賜侯氏以車服。迎于外門外。再拜。

賜車者。同姓以金路。異姓以象路。服則袞也。鷩也。毳也。古文曰迎于門外也。

路先設西上。路下四。亞之。重賜無數。在車南。

路。謂車也。凡君所乘車曰路。路下四。謂乘馬也。亞之。次車而東也。詩云。君子來朝。何錫予之。雖無予之。路車乘馬。又何予之。玄袞及黼。重。猶善也。所加賜善物多少由恩也。春秋傳曰。重錦三十兩。

諸公奉篋服。加命書于其上。升自西階。東面。大史是右。

言諸公者。王同時分命之。而使賜侯氏也。右。讀如周公右王之右。是右者。始隨入。於升東面。乃居其右。古文是為氏也。○大音泰。

侯氏升。西面立。大史述命。

讀王命書也。

侯氏降兩階之間。北面再拜稽首。

受命。

升成拜。

大史辭之。降也。春秋傳曰。且有後命。以伯舅耋老。毋下拜。此辭之類。

大史加書于服上。侯氏受。

受篋服。

使者出。侯氏送。再拜。儐使者。諸公賜服者。束帛四馬。儐大史亦如之。

既云拜送乃言儐使者以勞有成禮略而遂言

同姓大國則曰伯父。其異姓則曰伯舅。同姓小邦則曰叔父。其異姓小邦則曰叔舅。

據此禮云伯父同姓大邦而言

饗禮乃歸。

禮謂食燕也王或不親以其禮幣致之略言饗禮互文也掌客職曰上公三饗三食三燕侯伯再饗再食再燕子男一饗一食一燕

諸侯覲于天子。為宮方三百步。四門壇十有二尋。深四尺。加方明于其上。

四時朝覲受之於廟此謂時會殷同也宮謂壝土為埒以象牆壁也為宮者於國外春會同則於東方夏會同則於南方秋會同則於西方冬會同則於北方八尺曰尋十有二尋則方九十六尺也深謂高也從上曰深司儀職曰為壇三成成猶重也三重者自下差之為三等而上有堂焉堂上方二丈四尺上等中等下等每面十二尺方明者上下四方神明之象也上下四方之神者所謂明神也會同而盟明神監之則謂之天之司盟有象者猶宗廟之有主乎王巡守至于方嶽之下諸侯會之亦為此宮以見之司儀職曰將會諸侯則命為壇三成宮旁一門詔王儀南鄉見諸侯也○壝以垂反埒音劣

方明者。木也。方四尺。設六色。東方青。南方赤。西方白。北方黑。上玄。下黃。設六玉。上圭。下璧。南方璋。西方琥。北方璜。東方圭。

六色象其神六玉以禮之上宜以蒼璧下宜以黃琮而不以者則上下之神非天地之至貴者也設

玉者刻其木而著之

上介皆奉其君之旂置于宮。尚左。公侯伯子男。皆就其旂而立。

置於宮者建之豫為其君見王之位也諸公中階之前北面東上諸侯東階之東西面北上諸伯西階之西東面北上諸子門東北面東上諸男門西北面東上尚左者建旂公東上侯先伯伯先子子先男而位皆上東方也諸侯入壝門或左或右各就其旂而立王降階南鄉見之三揖土揖庶姓時揖異姓天揖同姓見揖位乃定古文尚作上

四傳擯。

王既揖五者升壇設擯升諸侯以會同之禮其奠瑞玉及享幣公拜於上等侯伯於中等子男於下等擯者每延之升堂致命王受玉撫玉降拜於下等及請事勞皆如覲禮是以記之覲云四傳擯者每一位畢擯者以告乃更陳列而升其次公也侯也伯也各一位子男俠門而俱東上亦一位也至庭乃設擯則諸侯初入門王官之伯帥之耳古文傳作傅

天子乘龍。載大旂。象日月。升龍降龍。出拜日於東門之外。反祀方明。

此謂會同以春者也馬八尺以上為龍大旂大常也王建大常縿首畫日月其下及旒交畫升龍降龍朝事儀曰天子冕而執鎮圭尺有二寸繅藉尺有二寸搢大圭乘大路建大常十有二旒樊纓十有二就貳車十有二乘帥諸侯而朝日於東郊所以教尊尊也退而朝諸侯由此二者言之己祀方明乃以會同之禮見諸侯也凡會同者不協而盟司盟職曰凡邦國有疑會同則掌其盟約之載書及其禮儀北面詔明神既盟則藏之言北面詔明神則明神有象也象者其方明乎及盟時又加於壇上乃以載辭告焉詛祝掌其祝號

禮日於南門外。禮月與四瀆於北門外。禮山川丘陵於西門外。

此謂會同以夏冬秋者也。變拜言禮者，容祀也。禮月於北郊者，月大陰之精，以爲地神也。盟神必云日月山川焉者，尚著明也。詩曰：謂予不信，有如皦日。春秋傳曰：縱子忘之，山川神祇其忘諸乎。此皆用明神爲信也。

祭天燔柴。祭山丘陵升。祭川沈。祭地瘞。

升沈必就祭者也，就祭則是謂王巡守及諸侯之盟祭也。其盟揭其著明者，燔柴升沈瘞，祭禮終矣，備矣。郊特牲曰：郊之祭也，迎長日之至也，大報天而主日也。宗伯職曰：以實柴祀日月星辰，則燔柴祭天，謂祭日也。柴爲祭日，則祭地瘞者，祭月也。日月而云天地，靈之也。王制曰：王巡守至于岱宗，柴。是王巡守之盟，其神主日也。春秋傳曰：晉文公爲踐土之盟，而傳云山川之神，是諸侯之盟，其神主山川也。月者大陰之精，上爲天使，臣道莫貴焉，是王官之伯會諸侯而盟，其神主月與。古文瘞作殪。○揭，苦蓋反。

記。几俟于東箱。

王即席乃設之也。東箱，東夾之前，相翔待事之處。

偏駕不入王門。

在旁與己同曰偏。同姓金輅，異姓象輅，四衞革輅，蕃國木輅，駕之與王同，謂之偏駕。不入王門，乘墨車以朝是也。偏駕之車，舍之於館與。

奠圭于繅上。

謂釋於地也。

儀禮卷十

儀禮卷十一

漢大司農北海鄭　玄註

明　後學東吳金　蟠訂

喪服第十一　　子夏傳

喪服。

斬衰裳。苴絰杖絞帶。冠繩纓。菅屨者。〈者者明為下出也凡服上曰衰下曰裳麻在首在要皆曰絰絰之言實也明孝子有忠實之心首絰象緇布冠之缺項要絰象大帶又有絞帶象革帶齊衰以下用布○衰七回反絞戶交反一如字菅古顏反〉

傳曰。斬者何。不緝也。苴絰者。麻之有蕡者也。苴絰大搹。左本在下。去五分一以為帶。齊衰之絰。斬衰之帶也。去五分一以為帶。大功之絰。齊衰之帶也。去五分一以為帶。小功之絰。大功之帶也。去五分一以為帶。緦麻之絰。小功之帶也。去五分一以為帶。苴杖竹也。削杖桐也。杖各齊其心。皆下本。杖者何。爵也。無爵而杖者何。擔主也。非主而杖者何。輔病也。童子何以不杖。不能病也。婦人何以不杖。亦不能病也。〈盈手曰搹搹扼也中人之扼圍九寸以五分一為殺者象五服之數也爵謂天子諸侯卿大夫士也無爵謂庶人也擔猶假也無爵者假之以杖尊其為主也非主謂衆子也○蕡扶云反搹音革去起呂反擔市豔反〉

絞帶者。繩帶也。冠繩纓。條屬右縫。冠六升。外畢。鍛而勿灰。衰三升。菅屨者。菅菲也。外納。〈屬猶著也通屈一條繩為武垂下為纓著之冠也布八十縷為升升字當為登登成也今之禮皆以登為升俗誤已行久矣雜記曰喪冠條屬以別吉凶三年之練冠亦條屬右縫小功以下左縫外畢者冠前後屈而出縫於武也○屬音燭衆並如字升音登鍛丁亂反〉

居倚廬。寢苫枕塊。哭晝夜無時。歠粥。朝一溢米。夕一溢米。寢不脫絰帶。既虞。翦屏柱楣。寢有席。食疏食水飲。朝一哭。夕一哭而已。既練。舍外寢。始食菜果。飯素食。哭無時。〈二十兩曰溢為米一升二十四分升之一楣謂之梁柱楣所謂梁闇疏猶麤也舍外寢於中門之外屋下壘墼為之不塗墍所謂堊室也素猶故也謂復平生時食也斬衰不書受月者天子諸侯卿大夫士虞卒哭異數○苫失占反歠昌悅反楣亡悲反疏食音嗣闇烏南反墼古狄反〉

父。傳曰。為父何以斬衰也。父至尊也。

諸侯為天子。傳曰。天子至尊也。

君。傳曰。君至尊也。〈天子諸侯及卿大夫有地者皆曰君〉

父為長子。〈不言嫡子通上下也亦言立嫡以長○長丁丈反〉

傳曰。何以三年也。正體於上。又乃將所傳重也。庶子不得為長子三年。不繼祖也。

此言爲父後者然後爲長子三年重其當先祖之正體又以其將代己爲宗廟主也庶子者爲父後者之弟也言庶者遠別之也小記曰不繼祖與禰此但言祖不言禰容祖禰共廟

爲人後者。傳曰。何以三年也。受重者必以尊服服之。何如而可爲之後。同宗則可爲之後。何如而可以爲人後。支子可也。爲所後者之祖父母妻妻之父母昆弟昆弟之子若子。

若子者爲所爲後之親如親子

妻爲夫。傳曰。夫至尊也。

妾爲君。傳曰。君至尊也。

妾謂夫爲君者不得體之加尊之也雖士亦然

女子子在室爲父。

女子子者子女也別於男子也言在室者關已許嫁

布總箭笄髽衰三年。

此妻妾女子子喪服之異於男子者總束髮謂之總者既束其本又總其末箭笄篠也髽露紒也猶男子之括髮斬衰括髮以麻則髽亦用麻也蓋以麻自項而前交於額上卻繞紒如著幓頭焉小記曰男子冠而婦人笄男子免而婦人髽凡服上曰衰下曰裳此但言衰不言裳婦人不殊裳衰如男子衰下如深衣深衣則衰無帶下又無衽○總子孔反笄音雞髽側瓜反篠素了反紒音計著丁略反幓七消反冠古亂反

傳曰。總六升。長六寸。箭笄長尺。吉笄尺二寸。

總六升者首飾象冠數長六寸謂出紒後所垂爲飾也

子嫁反在父之室爲父三年。

謂遭喪後而出者始服齊衰期出而虞則受以三年之喪受既虞而出則小祥亦如之既除喪而出則已凡女行於大夫以上曰嫁行於士庶人曰適人

公士大夫之衆臣爲其君布帶繩屨。

士卿士也公卿大夫厭於天子諸侯故降其衆臣布帶繩屨貴臣得伸不奪其正○厭一葉反

傳曰。公卿大夫室老士貴臣。其餘皆衆臣也。君謂有地者也。衆臣杖不以即位。近臣君服斯服矣。繩屨者。繩菲也。

室老家相也士邑宰也近臣閽寺之屬君嗣君也斯此也近臣從君喪服無所降也繩菲今時不借也

疏衰裳齊。牡麻絰。冠布纓。削杖。布帶。疏屨。三年者。

疏猶麤也

傳曰。齊者何。緝也。牡麻者。枲麻也。牡麻絰。右本在上。冠者沽功也。疏屨者。藨蒯之菲也。

沽猶麤也冠尊加其麤麤功大功也齊衰不書受月者亦天子諸侯卿大夫士虞卒哭異數○枲思以反沽音古後同藨皮表反

父卒則爲母。

尊得伸也

繼母如母。傳曰。繼母何以如母。繼母之配父與因母同。故孝子不敢殊也。

因猶親也。

慈母如母。傳曰：慈母者何也？傳曰：妾之無子者，妾子之無母者，父命妾曰：女以爲子。命子曰：女以爲母。若是，則生養之，終其身如母，死則喪之三年如母，貴父之命也。

此謂大夫之妾也。不命則亦服庶母慈己之服可也。大夫之妾子，父在爲母大功，則士之妾子爲母期矣。父卒則皆得伸也。

母爲長子。傳曰：何以三年也？父之所不降，母亦不敢降也。

不敢降者，不敢以己尊降祖禰之正體。

疏衰裳齊、牡麻絰、冠布纓、削杖、布帶、疏屨，期者。傳曰：問者曰：何冠也？曰：齊衰、大功，冠其受也。緦麻、小功，冠其衰也。帶緣各視其冠。

問之者，斬衰有三，其冠同。今齊衰有四章，不知其冠之異同爾。緣如深衣之緣。今文無冠布纓。○緣，以絹反。

父在爲母。傳曰：何以期也？屈也。至尊在，不敢伸其私尊也。父必三年然後娶，達子之志也。

妻。傳曰：爲妻何以期也？妻至親也。

適子父在則爲妻不杖，以父爲之主也。服問曰：君所主：夫人、妻、大子、適婦。父在，子爲妻以杖即位，謂庶子。

出妻之子爲母。

出猶去也。

傳曰：出妻之子爲母期，則爲外祖父母無服。傳曰：絶族無施服，親者屬。出妻之子爲父後者，則爲出母無服。傳曰：與尊者爲一體，不敢服其私親也。

在旁而及曰施。親者屬，母子至親無絶道。○施，以豉反。

父卒，繼母嫁，從，爲之服，報。傳曰：何以期也？貴終也。

嘗爲母子，貴終其恩。

不杖，麻屨者。

此亦齊衰，言其異於上。

祖父母。傳曰：何以期也？至尊也。

世父母、叔父母。傳曰：世父、叔父何以期也？與尊者一體也。然則昆弟之子何以亦期也？旁尊也。不足以加尊焉，故報之也。父子一體也，夫妻一體也，昆弟一體也。故父子首足也，夫妻牉合也，昆弟四體也。故昆弟之義無分，然而有分者，則辟子之私也。子不私其父，則不成爲子。故有東宮，有西宮，有南宮，有北宮，異居而同財，有餘則歸之宗，不足則資之宗。世母、叔母何以亦期也？以名服也。

宗者，世父爲小宗典宗事者也。資，取也。爲姑在室亦如之。

大夫之適子爲妻

○適丁狄反本又作嫡

傳曰何以期也父之所不降子亦不敢降也何以不杖也父在則爲妻不杖

大夫不以尊降適婦者重適也凡不降者謂如其親服服之降有四品君大夫以尊降公子以厭降公之昆弟以旁尊降爲人後者女子子嫁者以出降

昆弟

昆兄也爲姊妹在室亦如之

爲衆子

衆子者長子之弟及妾子女子子在室亦如之士謂之衆子未能遠別也大夫則謂之庶子降之爲大功天子國君不服之內則曰冢子未食而見必執其右手適子庶子已食而見必循其首

昆弟之子傳曰何以期也報之也

檀弓曰喪服兄弟之子猶子也蓋引而進之

大夫之庶子爲適昆弟

兩言之者適子或爲兄或爲弟

傳曰何以期也父之所不降子亦不敢降也

大夫雖尊不敢降其適重之也適子爲庶昆弟庶昆弟相爲亦如大夫爲之

適孫傳曰何以期也不敢降其適也有適子者無適孫孫婦亦如之

周之道適子死則立適孫是適孫將上爲祖後者也長子在則皆爲庶孫耳孫婦亦如之適婦在亦爲庶孫之婦凡父於將爲後者非長子皆期也

爲人後者爲其父母報傳曰何以期也不貳斬也何以不貳斬也持重於大宗者降其小宗也爲人後者孰後後大宗也曷爲後大宗大宗者尊之統也禽獸知母而不知父野人曰父母何算焉都邑之士則知尊禰矣大夫及學士則知尊祖矣諸侯及其大祖天子及其始祖之所自出尊者尊統上卑者尊統下大宗者尊之統也大宗者收族者也不可以絶故族人以支子後大宗也適子不得後大宗

都邑之士則知尊禰近政化也大祖始封之君始祖者感神靈而生若稷契也自由也及始祖之所由出謂祭天也上猶遠也下猶近也收族者謂別親疏序昭穆大傳曰繫之以姓而弗別綴之以食而弗殊雖百世婚姻不通者周道然也○大祖音泰

女子子適人者爲其父母昆弟之爲父後者傳曰爲父何以期也婦人不貳斬也婦人不貳斬者何也婦人有三從之義無專用之道故未嫁從父既嫁從夫夫死從子故父者子之天也夫者妻之天也婦人不貳斬者猶曰不貳天也婦人不能二尊也爲昆弟之爲父後者何以亦期也婦人雖在外必有歸宗曰小宗故服期也

從者從其教令歸宗者父雖卒猶自歸宗其爲父後者服重者不自絶於其族類也曰小宗者言是乃

小宗也小宗明非一也小宗有四丈夫婦人之爲小宗各如其親之服辟大宗

繼父同居者傳曰何以期也傳曰夫死妻穉子幼子無大功之親與之適人而所適者亦無大功之親所適者以其貨財爲之築宮廟歲時使之祀焉妻不敢與焉若是則繼父之道也同居則服齊衰期異居則服齊衰三月必嘗同居然後爲異居未嘗同居則不爲異居

妻穉謂年未滿五十子幼謂年十五以下子無大功之親謂同財者也爲之築宮廟於家門之外神不歆非族妻不敢與焉恩雖至親族已絕矣夫不可二此以恩服爾未嘗同居則不服之○適人施隻反

爲夫之君傳曰何以期也從服也

姑姊妹女子子適人無主者姑姊妹報傳曰無主者謂其無祭主者也何以期也爲其無祭主故也

無主後者人之所哀憐不忍降之

爲君之父母妻長子祖父母傳曰何以期也從服也父母長子君服斬妻則小君也父卒然後爲祖後者服斬

此爲君矣而有父若祖之喪者謂始封之君也若是繼體則其父若有廢疾不立父卒者父爲君之孫宜嗣位而早卒今君受國於曾祖

妾爲女君傳曰何以期也妾之事女君與婦之事舅姑等

女君君適妻也女君於妾無服報之則重降之則嫌

婦爲舅姑傳曰何以期也從服也

夫之昆弟之子

男女皆是

傳曰何以期也報之也

公妾大夫之妾爲其子傳曰何以期也妾不得體君爲其子得遂也

此言二妾不得從於女君尊降其子也女君與君一體唯爲長子三年其餘以尊降之與妾子同也

女子子爲祖父母傳曰何以期也不敢降其祖也

經似在室傳似已嫁明雖有出道猶不降

大夫之子爲世父母叔父母子昆弟昆弟之子姑姊妹女子子無主者爲大夫命婦者唯子不報

命者加爵服之名自士至上公凡九等君命其夫則后夫人亦命其妻矣此所爲者凡六命夫六命婦

傳曰大夫者其男子之爲大夫者也命婦者其婦人之爲大夫妻者也無主者命婦之無祭主者也何以言唯子不報也女子子適人者爲其父母期故言不報也言其餘皆報也何以期也父之所不降子亦不敢降也大夫曷爲不降命婦也夫尊於朝妻貴於室

矣

無主者命婦之無祭主謂姑姊妹女子子也其有祭主者如衆人唯子不報男女同不報爾傳唯據女子子似失之矣大夫曷爲不降命婦據大夫於姑姊妹女子子既已出降大功其適士者又以尊降在小功也夫尊於朝與己同婦貴於室從夫爵也

大夫爲祖父母適孫爲士者傳曰何以期也大夫不敢降其祖與適也

不敢降其祖與適則可降其旁親也

公妾以及士妾爲其父母傳曰何以期也妾不得體君得爲其父母遂也

然則女君有以尊降其父母者與春秋之義雖爲天王后猶曰吾季姜是言子尊不加於父母此傳似誤矣禮妾從女君而服其黨服是嫌不自服其父母故以明之

疏衰裳齊牡麻絰無受者

無受者服是服而除不以輕服受之不著月數者天子諸侯葬異月也小記曰齊衰三月與大功同者繩屨

寄公爲所寓

寓亦寄也爲所寄之國君服

傳曰寄公者何也失地之君也何以爲所寓服齊衰三月也言與民同也

諸侯五月而葬而服齊衰三月者三月而藏其服至葬又更服之既葬而除之

丈夫婦人爲宗子宗子之母妻

婦人女子子在室及嫁歸宗者也宗子繼別之後百世不遷所謂大宗也

傳曰何以服齊衰三月也尊祖也尊祖故敬宗敬宗者尊祖之義也宗子之母在則不爲宗子之妻服也

爲舊君君之母妻傳曰爲舊君者孰謂也仕焉而已者也何以服齊衰三月也言與民同也君之母妻則小君也

仕焉而已者謂老若有廢疾而致仕者也爲小君服者恩深於民

庶人爲國君

不言民而言庶人庶人或有在官者天子畿內之民服天子亦如之

大夫在外其妻長子爲舊國君

在外待放已去者

傳曰何以服齊衰三月也妻言與民同也長子言未去也

妻雖從夫而出古者大夫不外娶婦人歸宗往來猶民也春秋傳曰大夫越境逆女非禮君臣有合離之義長子去可以無服

繼父不同居者

嘗同居今不同

曾祖父母傳曰何以齊衰三月也小功者兄弟之服也不敢以兄弟之服服至尊也

正言小功者服之數盡於五則高祖宜緦麻曾祖宜小功也據祖期則曾祖大功高祖宜小功也高祖

祖曾祖皆有小功之差則曾孫玄孫爲之服同也重其衰麻尊尊也減其日月恩殺也

大夫爲宗子傳曰何以服齊衰三月也大夫不敢降其宗也

舊君

大夫待放未去者

傳曰大夫爲舊君何以服齊衰三月也大夫去君歸其宗廟故服齊衰三月也言與民同也何大夫之謂乎言其以道去君而猶未絶也

以道去君謂三諫不從待放於郊未絶者言爵祿尚有列於朝出入有詔於國妻子自若民也

曾祖父母爲士者如衆人傳曰何以齊衰三月也大夫不敢降其祖也

女子子嫁者未嫁者爲曾祖父母傳曰嫁者其嫁於大夫者也未嫁者其成人而未嫁者也何以服齊衰三月不敢降其祖也

言嫁于大夫者明雖尊猶不降也成人謂年二十已笄醴者也此者不降明有所降

大功布衰裳牡麻絰無受者

大功布者其鍛治之功麤沽之

子女子子之長殤中殤

殤者男女未冠笄而死可殤者女子子許嫁不爲殤也

傳曰何以大功也未成人也何以無受也喪成人者其文縟喪未成人者其文不縟故殤之絰不樛垂蓋未成人也年十九至十六爲長殤十五至十二爲中殤十一至八歲爲下殤不滿八歲以下爲無服之殤無服之殤以日易月以日易月之殤殤而無服故子生三月則父名之死則哭之未名則不哭也

縟猶數也其文數者謂變除之節也不樛垂者不絞其帶之垂者雜記曰大功以上散帶以日易月謂生一月者哭之一日也殤而無服者哭之而已爲昆弟之子女子子亦如之凡言子者可以兼男女又云女子子者殊之以子關適庶也○樛居糾反

叔父之長殤中殤姑姊妹之長殤中殤昆弟之長殤中殤夫之昆弟之子女子子之長殤中殤適孫之長殤中殤大夫之庶子爲適昆弟之長殤中殤公爲適子之長殤中殤大夫爲適子之長殤中殤

公君也諸侯大夫不降適殤者重適也天子亦如之

其長殤皆九月纓絰其中殤七月不纓絰

絰有纓者爲其重也自大功以上絰有纓以一條繩爲之小功已下絰無纓也

大功布衰裳牡麻絰纓布帶三月受以小功衰即葛九月者

受猶承也凡天子諸侯卿大夫既虞士卒哭而受服正言三月者天子諸侯無大功主於大夫士也

此雖有君爲姑姊妹女子子嫁於國君者非內喪也

傳曰大功布九升小功布十一升

此受之下也以發傳者明受盡於此也又受麻絰以葛絰閒傳曰大功之葛與小功之麻同

姑姊妹女子子適人者傳曰何以大功也出也

出必降之者蓋有受我而厚之者

從父昆弟

世父叔父之子也其姊妹在室亦如之

爲人後者爲其昆弟傳曰何以大功也爲人後者降其昆弟也

庶孫

男女皆是下殤小功章曰爲姪庶孫丈夫婦人同

適婦

適婦適子之妻

傳曰何以大功也不降其適也

婦言適者從夫名

女子子適人者爲衆昆弟

父在則同父沒乃爲父後者服期也

姪丈夫婦人報

爲姪男女服同

傳曰姪者何也謂吾姑者吾謂之姪

夫之祖父母世父母叔父母傳曰何以大功也從服也夫之昆弟何以無服也其夫屬乎父道者妻皆母道也其夫屬乎子道者妻皆婦道也謂弟之妻婦者是嫂亦可謂之母乎故名者人治之大者也可無慎乎

道猶行也謂弟之妻爲婦者卑遠之故謂之婦嫂者尊嚴之稱嫂猶叟也叟老人稱也是爲序男女之別爾若己以母婦之服服兄弟之妻兄弟之妻以舅子之服服己則是亂昭穆之序也治猶理也父母兄弟夫婦之理人倫之大者可不慎乎大傳曰同姓從宗合族屬異姓主名治際會名著而男女有別

大夫爲世父母叔父母子昆弟昆弟之子爲士者

子謂庶子

傳曰何以大功也尊不同也尊同則得服其親服

尊同謂亦爲大夫者親服期

公之庶昆弟大夫之庶子爲母妻昆弟

公之庶昆弟則父卒也大夫之庶子則父在也其或爲母謂妾子也

傳曰何以大功也先君餘尊之所厭不得過大功也大夫之庶子則從乎大夫而降也父之所不降子亦不敢降也

言從乎大夫而降則於父卒如國人也昆弟庶昆弟也舊讀昆弟在下其於厭降之義宜蒙此傳也是以上而同之父所不降謂適也

皆爲其從父昆弟之爲大夫者

皆者言其互相爲服尊同則不相降其爲士者降在小功適子爲之亦如之

爲夫之昆弟之婦人子適人者。

婦人者，女子子也。不言女子子者，因出，見恩疏。

大夫之妾爲君之庶子。

下傳曰：何以大功也？妾爲君之黨服，得與女君同。指爲此也。妾爲君之長子亦三等，自爲其子期，異於女君也。士之妾爲君之衆子亦期。

女子子嫁者、未嫁者爲世父母、叔父母、姑、姊妹。

舊讀合大夫之妾爲君之庶子、女子子嫁者、未嫁者，言大夫之妾爲此三人之服也。

傳曰：嫁者，其嫁於大夫者也。未嫁者，成人而未嫁者也。何以大功也？妾爲君之黨服，得與女君同。下言爲世父母、叔父母、姑、姊妹者，謂妾自服其私親也。

此不辭，即實爲妾遂自服其私親，當言其以見之。齊衰三月章曰：女子子嫁者、未嫁者爲曾祖父母。經與此同，足以見之矣。傳所云何以大功也，妾爲君之黨服，得與女君同，文爛在下爾。女子子成人者，有出道，降旁親，及將出者，明當及時也。

大夫、大夫之妻、大夫之子、公之昆弟爲姑、姊妹、女子子嫁於大夫者，君爲姑、姊妹、女子子嫁於國君者。傳曰：何以大功也？尊同也。尊同，則得服其親服。諸侯之子稱公子，公子不得禰先君。公子之子稱公孫，公孫不得祖諸侯。此自卑別於尊者也。若公子之子孫有封爲國君者，則世世祖是人也，不祖公子，此自尊別於卑者也。是故始封之君不臣諸父昆弟，封君之子不臣諸父而臣昆弟，封君之孫盡臣諸父昆弟。故君之所爲服，子亦不敢不服也；君之所不服，子亦不敢服也。

不得禰、不得祖者，不得立其廟而祭之也。卿大夫已下祭其祖禰，則世世祖是人，不得祖公子者。後世爲君者祖此受封之君，不得祀別子也。公子若在高祖以下，則如其親服。後世遷之，乃毀其廟爾。因國君以尊降其親，故終說此義云。

繐衰裳、牡麻絰，既葬除之者。

○繐音歲。

傳曰：繐衰者何？以小功之繐也。

治其縷如小功，而成布四升半。細其縷者，以恩輕也。升數少者，以服至尊也。凡布細而疏者謂之繐。今南陽有鄧繐。

諸侯之大夫爲天子。傳曰：何以繐衰也？諸侯之大夫以時接見乎天子。

接，猶會也。諸侯之大夫以時會見於天子而服之，則其士庶民不服可知。

小功布衰裳、澡麻帶絰，五月者。

澡者，治去莩垢，不絶其本也。小記曰：下殤小功帶，澡麻不絶其本，屈而反以報之。○澡音早，去起呂反。莩音敷。

叔父之下殤。

適孫之下殤。

昆弟之下殤。

大夫庶子爲適昆弟之下殤。

爲姑姊妹女子子之下殤。

爲人後者爲其昆弟從父昆弟之長殤。傳曰：問者曰：中殤何以不見也？大功之殤中從上，小功之殤中從下。

問者據從父昆弟之下殤在緦麻也。大功小功皆謂服其成人也。大功之殤中從上，則齊衰之殤亦中從上也。此主謂丈夫之爲殤者服也。凡不見者，以此求之也。

爲夫之叔父之長殤。

不見中殤者，中從下也。

昆弟之子女子子夫之昆弟之子女子子之下殤。爲姪庶孫丈夫婦人之長殤。

大夫公之昆弟大夫之子爲其昆弟庶子姑姊妹女子子之長殤。

大夫爲昆弟之長殤小功，謂爲士者若不仕者也。以此知爲大夫無殤服也。公之昆弟不言庶者，此無服無所見也。大夫之子不言庶者，關適子亦服此殤也。云公之昆弟爲庶子之長殤，則知公之昆弟猶大夫。

大夫之妾爲庶子之長殤。

君之庶子。

小功布衰裳，牡麻絰，即葛，五月。

即，就也。小功輕，三月變麻，因改衰以就葛絰帶，而五月也。間傳曰：小功之葛與緦之麻同。舊說小功以下，吉屨無絇也。

從祖祖父母從祖父母報。

祖父之昆弟之親。

從祖昆弟。

父之從父昆弟之子。

從父姊妹。

父之昆弟之女。

孫適人者。

孫者，子之子。女孫在室，亦大功也。

爲人後者爲其姊妹適人者。

不言姑者，舉其親者而恩輕者降可知。

爲外祖父母。傳曰：何以小功也？以尊加也。

從母丈夫婦人報。

從母，母之姊妹。

傳曰：何以小功也？以名加也。外親之服皆緦也。

外親，異姓。正服不過緦。丈夫婦人，姊妹之子，男女同。

夫之姑姊妹娣姒婦報。

夫之姑姊妹，不殊在室及嫁者，因恩輕，略從降。

傳曰：娣姒婦者，弟長也。何以小功也？以爲相與居室中，則生小功之親焉。

〔娣姒婦者兄弟之妻相名也長婦謂穉婦爲娣婦娣婦謂長婦爲姒婦〕

大夫大夫之子。公之昆弟。爲從父昆弟庶孫姑姊妹女子子適士者。〔從父昆弟及庶孫亦謂爲士者〕

大夫之妾爲庶子適人者。〔君之庶子女子子也庶女子子在室大功其嫁於大夫亦大功〕

庶婦。〔夫將不受重者〕

君母之父母從母。〔君母父之適妻也從母君母之姊妹〕

傳曰。何以小功也。君母在。則不敢不從服。君母不在。則不服。〔不敢不服者恩實輕也凡庶子爲君母如適子〕

君子子爲庶母慈己者。〔君子子者大夫及公子之適妻子〕

傳曰。君子子者。貴人之子也。爲庶母何以小功也。以慈己加也。〔云君子子者則父在也父沒則不服之矣以慈己加則君子子亦以士禮爲庶母緦也內則曰異爲孺子室於宮中擇於諸母與可者必求其寬裕慈惠溫良恭敬慎而寡言者使爲子師其次爲慈母其次爲保母皆居子室他人無事不往又曰大夫之子有食母庶母慈己者此之謂也其不慈己則緦可矣不言師保慈母居中服之可知也國君世子生卜士之妻大夫之妾使食子三年而出見於公宮則劬非慈母也士之妻自養其子〕

緦麻三月者。〔緦麻布衰裳而麻絰帶也不言衰絰略輕服省文〕

傳曰。緦者十五升。抽其半。有事其縷。無事其布曰緦。〔謂之緦者治其縷細如絲也或曰有絲朝服用布何衰用絲乎抽猶去也雜記曰緦冠繰纓○朝直遙反後放此〕

族曾祖父母。族祖父母。族父母。族昆弟。〔族曾祖父者曾祖昆弟之親也族祖父者亦高祖之孫則高祖有服明矣〕

庶孫之婦。庶孫之中殤。〔庶孫者成人大功其殤中從上此當爲下殤言中殤者字之誤爾又諸言中者皆連上下也〕

從祖姑姊妹適人者。報。從祖父從祖昆弟之長殤。〔不見中殤中從下〕

外孫。〔女子子之子〕

從父昆弟姪之下殤。夫之叔父之中殤下殤。〔言中殤者中從下〕

從母之長殤報。

庶子爲父後者爲其母。傳曰何以緦也。傳曰與尊者爲一體不敢服其私親也然則何以服緦也有死於宮中者則爲之三月不舉祭因是以服緦也

君卒庶子爲母大功大夫卒庶子爲母三年士雖在庶子爲母皆如衆人

士爲庶母。傳曰何以緦也以名服也大夫以上爲庶母無服。

貴臣貴妾。

此謂公士大夫之君也殊其臣妾貴賤而爲之服貴臣室老士也貴妾姪娣也天子諸侯降其臣妾無服士卑無臣則士妾又賤不足殊有子則爲之緦無子則已

傳曰何以緦也以其貴也

乳母。

謂養子者有它故賤者代之慈己

傳曰何以緦也以名服也

從祖昆弟之子。

族父母爲之服

曾孫。

孫之子

父之姑。

歸孫爲祖父之姊妹

從母昆弟。傳曰何以緦也以名服也。

甥。

姊妹之子

傳曰甥者何也謂吾舅者吾謂之甥何以緦也報之也

壻。

女子子之夫也

傳曰何以緦也報之也

妻之父母。傳曰何以緦從服也。

從于妻而服之

姑之子。

外兄弟也

傳曰何以緦報之也

舅。

母之兄弟

傳曰何以緦從服也

從於母而服之

舅之子。

內兄弟也

傳曰何以緦從服也

夫之姑姊妹之長殤。

夫之諸祖父母。報。

諸祖父母者。夫之所爲小功。從祖祖父母。外祖父母。或曰。曾祖父母。曾祖於曾孫之婦無服。而云報乎。曾祖父母正服小功。妻從服緦。

君母之昆弟。傳曰。何以緦。從服也。

從於君母而服緦也。君母在。則不敢不從服。君母卒。則不服也。

從父昆弟之子之長殤。昆弟之孫之長殤。爲夫之從父昆弟之妻。傳曰。何以緦也。以爲相與同室。則生緦之親焉。長殤中殤降一等。下殤降二等。齊衰之殤中從上。大功之殤中從下。

同室者。不如居室之親也。齊衰大功。皆明其成人也。大功之殤中從下。則小功之殤亦中從下也。此主謂妻爲夫之親服也。凡不見者。以此求之也。

記。

公子爲其母練冠。麻。麻衣縓緣。爲其妻縓冠。葛經帶。麻衣縓緣。皆既葬除之。

公子。君之庶子也。其或爲母。謂妾子也。麻者。緦麻之經帶也。此麻衣者。如小功布深衣。爲不制衰裳變也。詩云。麻衣如雪。縓。淺絳也。一染謂之縓。練冠而麻衣縓緣。三年練之受飾也。檀弓曰。練。練衣黃裏。縓緣。諸侯之妾子厭於父。爲母不得伸。權爲制此服。不奪其恩也。爲妻縓冠葛經帶。妻輕。

傳曰。何以不在五服之中也。君之所不服。子亦不敢服也。君之所爲服。子亦不敢不服也。

君之所不服。謂妾與庶婦也。君之所爲服。謂夫人與適婦也。諸侯之妾。貴者視卿。賤者視大夫。皆三月而葬。

大夫公之昆弟大夫之子於兄弟降一等。

兄弟猶言族親也。凡不見者。以此求之也。

爲人後者於兄弟降一等。報於所爲後之兄弟之子若子。

言報者。嫌其爲宗子不降。

兄弟皆在他邦。加一等。不及知父母。與兄弟居。加一等。

皆在他邦。謂行仕出遊。若辟仇。不及知父母。父母早卒。

傳曰。何如則可謂之兄弟。傳曰。小功以下爲兄弟。

如此發兄弟傳者。嫌大功已上又加也。大功以上若皆在他國。則親自親矣。皆不及知父母。則固同財矣。

朋友皆在他邦。袒免。歸則已。

謂服無親者。當爲之主。每至袒時。則袒。袒則去冠。代之以免。舊說云。以爲主。免象冠。廣一寸。已。猶止也。歸有主則止也。主若幼少。則未止。小記曰。大功者主人之喪。有三年者。則必爲之再祭。朋友虞祔而已。

朋友麻。

朋友雖無親。有同道之恩。相爲服緦之經帶。檀弓曰。羣居則經。出則否。其服。弔服也。周禮曰。凡弔當事則弁經服。弁經者。如爵弁而素。加環經也。其服有三。錫衰也。緦衰也。疑衰也。王爲三公六卿錫衰。

爲諸侯緦衰爲大夫士疑衰諸侯及卿大夫亦以錫衰爲弔服當事則弁絰否則皮弁辟天子也士以緦衰爲喪服其弔服則疑衰也舊說以爲士弔服布上素下或曰素委貌冠加朝服論語曰緇衣羔裘又曰羔裘玄冠不以弔何朝服之有乎然則二者皆有似也此實疑衰也其弁絰皮弁之時則如卿大夫然又改其裳以素辟諸侯也朋友之相爲服即士弔服疑衰素裳冠則皮弁加絰庶人不爵弁則其弔服素冠委貌

公士大夫之君

君之所爲兄弟服。室老降一等。

夫之君爲兄弟服。妻降一等。

庶子爲後者爲其外祖父母從母舅無服。不爲後如邦人。

宗子孤爲殤大功衰小功衰皆三月。親則月算如邦人。

言孤有不孤者不孤則族人不爲殤服服之也不孤謂父有廢疾若年七十而老子代主宗事者也孤爲殤長殤中殤大功衰下殤小功衰皆如殤服而三月謂與宗子絶屬者也親謂在五屬之內算數也月數如邦人者與宗子有期之親者成人服之齊衰期長殤大功衰九月中殤大功衰七月下殤小功衰五月有大功之親者成人服之齊衰三月卒哭受以大功衰九月其長殤中殤大功衰五月下殤小功衰三月有小功之親者成人服之齊衰三月卒哭受以小功衰五月其殤與絶屬者同有緦麻之親者成人及殤皆與絶屬者同

改葬緦。

謂墳墓以他故崩壞將亡失尸柩者也改葬者明棺物毀敗改設之如葬時也其奠如大斂從廟之廟從墓之墓禮宜同也服緦者臣爲君也子爲父也妻爲夫也必服緦者親見尸柩不可以無服緦三月而除之

童子唯當室緦。

童子未冠之稱也當室者爲父後承家事者爲家主與族人爲禮於有親者雖恩不至不可以無服也

傳曰。不當室則無緦服也。

凡妾爲私兄弟如邦人。

嫌厭降之也私兄弟目其族親也女君有以尊降其兄弟者謂士之女爲大夫妻與大夫之女爲諸侯夫人諸侯之女爲天王后者父卒昆弟之爲父後者宗子亦不敢降也

大夫弔於命婦錫衰。命婦弔於大夫亦錫衰。

弔於命婦命婦死也弔於大夫大夫死也小記曰諸侯弔必皮弁錫衰服問曰公爲卿大夫錫衰以居出亦如之當事則弁絰大夫相爲亦然爲其妻往則服之出則否

傳曰。錫者何也。麻之有錫者也。錫者十五升抽其半。無事其縷。有事其布。曰錫。

謂之錫者治其布使之滑易也不錫者不治其縷哀在內也緦者不治其布哀在外也君及卿大夫弔士唯當事皮弁錫衰而已士之相弔則如朋友服疑衰素裳凡婦人相弔吉笄無首素緫

女子子適人者爲其父母。婦爲舅姑。惡笄有首以髽。

卒哭。子折笄首以笄。布總。

言以髽則髽有著笄者明矣○折之設反著丁略反

傳曰。笄有首者。惡笄之有首也。惡笄者。櫛笄也。折笄首者。折吉笄之首也。吉笄者。象笄也。何以言子折笄首而不言婦。終之也。

櫛笄者以櫛之木爲笄或曰榛笄有首者若今時刻鏤摘頭矣卒哭而喪之大事畢女子子可以歸於夫家而著吉笄折其首者爲其大飾也吉笄尊變其尊者婦人之義也據在夫家宜言婦終之者終子道於父母之恩○櫛恥乙反榛莊巾反大音泰

妾爲女君君之長子。惡笄有首布總。

凡衰外削幅。裳內削幅。幅三袧。

削猶殺也大古冠布衣布先知爲上外殺其幅以便體也後知爲下內殺其幅稍有飾也後世聖人易之以此爲喪服袧者謂辟兩側空中央也祭服朝服辟積無數凡裳前三幅後四幅也○袧音鉤又恪憂反殺色界反大音泰便婢面反辟音壁

若齊。裳內衰外。

齊緝也凡五服之衰一斬四緝緝裳者內展之緝衰者外展之

負廣出於適寸。

負在背上者也適辟領也負出於辟領外旁一寸

適博四寸。出於衰。

博廣也辟領廣四寸則與闊中八寸也兩之爲尺六寸也出於衰者旁出衰不著寸數者可知也

衰長六寸。博四寸。

廣衰當心也前有衰後有負板左右有辟領孝子哀戚無所不在

衣帶下尺。

衣帶下尺者要也廣尺足以掩裳上際也

衽二尺有五寸。

衽所以掩裳際也二尺五寸與有司紳齊也上正一尺燕尾二尺五寸凡用布三尺五寸

袂屬幅。

屬猶連也連幅謂不削

衣二尺有二寸。

此謂袂中也言衣者明與身參齊二尺二寸其袖足以容中人之肱也衣自領至要二尺二寸倍之四尺四寸加闊中八寸而又倍之凡衣用布一丈四寸

祛尺二寸。

祛袖口也尺二寸足以容中人之併兩手也吉時拱尚左手喪時拱尚右手○祛魚起反

衰三升。三升有半。其冠六升。以其冠爲受。受冠七升。

衰斬衰也或曰三升半者義服也其冠六升齊衰之下也斬衰正服變而受之此服也三升三升半其受冠皆同以服至尊宜少差也

齊衰四升。其冠七升。以其冠爲受。受冠八升。

言受以大功之上也此謂爲母服也齊衰正服五升其冠八升義服六升其冠九升亦以其冠爲受凡不著之者服之首主於父母

繐衰四升有半。其冠八升。

此諸侯之大夫爲天子繐衰也服在小功之上者欲著其縷之精麤也升數在齊衰之中者不敢以兄弟之服服至尊也

大功八升若九升。小功十升若十一升。

此以小功受大功之差也不言七升者主於受服欲其文相值言服降而在大功者衰七升正服衰

八升，其冠皆十升，義服九升，其冠十一升，亦皆以其冠爲受也。斬衰受之以下，大功受之以正者，重者輕之，輕者從禮，聖人之意然也。其降而在小功者，衰十升，正服衰十一升，義服衰十二升，皆以即葛及緦麻無受也。此大功不言受者，其章既著之。

儀禮卷十一

儀禮卷十二

漢大司農北海鄭　玄註

明　後學東吳葛　鼒訂

士喪禮第十二

士喪禮。

死于適室。幠用斂衾。

適室正寢之室也疾者齊故于正寢焉疾時處北牖下死而遷之南牖下有牀衽幠覆也斂衾大斂所幷用之衾衾被也小斂之衾當陳喪大記曰始死遷尸于牀幠用斂衾去死衣○適丁狄反幠火吳反

復者一人。以爵弁服簪裳于衣左何之扱領于帶。

復者有司招魂復魄也天子則夏采祭僕之屬諸侯則小臣爲之爵弁服純衣纁裳也禮以冠名服簪連也○何戶我反又音河扱初洽反純側其反

升自前東榮中屋北面招以衣。曰皐某復。三。降衣于前。

北面招求諸幽之義也皐長聲也某死者之名也復反也降衣下之也喪大記曰凡復男子稱名婦人稱字

受用篚。升自阼階以衣尸。

受者受之於庭也復者其一人招則受衣亦一人也人君則司服受之衣尸者覆之若得魂反之○篚方鬼反本或作篋

復者降自後西榮。

不由前降不以虛反也降因徹西北扉若云此室凶不可居然也自是行死事○扉扶味反本或作扉音非

楔齒用角柶。

爲將含恐其口閉急也○楔息結反含戶暗反本亦作唅

綴足用燕几。

綴猶拘也爲將屨恐其辟戾也今文綴爲對○綴丁劣反劉張歲反

奠脯醢醴酒。升自阼階。奠于尸東。

鬼神無象設奠以憑依之

帷堂。

事小訖也

乃赴于君。主人西階東南面。命赴者。拜送。

赴告也臣君之股肱耳目死當有恩

有賓則拜之。

賓僚友羣士也其位猶朝夕哭矣

入坐于牀東。衆主人在其後西面。婦人俠牀東面。

衆主人庶昆弟也婦人謂妻妾子姓也亦適妻在前

親者在室。

謂大功以上父兄姑姊妹子姓在此者

衆婦人戶外北面。衆兄弟堂下北面。

衆婦人衆兄弟小功以下

君使人弔。徹帷。主人迎于寢門外。見賓不哭。先入門右。北面。

使人士也禮使人必以其爵使者至使人入將命乃出迎之寢門內門也徹帷扆之事畢則下之○扆羌據反

弔者入。升自西階。東面。主人進中庭。弔者致命。

主人不升賤也致命曰君聞子之喪使某如何不淑

主人哭。拜稽顙。成踊。

稽顙頭觸地成踊三者三

賓出。主人拜送于外門外。

君使人襚。徹帷。主人如初。襚者左執領。右執要。入升致命。

襚之言遺也衣被曰襚致命曰君使某襚○襚音遂要一遙反後放此遺唯季反

主人拜如初。襚者入衣尸。出。主人拜送如初。唯君命出。升降自西階。遂拜賓。有大夫則特拜之。即位如西階下。東面。不踊。大夫雖不辭。入也。

唯君命出以明大夫以下時來弔襚不出也始喪之日哀戚甚在室故不出拜賓也大夫則特拜別於士旅拜也即位西階下未忍在主人位也不踊但哭拜而已不辭而主人升入明本不爲賓出不成禮也

親者襚。不將命。以即陳。

大功以上有同財之義也不將命不使人將之致於主人也即陳陳在房中

庶兄弟襚。使人以將命于室。主人拜于位。委衣于尸東牀上。

庶兄弟即衆兄弟也變衆言庶容同姓耳將命曰某使某襚拜于位室中位也

朋友襚。親以進。主人拜。委衣如初。退。哭不踊。

親以進親之恩也退下堂反賓位也主人徒哭不踊別於君襚也

徹衣者執衣如襚。以適房。

凡於襚者出有司徹衣

爲銘各以其物。亡則以緇長半幅。䞓末長終幅。廣三寸。書銘于末曰某氏某之柩。

銘明旌也雜帛爲物大夫之所建也以死者爲不可別故以其旗識識之愛之斯錄之矣亡無也無旗不命之士也半幅一尺終幅二尺在棺爲柩今文銘爲旆也○識識上音試下音志

竹杠長三尺。置于宇西階上。

杠銘橦也宇梠也○杠音江

甸人掘坎于階間。少西。爲垼于西牆下。東鄉。

甸人有司主田野者垼塊竈西牆中庭之西今文鄉爲面○甸大練反垼音役鄉許亮反

新盆。槃。瓶。廢敦。重鬲。皆濯。造于西階下。

新此瓦器五種者重死事盆以盛水槃承渜濯瓶以汲水也廢敦敦無足者所以盛米也重鬲鬲將縣於重者也濯滌溉也造至也猶饌也以造言之喪事遽○敦音對又都愛反重直容反鬲音歷濯丈角反造七報反渜奴亂反縣音玄

陳襲事于房中。西領。南上。不綪。

不屈江沔之間謂縈收繩索為絳古文績皆為精
○績注作絳側庚反

明衣裳用布。

所以親身為圭潔也

鬠笄用桑長四寸纋中。

桑之為言喪也用為笄取其名也長四寸不冠故也纋笄之中央以安髮○鬠劊音膾又戶膾反纋音憂一音何侯反

布巾環幅不鑿。

環幅廣袤等也不鑿者士之子親含反其巾而已大夫以上賓為之含當口鑿之嫌有惡古文環作還○袤音茂為于僞反下同惡烏路反

掩練帛廣終幅長伍尺析其末。

掩裹首也析其末為將結於頤下又還結於項中

瑱用白纊。

瑱充耳纊新綿○瑱他見反

幎目用緇方尺二寸䞓裏著組繫。

幎目覆面者也幎讀若詩曰葛藟縈之之縈䞓赤也著充之以絮也組繫為可結也○幎音縈䞓丑貞反

握手用玄纁裏長尺二寸廣五寸牢中旁寸著組繫。

牢讀為樓樓謂削約握之中央以安手也今文樓為纋旁為方○牢音樓

決用正王棘若檡棘組繫纊極二。

決猶闓也挾弓以橫執弦詩云決拾既佽正善也王棘與檡棘善理堅刃者皆可以為決極猶放弦也以沓指放弦令不挈指也生者以朱韋為之而三死用纊又二明不用也古文王為三今文檡為澤世俗謂王棘矺鼠○檡音澤矺音託

冒緇質長與手齊䞓殺掩足。

冒韜尸者制如直囊上曰質下曰殺質正也其用之先以殺韜足而上後以質韜首而下齊手上玄下纁象天地也喪大記曰君錦冒黼殺綴旁七大夫玄冒黼殺綴旁五士緇冒䞓殺綴旁三凡冒質長與手齊殺三尺○冒亡報反殺所界反

爵弁服純衣。

謂生時爵弁所衣之服也純衣者纁裳古者以冠名服死者不冠○純莊其反所衣於既反

皮弁服。

皮弁所衣之服也其服白布衣素裳也

褖衣。

黑衣裳赤緣之謂褖褖之言緣也所以表袍者也喪大記曰衣必有裳袍必有表不禪謂之一稱古文褖為緣○褖他亂反禪音丹

緇帶。

黑繒之帶

韎韐。

一命縕韍○韎音妹韐古答反縕音溫韍音弗

竹笏。

所以書思對命者玉藻曰笏天子以璆玉諸侯以象大夫以魚須文竹士以竹本象可也又曰笏

度二尺有六寸其中博三寸其殺六分而去一又曰天子搢珽方正於天下也諸侯荼前詘後直讓於天子也大夫前詘後詘無所不讓今文笏作忽

夏葛屨冬白屨皆繶緇絇純組綦繫于踵。冬皮屨變言白者明夏時用葛亦白也此皮弁之屨士冠禮曰素積白屨以魁柎之緇絇繶純純博寸綦屨係也所以拘止屨也綦讀如馬絆綦之綦○繶於力反純諸允反

庶襚繼陳不用。庶衆也不用不用襲也多陳之為榮少納之為貴

貝三實于笄。貝水物古者以為貨江水出焉笄竹器名○為笄音煩

稻米一豆實於筐。豆四升

沐巾一浴巾二皆用綌於笄。巾所以拭汙垢浴巾二者上體下體異也綌麤葛

櫛於簞。簞葦笥○櫛莊乙反簞音丹

浴衣於篋。浴衣已浴所衣之衣以布為之其制如今通裁

皆饌于西序下南上。皆者皆貝以下東西牆謂之序中以南謂之堂

管人汲不說繘屈之。管人有司主館舍者不說繘將以就祝濯米屈縈也○繘均必反

祝淅米于堂南面用盆。○淅西歷反

管人盡階不升堂受潘煮于垼用重鬲。盡階三等之上喪大記曰管人受沐乃煮之甸人取所徹廟之西北厞薪用爨之○重直龍反

祝盛米于敦奠于貝北。復於筐處也○盛音成

士有冰用夷槃可也。謂夏月而君加賜冰也夷槃承尸之槃喪大記曰君設大槃造冰焉大夫設夷槃造冰焉士併瓦槃無冰設牀襢第有枕○造七到反襢之善反第莊史反

外御受沐入。外御小臣侍從者沐管人所煮潘也

主人皆出戶外北面。象平生沐浴裸裎子孫不在旁主人出而禮第○裸力果反裎直貞反

乃沐櫛挋用巾。挋晞也清也古文挋皆作振○挋之慎反劉居吝反

浴用巾挋用浴衣。用巾用拭之也喪大記曰御者二人浴浴水用盆沃水用枓○枓音主

渜濯棄于坎。沐浴餘潘水巾櫛浴衣亦并棄之古文渜作緣荊沔之間語

蚤揃如他日。

蚤讀爲爪，斷爪揃鬚也。人君則小臣爲之。他日，平生時。○蚤依注音爪，下鬈蚤同。揃，子前反。

鬈用組，乃笄，設明衣裳。

用組，組束髮也。古文鬈皆爲括。

主人入卽位。

已設明衣，可以入也。

商祝襲祭服褖衣次。

商祝，祝習商禮者。商人敎之以敬，於接神宜。襲，布衣牀上。祭服，爵弁服、皮弁服，皆從君助祭之服。大蜡有皮弁素服而祭，送終之禮也。襲衣於牀，牀次含牀之東，衽如初也。喪大記曰：含一牀，襲一牀，遷尸於堂又一牀。

主人出，南面，左袒，扱諸面之右。盥于盆上，洗貝，執以入。宰洗柶，建于米，執以從。

俱入戶西鄉也。今文宰不言執。○扱，初洽反。

商祝執巾，從入，當牖北面，徹枕，設巾，徹楔，受貝，奠于尸西。

當牖北面，值尸南也。設巾覆面，爲飯之遺落米也。如商祝之事位，則尸南首明矣。○爲飯、爲飯上，于僞反。下扶晩反。

主人由足西，牀上坐，東面。

不敢從首前也。祝受貝米奠之，口實不由足也。

祝又受米，奠于貝北。宰從立于牀西，在右。

米在貝北，便扱者也。宰立牀西，在主人之右，當佐飯事。

主人左扱米，實于右，三實一貝。左、中亦如之。又實米，唯盈。

于右，尸口之右。唯盈，取滿而已。

主人襲，反位。

襲，復衣也。位在尸東。

商祝掩，瑱，設幎目，乃屨，綦結于跗，連絇。

掩者，先結頤下，既瑱、幎目，乃還結項也。跗，足上也。絇，屨飾，如刀衣鼻，在屨頭上，以餘組連之，止足坼也。○跗，方于反。絇，其于反。坼，耻格反。

乃襲三稱。

遷尸於襲上而衣之。凡衣死者左衽，不紐。襲不言設牀，又不言遷尸於襲上，以其俱當牖，無大異。○稱，尺證反。衣，於既反。

明衣不在算。

算，數也。不在數，明衣禪衣，不成稱也。

設韐、帶，搢笏。

韐帶，韎韐、緇帶。不言緇帶者，省文，亦欲見韐自有帶。韐帶用韋。搢，插也，插於帶之右旁。古文韐爲合也。

設決，麗于掔，自飯持之。設握，乃連掔。

麗，施也。掔，手後節中也。飯，大擘指本也。決，以韋爲之，籍有彄，彄內端爲紐，外端有橫帶，設之以紐擐大擘本也，因沓其彄，以橫帶貫紐，結於掔之表也。設握者，以綦繫鉤中指，由手表與決帶之餘連結也。

之此謂右手也古文麗亦爲連擘作捥○擘烏亂反爲于僞反搵苦侯反擐音患捥烏亂反

設冒櫜之。幠用衾。

櫜韜盛物者取事名焉衾者始死時斂衾今文櫜爲橐○櫜古刀反橐音托

巾柶鬊蚤埋于坎。

坎至此築之也將襲辟奠既則反之○鬊音舜蚤音爪辟婢亦反又音避

重木刊鑿之。甸人置重于中庭。三分庭一在南。

木也縣物焉曰重刊斲治鑿之爲縣簪孔也士重木長三尺○重直容反

夏祝鬻餘飯。用二鬲于西牆下。

夏祝祝習夏禮者也夏人教以忠其於養宜鬻餘飯以飯尸餘米爲鬻也重主道也士二鬲則大夫四諸侯六天子八與簋同差○鬻本又作粥之六反飯扶晚反

冪用疏布。久之。繫用軨。縣于重。冪用葦席。北面左衽。帶用軨。賀之。結于後。

久讀爲灸謂以蓋塞鬲口也軨竹䈴也以席覆重辟屈而反兩端交於後左衽西端在上賀加也古文冪皆作密○䈴音篾

祝取銘置于重。

祝習周禮者也

厥明。陳衣于房。南領西上。綪。絞橫三縮一。廣終幅。析其末。

綪屈也絞所以收束衣服爲堅急者也以布爲之縮從也橫者三幅從者一幅析其末者令可結也喪大記曰絞一幅爲三

緇衾赬裏無紞。

紞被識也斂衣或倒被無別於前後也凡衾制同皆五幅也○赬丑貞反紞丁敢反識申志反

祭服次。

爵弁服皮弁服

散衣次。

褖衣以下袍繭之屬

凡十有九稱。

祭服與散衣

陳衣繼之。

庶襚

不必盡用。

取稱而已不務多

饌于東堂下。脯醢醴酒。冪奠用功布。實于簞。在饌東。

功布鍛濯灰治之布也凡在東西堂下者南齊坫古文奠爲尊

設盆盥于饌東。有巾。

爲奠設盥也喪事略故無洗也

苴絰。大鬲。下本在左。要絰小焉。散帶垂。長三尺。牡麻絰。右本在上。亦散帶垂。皆饌于東方。

苴絰斬衰之絰也苴麻者其貌苴以爲絰服重者尚麤惡絰之言實也鬲搤也中人之手搤圍九寸絰帶之差自此出焉下本在左重服統於內而本陽也要絰小焉五分去一牡麻絰者齊衰以下之

經也。牡麻經者其貌易服輕者宜差好也。右本在上服輕本於陰而統於外散帶之垂者男子之道。

文多變也。饌于東方東坫之南苴經爲上。○鬲音革又作搹同差初賣反

婦人之帶牡麻結本在房。

婦人亦有苴絰但言帶者記其異。此齊衰婦人斬衰婦人亦苴絰也。

牀笫夷衾饌于西坫南。

笫簀也。夷衾覆尸之衾。喪大記曰自小斂以往用夷衾。夷衾質殺之裁猶冒也。○殺色界反

西方盥如東方。

爲舉者設盥也。如東方者亦用盆布巾饌於西堂下。

陳一鼎于寢門外當東塾少南西面。其實特豚四鬄去蹄兩胉脊肺。設扃鼏鼏西末。素俎在鼎西西順覆七東柄。

鬄解也。四解之殊肩髀而已喪事略。去蹄去其甲爲不潔清也。胉脅也。素俎喪尚質。既饌將小斂則辟襲奠。今文鬄爲剔胉爲迫古文鼏爲密。○鬄託歷反胉音博髀步啓反辟婢亦反

士盥二人以並東面立于西階下。

立俟舉尸也。今文並爲併。

布席于戶內下莞上簟。

有司布斂席也。

商祝布絞衾散衣祭服祭服不倒美者在中。

斂者趨方或傎倒衣裳。祭服尊不倒之也。美善也。善衣後布於斂則在中也。既後布祭服而又言善者在中明每服非一稱也。○傎本又作顛

士舉遷尸反位。

遷尸於服上。

設床笫于兩楹之間衽如初有枕。

衽寢臥之席也。亦下莞上簟。

卒斂徹帷。

尸已飾。

主人西面馮尸踊無算。主婦東面馮亦如之。

馮服膺之。○馮音憑後皆同

主人髺髮袒衆主人免于房。

始死將斬衰者雞斯將齊衰者素冠。今至小斂變又將初喪服也。髺髮者去笄纚而紒。衆主人免者皆齊衰將袒以免代冠。冠服之尤尊不以袒也。免之制未聞。舊說以爲如冠狀廣一寸。喪服小記曰斬衰髺髮以麻免而以布。此用麻布爲之狀如今之著幓頭矣。自項中而前交於額上郤繞紒也。于房于室釋髺髮宜於隱者。今文免皆作絻古文髺作括。○髺音括劉音活免音問後放此雞斯所買反纚劉霜綺反下作纚同紒音計著丁略反幓七消反絻音問

婦人髽于室。

始死婦人將斬衰者去笄而纚將齊衰者骨笄而纚。今言髽者亦去笄纚而紒也。齊衰以上至笄猶髽。髽之異於髺髮者既去纚而以髮爲大紒如今婦人露紒其象也。檀弓曰南宮縚之妻之姑之喪夫子誨之髽曰爾毋縱縱爾爾毋扈扈爾其用麻布亦如著幓頭然。○髽側瓜反縚他刀反毋音無縱范音總劉又在紅反扈扈並音戶

士舉男女奉尸侇于堂。幠用夷衾。男女如室位。踊無

算

侇之言尸也夷衾覆尸柩之衾也堂謂楹閒牀笫上也今文侇作夷○侇音夷

主人出于足降自西階眾主人東即位婦人阼階上西面主人拜賓大夫特拜士旅之即位踊襲絰于序東復位

拜賓鄉賓位拜之也即位踊東方位襲絰于序東東夾前○鄉許亮反

乃奠

祝與執事爲之

舉者盥右執匕卻之左執俎橫攝之入阼階前西面錯錯俎北面

舉者盥出門舉鼎者右人以右手執匕左人以左手執俎因其便也攝持也西面錯錯鼎於此宜西面錯俎北面俎宜西順之○錯七故反下及注同

右人左執匕抽扃予左手兼執之取鼏委于鼎北加扃不坐

抽扃取鼏加扃於鼏上皆右手今文扃爲鉉古文予爲與鼏爲密

乃朼載載兩髀于兩端兩肩亞兩胉亞脊肺在於中皆覆進柢執而俟

乃朼以朼次出牲體右人也載受而載於俎左人也亞次也凡七體皆覆爲塵柢本也進本者未異於生也骨有本末古文朼爲匕髀爲脾今文胉爲迫柢皆爲胝○朼必李反柢丁計反胝劉音帝

夏祝及執事盥執醴先酒脯醢俎從升自阼階丈夫踊甸人徹鼎巾待于阼階下

執事者諸執奠事者巾功布也執者不升已不設祝既錯醴將受之

奠于尸東執醴酒北面西上

執醴酒者先升尊也立而俟後錯要成也

豆錯俎錯于豆東立于俎北西上醴酒錯于豆南祝受巾巾之由足降自西階婦人踊奠者由重南東丈夫踊

巾之爲塵也東反其位○重直龍反

賓出主人拜送于門外

廟門外也

乃代哭不以官

代更也孝子始有親喪悲哀憔悴禮防其以死傷生使之更哭不絕聲而已人君以官尊卑士賤以親疏爲之三日之後哭無時周禮挈壺氏凡喪縣壺以代哭○縣音玄

有襚者則將命擯者出請入告主人待于位

喪禮略於威儀既小斂擯者乃用辭出請之辭曰孤某使某請事

擯者出告須以賓入

須亦待也出告之辭曰孤某須矣

賓入中庭北面致命主人拜稽顙賓升自西階出于足西面委衣如於室禮降出主人出拜送朋友親襚如初儀西階東北面哭踊三降主人不踊

朋友既委衣又還哭於西階上不背主人

襚者以褶則必有裳執衣如初徹衣者亦如之升降自西階以東

帛為褶無絮雖複與禪同有裳乃成稱不用表也以東藏以待事也古文褶為襲○褶音牒複方服反禪音丹

宵為燎于中庭

宵夜也燎火燋○燋一本作燭

厥明滅燎陳衣于房南領西上綪絞紟衾二君襚祭服散衣庶襚凡三十稱紟不在算不必盡用

紟單被也衾二者始死斂衾今又復制也小斂衣數自天子達大斂則異矣喪大記曰大斂布絞縮者三橫者三○紟其鴆反復扶又反

東方之饌兩瓦甒其實醴酒角觶木柶毼豆兩其實葵菹芋蠃醢兩籩無縢布巾其實栗不擇脯四脡

此饌但言東方則亦在東堂下也毼白也齊人或名全菹為芋縢緣也詩云竹柲緄縢布巾籩巾也籩豆具而有巾盛之也特牲饋食禮有籩巾今文蠃為蝸古文縢為甸○甒亡甫反毼苦瞎反蠃力禾反縢大登反脡大頂反緣悅面反

奠席在饌北斂席在其東

大斂奠而有席彌神之

掘肂見衽

肂埋棺之坎也掘之於西階上衽小要也喪大記曰君殯用輴欑至于上畢塗屋大夫殯以幬欑置于西序塗不暨于棺士殯見衽塗上帷之又曰君蓋用漆三衽三束大夫蓋用漆二衽二束士蓋不用漆二衽二束○肂以二反劉音四要一遙反輴勑倫反

棺入主人不哭升棺用軸蓋在下

軸輁軸也輁狀如牀軸其輪輓而行○輁九勇反輓音晚本又作挽

熬黍稷各二筐有魚腊饌于西坫南

熬所以惑蚍蜉令不至棺旁也為舉者設盆盥於西○蚍音毗蜉音浮

陳三鼎于門外北上豚合升魚鱄鮒九腊左胖髀不升其他皆如初

合升合左右體升於鼎其他皆如初謂豚體及匕俎之陳如小斂時合升四鬄亦相互耳○鱄市轉反劉市專反鮒音附胖音判

燭俟于饌東

燭燋也饌東方之饌有燭者堂雖明室猶闇火在地曰燎執之曰燭

祝徹盥于門外入升自阼階丈夫踊

祝徹祝與有司當徹小斂之奠者小斂設盥于饌東有巾大斂設盥于門外彌有威儀

祝徹巾授執事者以待

授執巾者於尸東使先待於阼階下為大斂奠又將巾之祝還徹醴也

徹饌先取醴酒北面

北面立相待俱降

其餘取先設者出于足降自西階婦人踊設于序西南當西榮如設于堂

爲求神於庭孝子不忍使其親須臾無所憑依也堂謂尸東也凡奠設于序西南者畢事而去之

醴酒位如初。執事豆北。南面東上。

如初者如其醴酒北面西上也執醴尊不爲便事變位

乃適饌。

東方之新饌

帷堂。

徹事畢

婦人尸西東面。主人及親者升自西階。出于足西面袒。

袒大斂變也不言髽免髻髮小斂以來自若矣

士盥位如初。

亦既盥並立西階下

布席如初。

亦下莞上簟鋪於阼階上於楹間爲少南

商祝布絞紟衾衣。美者在外。君襚不倒。

至此乃用君襚主人先自盡

有大夫則告。

後來者則告以方斂非斂時則當降拜之

士舉遷尸。復位。主人踊無算。卒斂。徹帷。主人馮如初。主婦亦如之。主人奉尸斂于棺。踊如初。乃蓋。

棺在肂中斂尸焉所謂殯也檀弓曰殯於客位

主人降拜大夫之後至者。北面視肂。

北面於西階東

衆主人復位。婦人東復位。

阼階上下之位

設熬旁一筐。乃塗。踊無算。

以木覆棺上而塗之爲火備

卒塗。祝取銘置于肂。主人復位。踊襲。

爲銘設柎樹之肂東○爲于僞反柎方于反

乃奠燭升自阼階。祝執巾席從。設于奧東面。

執燭者先升堂照室自是不復奠於尸祝執巾與執席者從入爲安神位室中西南隅謂之奧執燭南面巾委於席右

祝反降及執事執饌。

東方之饌

士盥舉鼎入西面北上如初。載魚左首進鬐三列。腊進柢。

如初如小斂舉鼎執匕俎扃鼏枇載之儀魚左首設而在南鬐脊也左首進鬐亦未異於生也凡未異於生者不致死也古文首爲手鬐爲耆○鬐巨之反

祝執醴如初。酒豆籩俎從。升自阼階。丈夫踊。甸人徹鼎。

如初祝先升

奠由楹內入于室醴酒北面

亦如初

設豆右菹菹南栗栗東脯豚當豆魚次腊特于俎北醴酒在籩南巾如初

右菹菹在醴南也此左右異於魚者載者統於執設者統於席醴當栗南酒當脯南

既錯者出立于戶西西上祝後闔戶先由楹西降自西階婦人踊奠者由重南東丈夫踊

爲神馮依之也

賓出婦人踊主人拜送于門外入及兄弟北面哭殯兄弟出主人拜送于門外

小功以下至此可以歸異門大功亦存焉

衆主人出門哭止皆西面于東方闔門主人揖就次

次謂斬衰倚廬齊衰堊室也大功有帷帳小功緦麻有牀第可也○堊音於各反

君若有賜焉則視斂既布衣君至

賜恩惠也斂大斂君視大斂皮弁服襲裘主人成服之後往則錫衰

主人出迎于外門外見馬首不哭還入門右北面及衆主人袒

不哭厭於君不敢伸其私恩

巫止于廟門外祝代之小臣二人執戈先二人後

巫掌招彌以除疾病小臣掌正君之法儀者周禮曰男巫王弔則與祝前喪祝王弔則與巫前檀弓曰君臨臣喪以巫祝桃茢執戈以惡之所以異於生也皆天子之禮諸侯臨臣之喪則使祝代巫執茢居前下天子也小臣君行則在前後君升則俠阼階北面凡宮有鬼神曰廟○茢音列又音例

君釋采入門主人辟

釋采者祝爲君禮門神也必禮門神者明君無故不來也禮運曰諸侯非問疾弔喪而入諸臣之家是謂君臣爲謔

君升自阼階西鄉祝負墉南面主人中庭

祝南面房中東鄉君牆謂之墉主人中庭進益北

君哭主人哭拜稽顙成踊出

出不敢必君之卒斂事

君命反行事主人復位

大斂事

君升主人主人西楹東北面

命主人使之升

升公卿大夫繼主人東上乃斂

公大國之孤四命也春秋傳曰吾公在壑谷

卒公卿大夫逆降復位主人降出

逆降者後升者先降位如朝夕哭弔之位

君反主人主人中庭君坐撫當心主人拜稽顙成踊

出。

君反之。復初位。衆主人辟于東壁南面。

撫手案之。凡馮尸興必踊。今文無成。

君降西鄉。命主人馮尸。主人升自西階。由足西面馮尸。

以君將降也。南面則當坫之東。

尸不當君所。踊。主婦東面馮。亦如之。

君必降者。欲孝子盡其情。

奉尸斂于棺。乃蓋。主人降。出。君反之。入門左。視塗。

肂在西階上。入門左。由便趨疾。不敢久留君。

君升卽位。衆主人復位。卒塗。主人出。君命之反奠。入門右。

亦復中庭立。

乃奠。升自西階。

以君在阼。

君要節而踊。主人從踊。

節。謂執奠始升階。及既奠由重南東。皆也。

卒奠。主人出。哭者止。

以君將出。不敢讙囂。聒尊者也。○讙火官反。又許元反。

君出門。廟中哭。主人不哭。辟。君式之。

辟逡遁辟位也。古者立乘。式謂小俛。以禮主人也。曲禮曰。立視五巂。式視馬尾。○辟婢亦反。遁音旬。

辟音避。乘繩證反。俛音免。

貳車畢乘。主人哭。拜送。

貳車。副車也。其數各視其命之等。君出。使異姓之士乘之。在後。君弔。蓋乘象輅。曲禮曰。乘君之乘車。不敢曠左。左必式。

襲。入卽位。衆主人襲。拜大夫之後至者。成踊。

後至。布衣而後來者。

賓出。主人拜送。

自賓出以下。如君不在之儀。

三日成服。杖。拜君命及衆賓。不拜棺中之賜。

既殯之明日。全三日。始歠粥矣。禮尊者加惠。明日必往拜謝之。棺中之賜。不施己也。曲禮曰。生與來日。

朝夕哭。不辟子卯。

既殯之後。朝夕及哀至乃哭。不代哭也。子卯。桀紂亡日。凶事不辟。吉事闕焉。

婦人卽位于堂。南上。哭。丈夫卽位于門外。西面北上。外兄弟在其南。南上。賓繼之。北上。門東北面西上。門西北面東上。西方東面北上。主人卽位辟門。

外兄弟。異姓有服者也。辟。開也。凡廟門有事則開。無事則閉。○辟婢亦反。

婦人拊心不哭。

方有事。止讙囂。

主人拜賓。旁三。右還。入門哭。婦人踊。

先西面拜乃南面拜東面拜也

主人堂下直東序西面兄弟皆即位如外位卿大夫在主人之南諸公門東少進他國之異爵者門西少進敵則先拜他國之賓凡異爵者拜諸其位

賓皆即此位乃哭盡哀止主人乃右還拜之如外位矣兄弟齊衰大功者主人哭則哭小功緦麻亦即位乃哭上言賓此言卿大夫明其亦賓爾少進前於列異爵卿大夫也他國卿大夫亦前於列尊之拜諸其位就其位特拜

徹者盥于門外燭先入升自阼階丈夫踊

徹者徹大斂之宿奠

祝取醴北面取酒立于其東取豆籩俎南面西上祝先出酒豆籩俎序從降自西階婦人踊

序次也

設于序西南直西榮醴酒北面西上豆西面錯立于豆北南面籩俎既錯立于執豆之西東上酒錯復位醴錯于西遂先由主人之北適饌

遂先者明祝不復位也適饌適新饌將復奠

乃奠醴酒脯醢升丈夫踊入如初設不巾

入入於室也如初設者豆先次籩次酒次醴也不巾無菹無栗也菹栗具則有俎有俎乃巾之

錯者出立于戶西西上滅燭出祝闔戶先降自西階婦人踊奠者由重南東丈夫踊賓出婦人踊主人拜送

哭止乃奠奠則禮畢矣今文無拜

衆主人出婦人踊出門哭止皆復位闔門主人卒拜送賓揖衆主人乃就次

朔月奠用特豚魚腊陳三鼎如初東方之饌亦如之

朔月月朔日也自大夫以上月半又奠如初者謂大斂時

無籩有黍稷用瓦敦有蓋當籩位

黍稷併於甒北也於是始有黍稷死者之於朔月月半猶平常之朝夕大祥之後則四時祭焉

主人拜賓如朝夕哭卒徹

徹宿奠也

舉鼎入升皆如初奠之儀卒朼釋匕于鼎俎行朼者逆出甸人徹鼎其序醴酒菹醢黍稷俎

俎行者俎後執執俎者行鼎可以出其序升入之次

其設于室豆錯俎錯腊特黍稷當籩位敦啓會郤諸其南醴酒位如初

當籩位俎南黍黍東稷會蓋也今文無敦

祝與執豆者巾乃出

共爲之也

主人要節而踊皆如朝夕哭之儀月半不殷奠

殷盛也士月半不復如朔盛奠下尊者

有薦新如朔奠
薦五穀若時果物新出者

徹朔奠先取醴酒其餘取先設者敦啟會面足序出如入
啟會徹時不復蓋也面足執之令足間鄉前也敦有足則敦之形如今酒敦

其設于外如于室
外西序南

筮宅冢人營之
宅葬居也冢人有司掌墓地兆域者營猶度也詩云經之營之

掘四隅外其壤掘中南其壤
爲葬將北首故也

既朝哭主人皆往兆南北面免絰
兆域也新營之處免絰者求吉不敢純凶

命筮者在主人之右
命尊者宜由右出也少儀曰贊幣自左詔辭自右

筮者東面抽上韇兼執之南面受命
韇藏筴之器也兼與筴執之今文無兼○韇音獨

命曰哀子某爲其父某甫筮宅度茲幽宅兆基無有後艱
某甫且字也若言山甫孔甫矣宅居也度謀也茲此也基始也言爲其父筮葬居今謀此以爲幽冥居兆域之始得無後將有艱難乎艱難謂有非常若崩壞也孝經曰卜其宅兆而安厝之古文無兆基作期○爲于僞反

筮人許諾不述命右還北面指中封而筮卦者在左
述循也既受命而申言之曰述不述者士禮略凡筮因會命筮爲述命中封中央壤也卦者識爻卦畫地者古文述皆作術

卒筮執卦以示命筮者命筮者受視反之東面旅占卒進告于命筮者與主人占之曰從
卒筮卦者寫卦示主人乃受而執之旅衆也反與其屬共占之謂掌連山歸藏周易者從猶吉也

主人絰哭不踊若不從筮擇如初儀
更擇地而筮之

歸殯前北面哭不踊
易位而哭明非常

既井椁主人西面拜工左還椁反位哭不踊婦人哭于堂
既已也匠人爲椁刊治其材以井構於殯門外也反位拜位也既哭之則往施之竁中矣主人還椁亦以既朝哭矣○竁昌絹反

獻材于殯門外西面北上綪主人徧視之如哭椁獻素獻成亦如之
材明器之材視之亦拜工左還形法定爲素飾治畢爲成

卜日既朝哭皆復外位卜人先奠龜于西塾上南首

有席楚焞置于燋在龜東

楚荆也荆焞所以鑽灼龜者燋炬也所以燃火者也周禮菙氏掌共燋契以待卜事凡卜以明火爇燋遂灼其焌契以授卜師遂以役之○焞存悶反劉吐敦反又徒敦反又音純燋劉哉約反又祖堯反一作哉益反菙時髓反掌共音恭爇之悅反焌劉音俊又存悶反又子悶反

族長涖卜及宗人吉服立于門西東面南上占者三人在其南北上卜人及執燋席者在塾西

族長有司掌族人親疏者也涖臨也吉服服玄端也占者三人掌玉兆瓦兆原兆者也在塾西者南面東上

闑東扉主婦立于其內

扉門扉也

席于闑西閾外

爲卜者也古文闑作槷閾作蹙

宗人告事具主人北面免絰左擁之涖卜即位于門東西面

涖卜族長也更西面當代主人命卜

卜人抱龜燋先奠龜西首燋在北

既奠燋又執龜以待之

宗人受卜人龜示高

以龜腹甲高起所當灼處示涖卜也

涖卜受視反之宗人還少退受命

受涖卜命授龜宜近受命宜郤也

命曰哀子某來日卜葬其父某甫考降無有近悔

考登也降下也言卜此日葬魂神上下得無近於咎悔者乎

許諾不述命送即席西面坐命龜興授卜人龜負東扉

宗人不述命亦士禮略凡卜述命命龜異龜重威儀多也負東扉俟龜之兆也

卜人坐作龜興

作猶灼也周禮卜人凡卜事示高揚火以作龜致其墨興起也

宗人受龜示涖卜涖卜受視反之宗人退東面乃旅占卒不釋龜告于涖卜與主人占曰某日從

不釋龜復執之也古文曰爲曰

授卜人龜告于主婦主婦哭

不執龜者下主人也

告于異爵者使人告于衆賓

衆賓僚友不來者也

卜人徹龜宗人告事畢主人經入哭如筮宅賓出拜送若不從卜擇如初儀

儀禮卷十二

儀禮卷十三

漢大司農北海鄭　玄註

明　後學東吳金　蟠訂

既夕第十三

既夕哭。既已也謂出門哭止復外位時

請啓期告于賓。將葬當遷柩于祖有司於是乃請啓肂之期於主人以告賓賓宜知其時也今文啓爲開○肂以二反劉音四

夙興設盥于祖廟門外。祖王父也下士祖禰共廟

陳鼎皆如殯。東方之饌亦如之。皆皆三鼎也如殯如大斂既殯之奠

俠牀饌于階間。俠之言尸也朝正柩用此牀○俠音夾饌士轉反朝直遙反

二燭俟于殯門外。早闇以爲明也燭用蒸

丈夫髽散帶垂即位如初。爲將啓變也此互文以相見耳髽婦人之變喪服小記曰男子免而婦人髽男子冠而婦人笄如初朝夕哭門外位○髽側瓜反免音問冠古亂反

婦人不哭。主人拜賓入。即位袒。此不蒙如初者以男子入門不哭也不哭者將有事止讙囂也○袒音但讙火官反

商祝免袒。執功布。入。升自西階。盡階不升堂。聲三。啓三。命哭。功布灰治之布也執之以接神爲有所拂仿也聲三三有聲存神也啓三三言啓告神也舊說以爲聲噫興也今文免作絻○三息暫反

燭入。炤徹與啓肂者

祝降。與夏祝交于階下。取銘置于重。祝降者祝徹宿奠降也與夏祝交事相接也夏祝取銘置于重爲啓肂遷之吉事交相左凶事交相右今文銘皆作名○重直龍反後放此

踊無算。主人也

商祝拂柩用功布。幠用夷衾。拂去塵也幠覆之爲其形露○幠火吾反

遷于祖用軸。遷徙也徙於祖朝祖廟也檀弓曰殷朝而殯於祖周朝而遂葬蓋象平生時將出必辭尊者軸輁軸也軸狀如轉轔刻兩頭爲軹輁狀如長牀穿桯前後著金而關軸焉大夫諸侯以上有四周謂之輴天子畫之以龍○輁九勇反軹音紙著丁略反輴勑倫反

重先。奠從。燭從。柩從。燭從。主人從。

行之序也。主人從者，丈夫由右，婦人由左，以服之親疏爲先後，各從其昭穆。男賓在前，女賓在後。○從，才用反。

升自西階。

柩也，猶用子道，不由阼也。

奠俟于下，東面北上。

俟正柩也。

主人從升，婦人升，東面。衆人東即位。

東方之位。

正柩于兩楹間，用夷牀。

兩楹間，象鄉戶牖也。是時柩北首。○鄉，許亮反。

主人柩東，西面。置重如初。

如殯宮時也。

席升設于柩西。奠設如初。巾之。升降自西階。

席設于柩之西，直柩之西，當西階也。從奠設如初，東面也。不統於柩，神不西面也。不設柩東，東非神位也。巾之者，爲禦當風塵。

主人踊無筭，降，拜賓，即位，踊，襲。主婦及親者由足，西面。

設奠時，婦人皆室戶西，南面。奠畢，乃得東也。親者西面，堂上迫，疏者可以居房中。

薦車，直東榮，北輈。

薦，進也。進車者，象生時將行陳駕也。今時謂之魂車。輈，轅也。車當東榮，東陳西上於中庭。○輈，竹求

反

質明，滅燭。

質，正也。

徹者升自阼階，降自西階。

徹者辟新奠，不設序西南，已再設，爲褻。

乃奠如初，升降自西階。

爲遷祖奠也。奠升不由阼階，柩北首，辟其足。

主人要節而踊。

節，升降。

薦馬，纓三就，入門，北面，交轡，圉人夾牽之。

駕車之馬，每車二疋。纓，今馬鞅也。就，成也。諸侯之臣飾纓以三色而三成，此三色者，蓋條絲也。其著之如罽然。天子之臣如其命數。王之革路絲絛。圉人，養馬者。在左右曰夾。既奠，乃薦馬者，爲其踐汙廟中也。凡入門，參分庭一在南。

御者執策立于馬後。哭成踊，右還出。

主人於是乃哭踊者，薦車之禮成於薦馬。

賓出，主人送于門外。

有司請祖期。

亦因在外位請之，當以告賓。每事畢輒出，將行而飲酒曰祖。祖，始也。

曰：日側。

側，昳也。謂將過中之時。

主人入袒。乃載踊無算。卒束襲。

袒爲載變也舉柩卻下而載之束束棺於柩車賓出遂匠納車于階間謂此車

降奠當前束。

下遷祖之奠也當前束猶當尸腢也亦在柩車西束有前後也

商祝飾柩一池紐前䞓後緇齊三采無貝。

飾柩爲設牆柳也巾奠乃牆謂此也牆有布帷柳有布荒池者象宮室之承霤以竹爲之狀如小車笭衣以青布一池縣於柳前士不揄絞紐所以聯帷荒前赤後黑因以爲飾左右面各有前後齊居柳之中央若今小車蓋上蕤矣以三采繒爲之上朱中白下蒼著以絮元士以上有貝○紐女九反上䞓丑貞反霤力又反笭力丁反縣音玄揄音遙

設披。

披輅柳棺上貫結於戴人君旁牽之以備傾虧大記曰士戴前纁後緇二披用纁今文披皆爲藩○披彼義反

屬引。

屬猶著也引所以引柩車在軸輴曰紼古者人引柩春秋傳曰坐引而哭之三

陳明器于乘車之西。

明器藏器也檀弓曰其曰明器神明之也言神明者異於生器竹不成用瓦不成味木不成斲琴瑟張而不平竽笙備而不和有鐘磬而無筍簴陳器於乘車之西則重之北也○乘繩證反味武葛反劉音妹

折橫覆之。

折猶庪也方鑿連木爲之蓋如牀而縮者三橫者五無簀窆事畢加之壙上以承抗席橫陳之者爲苞筲以下綪於其北便也覆之見善面也○折之設反庪九委反窆彼驗反綪側耕反見賢遍反

抗木橫三縮二。

抗禦也所以禦止土者其橫與縮各足掩壙

加抗席三。

席所以禦塵○抗古艮反劉音剛後皆同

加茵用疏布緇翦有幅亦縮二橫三。

茵所以藉棺者翦淺也幅緣之亦者亦抗木也及其用之木三在上茵二在下象天三合地二人藏其中焉今文翦作淺

器西南上綪。

器目言之也陳明器以西行南端爲上綪屈也不容則屈而反之○綪側耕反

茵。

茵在抗木上陳器次而北也

苞二。

所以裹奠羊豕之肉

筲三黍稷麥。

筲畚種類也其容蓋與簋同一觳也○畚音本觳音斛

甕三醯醢屑冪用疏布。

甕瓦器其容亦蓋一觳屑薑桂之屑也內則曰屑桂與薑冪覆也今文冪皆作密○甕烏弄反冪亡狄反

甒二醴酒冪用功布。

甒亦瓦器古文甒皆作廡○甒士甫反及注廡音同

皆木桁久之。桁所以庪苞筲罋甒也久當爲灸灸謂以蓋案塞其口每器異桁○桁戶庚反

用器弓矢耒耜兩敦兩杅槃匜匜實于槃中南流。此皆常用之器也杅盛湯漿槃匜盥器也流匜口也今文杅爲桙○敦音對劉又都愛反杅音于本又作孚匜音移盛音成

無祭器。士禮略也大夫以上兼用鬼器人器也

有燕樂器可也。與賓客燕飲用樂之器也

役器甲冑干笮。此皆師役之器甲鎧冑兜鍪干楯笮矢箙○笮則白反鍪音矛楯當允反又音允

燕器杖笠翣。燕居安體之器也笠竹簦蓋也翣扇○簦音立翣所甲反

徹奠巾席俟于西方主人要節而踊。巾席俟於西方祖奠將用焉要節者來象升丈夫踊去象降婦人踊徹者由明器北西面既徹由重南東不設於序西南者非宿奠也宿奠必設者爲神馮依之久也

祖。爲將祖變

商祝御柩。亦執功布居前爲還柩車爲節○還劉音患

乃祖。還柩鄉外爲行始

踊襲少南當前束。主人也柩還則當前束南

婦人降卽位于階間。爲柩將去有時也位東上

祖還車不還器。祖有行漸車亦宜鄉外也器之陳自已南上

祝取銘置于茵。重不藏故於此移銘加於茵上

二人還重左還。重與車馬還相反由便也

布席乃奠如初主人要節而踊。車已祖可以爲之奠也是之謂祖奠

薦馬如初。柩動車還宜新之也

賓出主人送。

有司請葬期。亦因在外位時

入復位。

主人也自死至於殯自啓至於葬主人及兄弟恆在內位

公賵玄纁束馬兩。

公國君也賵所以助主人送葬也兩馬士制也春秋傳曰宋景曹卒魯季康子使冉求賵之以馬曰其可以稱旌繁乎

擯者出請入告。主人釋杖。迎于廟門外。不哭。先入門右北面。及衆主人袒。

尊君命也衆主人自若西面

馬入設。

設於庭在重南

賓奉幣。由馬西。當前輅。北面致命。

賓使者幣玄纁也輅轅縛所以屬引由馬西則亦當前輅之西於是北面致命得鄉柩與奠柩車在階間少前三分庭之北輅有前後

主人哭拜稽顙。成踊。賓奠幣于棧左服。出。

棧謂柩車也凡士車制無漆飾左服象授人授其右也服車箱今文棧作輚○棧士板反劉才產反注輚同

宰由主人之北舉幣以東。

柩東主人位以東藏之

士受馬以出。

此士謂胥徒之長也有勇力者受馬聘禮曰皮馬相間可也

主人送于外門外。拜襲入復位杖。賓賵者將命。

賓卿大夫士也

擯者請入告。出告須。

不迎告曰孤某須

馬入設。賓奉幣。擯者先入。賓從致命如初。

初公使者

主人拜于位。不踊。

柩車東位也既啓之後與在室同

賓奠幣如初。舉幣受馬如初。擯者出請。

賓出在外請之爲其復有事

若奠。

賓致可以奠也

入告出。以賓入。將命如初。士受羊如受馬。又請。

士亦謂胥徒之長又復也

若賻。

賻之言補也助也貨財曰賻○賻音附

入告。主人出門左西面。賓東面將命。

主人出者賻主施於主人

主人拜。賓坐委之。宰由主人之北東面舉之。反位。

坐委之明主人哀戚志不在受人物反位反主人之後位

若無器則捂受之。

謂對相授，不委地。○捂，五故反。

又請，賓告事畢，拜送，入。贈者將命。

贈，送。

擯者出請，納賓如初。

如其入告，出告，須。

賓奠幣如初。

亦於棧左服。

若就器，則坐奠于陳。

就猶善也。贈無常，惟玩好所有。陳，明器之陳。○陳，如字，劉直吝反，下同。

凡將禮，必請而后拜送。

雖知事畢，猶請，君子不必人意。

兄弟賵奠可也。

兄弟有服親者，可且賵且奠，許其厚也。賵奠於死生兩施。

所知則賵而不奠。

所知，通問相知也。降於兄弟。奠施於死者為多，故不奠。

知死者贈，知生者賻。

各主於所知。

書賵于方，若九，若七，若五。

方，板也。書賵奠賻贈之人名與其物於板。每板若九行，若七行，若五行。○行，並戶郎反。

書遣於策。

策，簡也。遣猶送也。謂所當藏物茵以下。

乃代哭如初。

棺柩有時將去，不忍絕聲也。初，謂既小斂時。

宵，為燎于門內之右。

為哭者為明。

厥明，陳鼎五于門外，如初。

鼎五，羊、豕、魚、腊、鮮獸各一鼎也。士禮特牲三鼎，盛葬奠，加一等，用少牢也。如初，如大斂奠時。

其實羊左胖。

反吉祭也。言左胖者，禮不殊骨也。○胖音判。

髀不升。

周貴肩賤髀。古文髀作脾。

腸五，胃五。

亦盛之也。

離肺。

離，捶。○捶，苦圭反。

豕亦如之，豚解，無腸胃。

如之，如羊左胖，髀不升，離肺也。豚解，解之如解豚，亦前肩後肫脊脅而已。無腸胃者，君子不食溷腴。

魚、腊、鮮獸，皆如初。

鮮，新殺者。士腊用兔，加鮮獸而無膚者，豕既豚解，略之。

東方之饌。四豆。脾析。蜱醢。葵菹。蠃醢。

脾讀爲雞脾肶之脾。脾析，百葉也。蜱，蜯也。今文蠃爲蝸。○蜱，皮佳反。蠃，力禾反。肶，尺之反。蜯，步講反。蝸，力禾反，又古華反。

四籩。棗。糗。栗。脯。

糗以豆糗粉餌。○糗，去九反。餌，而志反。

醴酒。

此東方之饌，與祖奠同，在主人之南，當前輅，北上，巾之。

陳器。

明器也。夜斂藏之。

滅燎。執燭。俠輅。北面。

照徹與葬奠也。

賓入者拜之。

明自啓至此，主人無出禮。

徹者入。丈夫踊。設于西北。婦人踊。

猶阼階升時也。亦既盥乃入。入由重東而主人踊，猶其升也。自重北西面而徹，設於柩車西北，亦猶序西南。

徹者東。

由柩車北東適葬奠之饌。

鼎入。

舉入陳之也。陳之蓋於重東北，西面北上，如初。

乃奠。豆南上。綪。籩蠃醢南。北上。綪。

籩蠃醢南，辟醴酒也。○辟音避。

俎二以成。南上。不綪。特鮮獸。

成猶併也。不綪者，魚在羊東，腊在豕東。古文特爲俎。

醴酒在籩西。北上。

統於豆也。

奠者出。主人要節而踊。

亦以往來爲節。奠由重北西，既奠由重南東。

甸人抗重。出自道。道左倚之。

還重不言甸人，抗重言之者，重既虞將埋之，言其官使守視之。抗，舉也。出自道，出從門中央也。不由闑東西者，重不反，變於恆出入。道左，主人位。今時有死者，鑿木置食其中，樹於道側，由此。○闑，魚列反。

薦馬。馬出自道。車各從其馬。駕於門外。西面而俟。南上。

南上，便其行也。行者乘車在前，道稾序從。○稾，古老反。

徹者入。踊如初。徹巾。苞牲。取下體。

苞者，象既饗而歸賓俎者也。取下體者，脛骨象行，又俎實之終始也。士苞三个，前脛折取臂臑，後脛折取骼，亦得俎釋三个。雜記曰：父母而賓客之，所以爲哀。○个，古賀反。臑，乃到反。骼，劉音格，一音各。

不以魚腊。

非正牲也。

行器。目葬行明器在道之次。

茵苞器序從。如其陳之先後。

車從。次器。

徹者出踊如初。於是廟中當行者唯柩車。

主人之史請讀賵執算從柩東當前束西面。不命毋哭哭者相止也。唯主人主婦哭。燭在右南面。史北面請既而與執筭西面於主人之前讀書釋筭則坐。燭在右南面。炤書便也。古文筭皆為筴。○毋音無

讀書釋算則坐。必釋筭者榮其多。

卒命哭滅燭書與算執之以逆出。卒已也。

公史自西方東面命毋哭主人主婦皆不哭讀遣卒命哭滅燭出。公史君之典禮書者。遣者入壙之物。君使史來讀之成其得禮之正以終也。燭俠輅

商祝執功布以御柩執披。居柩車之前若道有低仰傾虧則以布為抑揚左右之節使引者執披者知之。士執披八人。今文無以。○仰五郎反

主人袒乃行踊無算。袒為行變也。乃行謂柩車行也。凡從柩者先後左右如遷于祖之序。

出宮踊襲。

哀次。

至于邦門公使宰夫贈玄纁束。邦門城門也。贈送也。

主人去杖不哭由左聽命賓由右致命。柩車前輅之左右也。當時止柩車。○去起呂反

主人哭拜稽顙賓升實幣于蓋降主人拜送復位杖。

乃行。升柩車之前實其幣於棺蓋之柳中若親授之然。復位反柩車後。

至于壙陳器于道東西北上。統於壙。

茵先入。當藉柩也。元士則葬用輁軸加茵焉。

屬引。於是說載除飾更屬引於緘耳。古文屬為燭。

主人袒衆主人西面北上婦人東面皆不哭

俠羨道爲位。

乃窆。主人哭，踊無算。

窆，下棺也。今文窆爲封。

襲。贈用制幣玄纁束。拜稽顙。踊如初。

丈八尺曰制，二制合之。束，十制五合。

卒，袒，拜賓。主婦亦拜賓。卽位，拾踊三，襲。

主婦拜賓，拜女賓也。卽位，反位也。

賓出，則拜送。

相問之賓也。凡弔賓有五，去皆拜之，此舉中焉。

藏器於旁，加見。

器，用器、役器也。見，棺飾也。更謂之見者，加此則棺柩不復見矣。先言藏器乃云加見者，器在見內也。內之者，明君子之於事終不自逸也。檀弓曰：周人牆置翣。○見，賢遍反。

藏苞筲於旁。

於旁者，在見外也。不言甕甒，饌相次可知。四者兩兩而居。喪大記曰：棺椁之間，君容柷，大夫容壺，士容甒。○柷，尺六反。

加折，卻之。加抗席，覆之。加抗木。

宜次也。

實土三。主人拜鄉人。

謝其勤勞。

卽位，踊，襲，如初。

哀親之在斯。

乃反哭，入，升自西階，東面。衆主人堂下東面，北上。

西階東面，反諸其所作也。反哭者於其祖廟，不於阼階西面，西方神位。

婦人入，丈夫踊，升自阼階。

辟主人也。

主婦入于室，踊，出，卽位，及丈夫拾踊三。

入于室，反諸其所養也。出卽位，堂上西面也。拾，更也。○更音庚。

賓弔者升自西階，曰：如之何。主人拜稽顙。

賓弔者，衆賓之長也。反而亡焉，失之矣，於是爲甚，故弔之。弔者北面，主人拜于位，不北面拜賓東者，以其亦主人位也。古文無曰字。

賓降，出。主人送于門外，拜稽顙。遂適殯宮，皆如啓位。

拾踊三。

啓位，婦人入升堂，丈夫卽中庭之位。

兄弟出，主人拜送。

兄弟，小功以下也。異門大功亦可以歸。

衆主人出門，哭止，闔門。主人揖衆主人，乃就次。

次，倚廬也。

猶朝夕哭，不奠。

是日也，以虞易奠。

三虞。

虞，喪祭名。虞，安也。骨肉歸於土，精氣無所不之，孝子爲其彷徨，三祭以安之。朝葬，日中而虞，不忍一日離。

卒哭。卒哭，三虞之後祭名。始朝夕之間，哀至則哭，至此祭止也。朝夕哭而已。

明日以其班祔。班，次也。祔，卒哭之明日祭名。祔猶屬也。祭昭穆之次而屬之。

記士處適寢，寢東首于北墉下。將有疾，乃寢於適室。今文處爲居，于爲於。

有疾，疾者齊。正情性也。適寢者不齊，不居其室。○齊，側皆反。

養者皆齊。憂也。○養，于亮反。

徹琴瑟。去樂。○去，起呂反。

疾病，外內皆埽。爲有賓客來問也。疾甚曰病。

徹褻衣，加新衣。故衣垢汙，爲來人穢惡之。

御者四人皆坐持體。爲不能自轉側。御者，今時侍從之人。

男女改服。爲賓客來問病，亦朝服。主人深衣。

屬纊以俟絕氣。爲其氣微難節也。纊，新絮。○屬音燭。

男子不絕于婦人之手，婦人不絕于男子之手。備褻。

乃行禱于五祀。盡孝子之情。五祀，博言之。士二祀，曰門，曰行。

乃卒。卒，終也。

主人啼，兄弟哭。哀有甚有否。於是始去冠而笄纚，服深衣。檀弓曰：始死，羔裘玄冠者易之。

設牀第當牖，衽，下莞上簟，設枕。病卒之間廢牀，至是設之，事相變。衽，臥席。古文第爲茨。

遷尸。徙於牖下也。於是幠用斂衾。

復者朝服，左執領，右執要，招而左。衣朝服，服未可以變。○朝，直遙反。要，一遙反。衣，於既反。

楔貌如軛，上兩末。事便也。今文軛作厄。○軛，於革反。

綴足用燕几校在南御者坐持之
校脛也尸南首几脛在南以拘足則不得辟戾矣古文校爲枝○辟必亦反
即牀而奠當腢用吉器若醴若酒無巾柶
腢肩頭也用吉器器未變也或卒無醴用新酒○腢古口反劉五侯反卒七忽反
赴曰君之臣某死赴母妻長子則曰君之臣某之某死
赴走告也今文赴作訃○長丁丈反
室中唯主人主婦坐兄弟有命夫命婦在焉亦坐
別尊卑也
尸在室有君命衆主人不出
不二主
襚者委衣于牀不坐
牀高由便
其襚于室戶西北面致命
始死時也
夏祝淅米差盛之
差擇之
御者四人抗衾而浴襢第
抗衾爲其裸裎蔽之也襢袒也袒簀去席盝水便○盝音祿襢之善反
其母之喪則內御者浴鬠無笄

設明衣婦人則設中帶
內御女御也無笄猶丈夫之不冠也○鬠古外反
卒洗貝反于笄實貝柱右齻左齻
中帶若今之褌襂○褌音昆襂音衫
象齒堅○笄音雞齻丁千反
夏祝徹餘飯
徹去鬻
瑱塞耳
塞充窒○瑱他殿反
掘坎南順廣尺輪二尺深三尺南其壤
南順統於堂輪從也今文掘爲坅
垼用塊
塊堛也古文垼爲役
明衣裳用幕布袂屬幅長下膝
幕布帷幕之布升數未聞也屬幅不削幅也長下膝又有裳於蔽下體深也
有前後裳不辟長及觳
不辟積也觳足跗也凡他服短無見膚長無被土○辟必亦反觳苦角反
縓綼緆
一染謂之縓今紅也飾裳在幅曰綼在下曰緆○縓七絹反綼毗皮反劉音卑緆他計反劉羊豉反
緇純

七入爲緇緇黑色也飾衣曰純謂領與袂衣以緇裳以纁象天地也○純諸允反

設握裏親膚繫鉤中指結于掔

掔掌後節中也手無決者以握繫一端繞掔還從上自貫反與其一端結之○掔烏亂反

甸人築坅坎

築實土其中堅之穿坎之名一曰坅

隸人涅廁

隸人罪人也今之徒役作者也涅塞也爲人復往褻之又亦鬼神不用○涅乃結反

既襲宵爲燎于中庭

宵夜

厥明滅燎陳衣

記節

凡絞紟用布倫如朝服

凡凡小斂大斂也倫比也今文無紟古文倫爲輪

設棜於東堂下南順齊於坫饌於其上兩甒醴酒酒在南篚在東南順實角觶四木柶二素勺二豆在甒北二以並籩亦如之

棜今之轝也角觶四木柶二素勺二爲夕進醴酒兼饌之也勺二醴酒各一也豆籩二以并則是大斂饌也記於此者明其他與小斂同陳古文角觶爲角柶○棜於庶反齊如字劉才計反

凡籩豆實具設皆巾之

籩豆偶而爲具具則於饌巾之巾之加飾也明小斂一豆一籩不巾

觶俟時而酌柶覆加之面枋及錯建之

時朝夕也檀弓曰朝奠日出夕奠逮日○枋彼回反錯七故反

小斂辟奠不出室

未忍神遠之也辟襲奠以辟斂既斂則不出於室設于序西南畢事而去之○辟婢亦反注辟襲同

無踊節

辟斂音避

其哀未可節也

既馮尸主人袒髻髮絞帶衆主人布帶

衆主人齊衰以下○髻音括

大斂於阼

未忍便離主人位也主人奉尸斂于棺則西階上賓之

大夫升自西階階東北面東上

視斂

既馮尸大夫逆降復位

中庭西面位

巾奠執燭者滅燭出降自阼階由主人之北東

巾奠而室事已

既殯主人說髦

既殯置銘于肂復位時也今文說皆作稅兒生三月鬋髮爲鬌男角女羈否則男左女右長大猶爲飾存之謂之髦所以順父母幼小之心至此尸柩不見喪無飾可以去之髦之形象未聞○說土活

反，劉時悅反。髦音毛。鬌，丁果反，又徒禍反。

三日絞垂。成服日。絞要絰之散垂者。

冠六升，外縪，纓條屬，厭。縪謂縫著於武也。外之者，外其餘也。纓條屬者，通屈一條繩為武，垂下為纓，屬之冠。厭，伏也。○縪音必。屬音燭。厭，一涉反。著，直略反。

衰三升。衣與裳也。

屨外納。納，收餘也。

杖下本，竹桐一也。順其性也。

居倚廬。倚木為廬，在中門外東方，北戶。

寢苫枕塊。苫，編藁。塊，堛也。

不說絰帶。哀戚不在於安。

哭晝夜無時。哀至則哭，非必朝夕。

非喪事不言。不忘所以為親。

歠粥，朝一溢米，夕一溢米，不食菜果。不在於飽與滋味。粥，糜也。二十兩曰溢，為米一升二十四分升之一。實在木曰果，在地曰蓏。

主人乘惡車。拜君命，拜衆賓，及有故行，所乘也。雜記曰：端衰、喪車皆無等。然則此惡車，王喪之木車也。古文惡作堊。

白狗幦。未成豪狗。幦，覆笭也。以狗皮為之，取其臑也。白於喪飾宜。古文幦為冪。○幦，亡狄反。笭，力丁反，本或作軨。臑，乃管反。

蒲蔽。蔽，藩。

御以蒲菆。不在於驅馳。蒲菆，牡蒲莖也。古文菆作騶。○菆，則留反。

犬服。笭間兵服，以犬皮為之，取堅也。亦白。

木館。取少聲。今文館為錧。○錧音管。

約綏，約轡。約，繩。綏，所以引升車。

木鑣
亦取少聲古文鑣爲苞○鑣彼苗反
馬不齊髦
齊翦也今文髦爲毛主人之惡車如王之木車則齊衰以下其乘素車繅車駹車漆車與○繅音早
駹步江反
主婦之車亦如之疏布裧
裧者車裳幃於蓋弓垂之○裧尺占反
貳車白狗攝服
貳副也攝猶緣也狗皮緣服差飾○緣悅絹反差初賣反
其他皆如乘車
如所乘惡車
朔月童子執帚卻之左手奉之
童子隸子弟若內豎寺人之屬執用左手卻之示未用
從徹者而入
童子不專禮事
比奠舉席埽室聚諸窔布席如初卒奠埽者執帚垂
末內鬣從執燭者而東
比猶先也室東南隅謂之窔○比必二反窔一弔反鬣音獵先悉見反
燕養饋羞湯沐之饌如他日
燕養平常所用供養也饋朝夕食也羞四時之珍異湯沐所以洗去汙垢內則日三具沐五日具浴孝子不忍一日廢其事親之禮於下室日設之如生存也進徹之時如其頃
朔月若薦新則不饋于下室
以其殷奠有黍稷也下室如今之內堂正寢聽朝事○朝直遙反
筮宅冢人物土
物猶相也相其地可葬者乃營之○相悉亮反
卜日吉告從于主婦主婦哭婦人皆哭主婦升堂哭
者皆止
事畢
啓之昕外內不哭
將有事爲其讙囂既啓命哭古文啓爲開○昕音欣
夷牀輁軸饌于西階東
明階閒者位近西也夷牀饌於祖廟輁軸饌於殯宮其二廟者於禰亦饌輁軸焉古文輁或作拱
其二廟則饌于禰廟如小斂奠乃啓
祖尊禰卑也士事祖禰上士異廟下士共廟
朝于禰廟重止于門外之西東面柩入升自西階正
柩于兩楹閒奠止于西階之下東面北上主人升柩
東西面衆主人東即位婦人從升東面奠升設于柩
西升降自西階主人要節而踊
重不入者主於朝祖而行若過之矣門西東面待之便也
燭先入者升堂東楹之南西面後入者西階東北面

在下。照正柩者先，先柩者後，後柩者適祖時燭亦然，互記於此。

主人降即位。徹乃奠。升自西階。主人踊如初。如其降拜賓至於要節而踊。不薦車，不從此行。

祝及執事舉奠。巾席從而降。柩從。序從如初。適祖。此謂朝禰明日舉奠適祖之序也。此祝執醴先，酒脯醢俎從之，巾席為後。既正柩，席升設，設奠如初。祝受巾巾之。凡喪自卒至殯，自啓至葬，主人之禮其變同，則此日數亦同矣。序從，主人以下。今文無從。

薦乘車。鹿淺幦。干。笮。革靾。載旜。載皮弁服。纓轡貝勒。縣于衡。士乘棧車。鹿淺，鹿夏毛也。幦，覆笭也。玉藻曰：士齊車鹿幦豹犆。干，盾也。笮，矢箙也。靾，韁也。旜，旌旗之屬。通帛為旜，孤卿之所建，亦攝焉。皮弁服者，視朔之服。貝勒，貝飾勒。有干無兵，有箙無弓矢，明不用。古文靾為殺，旜為膳。○乘，繩證反，後皆同。靾，息列反。旜，之然反。縣音玄。夏，戶嫁反。齊，側皆反。犆音直。韁，居良反，劉本作繮。

道車載朝服。道車，朝夕及燕出入之車。朝服，日視朝之服也。玄衣素裳。

稾車載蓑笠。稾猶散也。散車，以田以鄙之車。蓑笠，備雨服。今文稾為潦。凡道車、稾車之纓轡及勒，亦縣于衡也。○稾，古老反。蓑，素禾反。

將載。祝及執事舉奠。戶西南面東上。卒束前而降。奠

席于柩西。將於柩西當前束設之。

巾奠乃牆。牆，飾柩也。

抗木刊。剝削之。古文刊為竿。

茵著用茶。實綏澤焉。茶，茅秀也。綏，廉薑也。澤，澤蘭也。皆取其香且御濕。○茶，大奴反。御，劉本作衙，音御。

葦苞長三尺一編。用便易也。

菅筲三。其實皆瀹。米麥皆湛之湯。未知神之所享，不用食道，所以為敬。○湛，子廉反，又子㢘反。

祖還車。不易位。為鄉外耳，未行。

執披者旁四人。前後左右各三人。

凡贈幣無常。賓之贈也。玩好曰贈，在所有。

凡糗不煎。以膏煎之則褻，非敬。

唯君命止柩于堩其餘則否。

不敢留神也堩道也曾子問曰葬既引至於堩○堩古鄧反

車至道左北面立東上。

道左墓道東先至者在東

柩至于壙斂服載之。

柩車至壙祝說載除飾乃斂乘車道車槀車之服載之不空之以歸送形而往迎精而反亦禮之宜○說土活反

卒窆而歸不驅。

孝子往如慕反如疑為親之在彼

君視斂若不待奠加蓋而出不視斂則加蓋而至卒事。

為有他故及辟忌也

既正柩賓出遂匠納車于階間。

遂匠遂人匠人也遂人主引徒役匠人主載柩窆職相左右也車載柩車周禮謂之蜃車雜記謂之團或作輇或作搏聲讀皆相附耳未聞孰正其車之轝狀如牀中央有轅前後出設前後輅轝上有四周下則前後有軸以輇為輪許叔重說有輻曰輪無輻曰輇○團輇搏並音市專反

祝饌祖奠於主人之南當前輅北上巾之。

言饌於主人之南當前輅則既祖祝乃饌

弓矢之新沽功。

設之宜新沽示不用今文沽作古

有弭飾焉。

弓無緣者謂之弭弭以骨角為飾○弭回爾反緣以絹反

亦可張也。

亦使可張

有柲。

柲弓檠弛則縛之於弓裏備損傷以竹為之詩云竹柲緄縢古文柲作柴○檠音景弛式氏反緄古本反

設依撻焉。

依纏絃也撻附側矢道也皆以韋為之今文撻為銛

有韣。

韣弓衣也以緇布為之○韣音獨

翭矢一乘骨鏃短衛。

翭猶候也候物而射之矢也四矢曰乘骨鏃短衛亦云不用也生時翭矢金鏃凡為矢五分笴長而羽其一○翭音侯射食亦反笴古老反

志矢一乘軒輖中亦短衛。

志猶擬也習射之矢書云若射之有志輖摯也無鏃短衛亦示不用生時志矢骨鏃凡為矢前重後輕也○輖音周摯音至

儀禮卷十三

儀禮卷十四

漢大司農北海鄭　玄註

明　後學東吴葛　鼒訂

士虞禮第十四

士虞禮。

特豕饋食。饋猶歸也。

側亨于廟門外之右，東面。側亨，亨一胖也。亨於爨用鑊，不於門東，未可以吉也。是日也，以虞易奠，祔而以吉祭易喪祭。鬼神所在則曰廟，尊言之。○亨普庚反，劉虛兩反。胖音判。鑊戶郭反。

魚腊爨亞之，北上。爨，竈。

饎爨在東壁，西面。炊黍稷曰饎。饎北上，上齊于屋宇。於虞有亨饎之爨，彌吉。○饎尺志反。

設洗于西階西南，水在洗西，篚在東。反吉也。亦當西榮，南北以堂深。

尊于室中北墉下，當戶，兩甒醴酒，酒在東，無禁，冪用絺布，加勺，南枋。酒在東，上醴也。絺布，葛屬。○冪亡狄反。

素几葦席在西序下。有几，始鬼神也。

苴刌茅長五寸，束之，實于篚，饌于西坫上。苴猶藉也。○刌七本反。

饌兩豆菹醢于西楹之東，醢在西，一鉶亞之。醢在西，南面取之，得左取菹，右取醢，便其設之。

從獻豆兩亞之，四籩亞之，北上。豆從主人獻祝，籩從主婦獻尸祝，北上，菹與棗，不東陳，別於正。

饌黍稷二敦于階間，西上，藉用葦席。藉猶薦也。古文藉爲席。○敦音對，劉又都愛反，後放此。

匜水錯于槃中，南流，在西階之南，簞巾在其東。流，匜吐水口也。○錯七故反。簞音丹。

陳三鼎于門外之右，北面，北上，設扃鼏。門外之右，門西也。今文扃爲鉉。

七俎在西塾之西。不饌於塾上，統於鼎也。塾有西者，是室南鄉。

羞燔俎在內西塾上，南順。南順，於南面取，縮執之便也。肵俎在燔東。

主人及兄弟如葬服，賓執事者如弔服，皆卽位于門外，如朝夕臨位。婦人及內兄弟服，卽位于堂，亦如之。葬服者，既夕曰丈夫髽，散帶垂也。賓執事者，賓客來執事也。○臨力蔭反，下同。髽側瓜反。

祝免澡葛絰帶布席于室中東面右几降出及宗人即位于門西東面南上（祝亦執事免者祭祀之禮祝所親也澡治也治葛以為首絰及帶接神宜變也然則士之屬官為其長弔服加麻矣至於既卒哭主人變服則除右几於席近南也○免音問）

宗人告有司具遂請拜賓如臨入門哭婦人哭（臨朝夕哭）

主人即位于堂衆主人及兄弟賓即位于西方如反哭位（既夕曰乃反哭入則升自西階東面衆主人堂下東面北上異於朝夕）

祝入門左北面（不與執事同位接神尊也）

宗人西階前北面（當詔主人及賓之事）

祝盥升取苴降洗之升入設于几東席上東縮降洗觶升止哭（縮從也古文縮為蹙○從子容反）

主人倚杖入祝從在左西面（主人北旋倚杖西序乃入喪服小記曰虞杖不入於室祔杖不升於堂然則練杖不入於門明矣）

贊薦菹醢醢在北（主婦不薦齊斬之服不執事也曾子問曰士祭不足則取於兄弟大功以下者）

佐食及執事盥出舉長在左（舉舉鼎也長在左在西方位也凡事宗人詔之）

鼎入設于西階前東面北上匕俎從設左人抽扃鼏匕佐食及右人載（載載於俎佐食載則亦在右矣今文扃為鉉古文鼏為密）

卒朼者逆退復位（復賓位也）

俎入設于豆東魚亞之腊特（亞次也今文無之）

贊設二敦于俎南黍其東稷（簋實尊黍也）

設一鉶于豆南（鉶菜羹也）

佐食出立于戶西（饌已也今文無于戶西）

贊者徹鼎（反于門外）

祝酌醴命佐食啓會佐食許諾啓會卻于敦南復位（會合也謂敦蓋也復位出立于戶西今文啓為開）

祝奠觶于鉶南復位

復位復主人之左

主人再拜稽首。祝饗。命佐食祭。

饗告神饗也此祭祭於苴也饗神辭記所謂哀子某哀顯相夙興夜處不寧下至適爾皇祖某甫饗是也○相息亮反

佐食許諾。鉤袒。取黍稷祭于苴三。取膚祭。祭如初。祝取奠觶祭。亦如之。不盡益反奠之。主人再拜稽首。

鉤袒如今擐衣也苴所以藉祭也孝子始將納尸以事其親爲神疑於其位設苴以定之耳或曰苴主道也則特牲少牢當有主象而無可乎○擐音患

祝祝卒。主人拜如初。哭。出復位。

祝祝者釋孝子祭辭

祝迎尸。一人衰絰奉篚。哭從尸。

尸主也孝子之祭不見親之形象心無所繫立尸而主意焉一人主人兄弟檀弓曰既封主人贈而祝宿虞尸○奉芳勇反

尸入門。丈夫踊。婦人踊。

踊不同文者有先後也尸入主人不降者喪事主哀不主敬

淳尸盥。宗人授巾。

淳沃也沃尸盥者賓執事者也

尸及階。祝延尸。

延進也告之以升

尸升。宗人詔踊如初。

言詔踊如初則凡踊宗人詔之

尸入戶。踊如初。哭止。

哭止尊尸

婦人入于房。

辟執事者○辟音避

主人及祝拜妥尸。尸拜。遂坐。

妥安坐也

從者錯篚于尸左席上。立于其北。

北席北也

尸取奠。左執之。取菹。擩于醢。祭于豆間。祝命佐食墮祭。

下祭曰墮墮之言猶墮下也周禮曰既祭則藏其墮謂此也今文墮爲綏特牲少牢或爲羞失古正矣齊魯之間謂祭爲墮○擩人悅反墮許恚反又相恚反

佐食取黍稷肺祭授尸。尸祭之。祭奠。祝祝。主人拜如初。尸嘗醴。奠之。

如初亦祝祝卒乃再拜稽首

佐食舉肺脊授尸。尸受。振祭。嚌之。左手執之。

右手將有事也尸食之時亦奠肺脊于豆○嚌才計反

祝命佐食邇敦。佐食舉黍錯于席上。

邇近也

尸祭鉶嘗鉶

右手也少牢曰以柶祭羊鉶遂以祭豕鉶嘗羊鉶

泰羹湆自門入設于鉶南胾四豆設于左

博異味也湆肉汁也胾切肉也○湆去及反胾側吏反

尸飯播餘于篚

不反餘也古者飯用手吉時播餘于會古文播爲半○飯扶晚反

三飯佐食舉幹尸受振祭嚌之實于篚

飯間啗肉安食氣○啗大敢反

又三飯舉胳祭如初佐食舉魚腊實于篚

尸不受魚腊以喪不備味○胳音格一音各

又三飯舉肩祭如初

後舉肩者貴要成也

舉魚腊俎俎釋三个

釋猶遺也遺之者君子不盡人之歡不竭人之忠个猶枚也今俗或名枚曰個音相近此腊亦七體

尸卒食佐食受肺脊實于篚反黍如初設

如其牲也

九飯而已士禮也篚猶吉祭之有肵俎○肵音祈

主人洗廢爵酌酒酳尸尸拜受爵主人北面答拜尸祭酒嘗之

爵無足曰廢爵酳安食也主人北面以酳酢變吉也凡異者皆變吉古文酳作酌○酳以刃反

賓長以肝從實于俎縮右鹽

縮從也從實肝炙於俎也喪祭進柢右鹽於俎近北便尸取之也縮執俎言右鹽則肝鹽併也○炙之夜反　柢丁計反

尸左執爵右取肝擩鹽振祭嚌之加于俎賓降反俎于西塾復位

取肝右手也加于俎從其牲體也以喪不志於味

尸卒爵祝受不相爵主人拜尸答拜

不相爵喪祭於禮略相爵者特牲曰送爵皇尸卒爵

祝酌授尸尸以醋主人主人拜受爵尸答拜

醋報○醋才各反本亦作酢

主人坐祭卒爵拜尸答拜筵祝南面

祝接神尊也筵用萑席

主人獻祝祝拜坐受爵主人答拜

獻祝因反西南位

薦菹醢設俎祝左執爵祭薦奠爵興取肺坐祭嚌之興加于俎祭酒嘗之肝從祝取肝擩鹽振祭嚌之加于俎卒爵拜主人答拜祝坐授主人

今文無擩鹽

主人酌獻佐食佐食北面拜坐受爵主人答拜佐食祭酒卒爵拜主人答拜受爵出實于篚升堂復位

二〇八

篚在庭不復入事已也亦因取杖乃東面立
主婦洗足爵于房中酌亞獻尸如主人儀
爵有足輕者飾也昏禮曰內洗在北堂直室東隅
自反兩籩棗栗設于會南棗在西
尚棗棗美
尸祭籩祭酒如初賓以燔從如初尸祭燔卒爵如初
酌獻祝籩燔從獻佐食皆如初以虛爵入于房
初主人儀
賓長洗繶爵三獻燔從如初儀
繶爵口足之間有篆又彌飾○繶於力反篆大轉反
婦人復位
復堂上西面位事已尸將出當哭踊
祝出戶西面告利成主人哭
西面告告主人也利猶養也成畢也言養禮畢也不言養禮畢於尸間嫌
皆哭
丈夫婦人於主人哭斯哭矣
祝入尸謖
祝入而無事尸則知起矣不告尸者無遣尊者之道也古文謖或為休○謖所六反
從者奉篚哭如初
初哭從尸

祝前尸出戶踊如初降堂踊如初出門亦如之
前道也如初者出如入降如升三者之節悲哀同○道音導
祝反入徹設于西北隅如其設也几在南厞用席
改設饌者不如鬼神之節改設之庶幾歆饗所以為厭飫也几在南變古文明東面不南面漸也厞
隱也于厞隱之處從其幽闇○厞扶未反劉音非
祝薦席徹入于房祝自執其俎出
徹薦席者執事者祝薦席則初自房來
贊闔牖戶
鬼神尚居幽闇或者遠人乎贊佐食者
主人降賓出
宗人詔主人降賓則出廟門
主人出門哭止皆復位
門外未入位
宗人告事畢賓出主人送拜稽顙
送拜者明于大門外也賓執事者皆去即徹室中之饌者兄弟也
記虞沐浴不櫛
沐浴者將祭自潔清不櫛未在於飾也唯三年之喪不櫛期以下櫛可也今文曰沐浴
陳牲于廟門外北首西上寢右
言牲腊在其中西上變吉寢右者當升左胖也腊用棜檀弓曰既反哭主人與有司視虞牲
日中而行事

朝葬日中而虞君子舉事必用辰正也再虞三虞皆質明

殺于廟門西主人不視豚解。

主人視牲不視殺凡爲喪事略也豚解解前後脛脊脅而已熟乃體解升於鼎也今文無廟

羹飪。升左肩。臂臑。肫骼。脊脅。離肺。膚祭三。取諸左膉上。肺祭一。實于上鼎。

肉謂之羹飪熟也脊脅正脊正脅也喪祭略七體耳離肺舉肺也少牢饋食禮曰舉肺一長終肺祭

肺三皆刌膉脰肉也古文曰左股上字從肉從殳殳矛之殳聲○臑乃報反肫音純膉音益殳音殊

升魚鱄鮒九。實于中鼎。

差減之○鱄市專反鮒音附

升腊左胖。髀不升。實于下鼎。

腊亦七體牲之類○髀步禮反又方爾反

皆設扃鼏陳之。

嫌既陳乃設扃鼏也今文扃作鉉古文鼏作密

載猶進柢。魚進鬐。

猶猶士喪既夕言未可以吉也柢本也鬐脊也今文柢爲胝古文鬐爲耆○鬐渠之反柢音帝

祝俎髀脰脊脅離肺。陳于階間敦東。

不升於鼎賤也統於敦明神惠也祭以離肺下尸

淳尸盥。執槃西面。執匜東面。執巾在其北東面。宗人授巾南面。

槃以盛棄水爲淺汙人也執巾不授巾卑也

主人在室。則宗人升戶外北面。

當詔主人室事

佐食無事。則出戶負依南面。

室中尊不空立戶牖之間謂之依○依於豈反

鉶芼用苦若薇。有滑。夏用葵。冬用荁。有柶。

苦苦荼也荁堇類也乾則滑夏秋用生葵冬春用乾荁古文苦爲枯今文或作芐○薇音微荁音丸

荼音徒堇音謹

豆實葵菹。菹以西蠃醢。籩棗烝栗擇。

棗烝栗擇則菹刌也棗烝栗擇則豆不揭籩有縢也○蠃力禾反揭苦瞎反又苦割反

尸入。祝從尸。

祝在主人前也嫌如初時主人倚杖入祝從之初時主人之心尚若親存宜自親之今既接神祝當

詔侑尸也

尸坐不說屨。

侍神不敢燕惰○今文說爲稅

尸謖。祝前鄉尸。

前道也祝道尸必先鄉之爲之節○鄉許亮反

還出戶。又鄉尸。還過主人。又鄉尸。還降階。又鄉尸。

過主人則西階上不言及階明主人見尸有踧踖之敬○踧子六反踖子亦反

降階。還及門。如出戶。

及至也言還至門明其間無節也降階如升時將出門如出戶時皆還向尸也每將還必有辟退之

容凡前尸之禮儀在此○辟音避

尸出。祝反。入門左。北面復位。然後宗人詔降。尸服卒者之上服。

上服者如特牲士玄端也不以爵弁服爲上者祭於君之服非所以自配鬼神士之妻則宵衣耳

男。男尸。女。女尸。必使異姓。不使賤者。

異姓婦也賤者謂庶孫之妾也尸配尊者必使適也○適丁狄反

無尸。則禮及薦饌皆如初。

無尸謂無孫列可使者也殤亦是也禮謂衣服即位升降

既饗。祭于苴。祝祝卒。

記異者之節

不綏祭。無泰羹湇胾從獻。

不綏言獻記終始也事尸之禮始於綏祭終於從獻綏當爲墮

主人哭。出復位。

於祝祝卒

祝闔牖戶。降。復位于門西。

門西北面位也

男女拾踊三。

拾更也三更踊○更音庚

如食間。

隱之如尸一食九飯之頃也

祝升。止哭。聲三。啓戶。

聲者噫歆也將啓戶警覺神也今文啓爲開

主人入。

親之

祝從。啓牖鄉。如初。

牖先闔後啓扇在內也鄉牖一名也如初者主人入祝從在左○鄉許亮反

主人哭。出復位。

堂上位也

卒徹。祝佐食降位。

祝復門西北面位佐食復西方位不復設西北隅者重閉牖戶褻也

宗人詔降如初。

初贊闔牖戶宗人詔主人降之

始虞用柔日。

葬之日日中虞欲安之柔日陰取其靜

曰。哀子某。哀顯相。夙興夜處不寧。

曰辭也祝祝之辭也喪祭稱哀顯相助祭者也顯明也相助也詩云於穆清廟肅雍顯相不寧悲思

不安○相息亮反思息似反

敢用絜牲剛鬣。

敢昧冒之辭豕曰剛鬣○昧冒上云比反下亡報反

香合。

黍也大夫士於黍稷之號合言普淖而已此言香合嘉記者誤爾辭次黍又不得在薦上○香本又作薌

嘉薦普淖。

嘉薦菹醢也普淖黍稷也普大也淖和也德能大和乃有黍稷故以爲號云○淖如孝反

明齊溲酒。

明齊新水也言以新水溲釀此酒也郊特牲曰明水涚齊貴新也或曰當爲明視謂兎腊也今文曰明粢粢稷也皆非其次今文溲爲酸○齊才計反溲所求反

哀薦祫事。

始虞謂之祫事者主欲祫先祖也以與先祖合爲安今文曰古事○祫音合

適爾皇祖某甫。

爾女也女死者告之以適皇祖所以安之也皇君也某甫皇祖字也若言尼甫○女音汝

饗。

勸強之也

再虞皆如初曰哀薦虞事。

丁日葬則己日再虞其祝辭異者一言耳

三虞卒哭他用剛日亦如初曰哀薦成事。

當祔於祖廟爲神安於此後虞改用剛日剛日陽也陽取其動也士則庚日三虞壬日卒哭其祝辭異者亦一言耳他謂不及時而葬者喪服小記曰報葬者報虞三月而後卒哭然則葬者虞卒哭之間有祭事者亦用剛日其祭無名謂之他者假設言之文不在卒哭上者以其非常也令正者自相亞也檀弓曰葬日中而虞弗忍一日離也是日也以虞易奠卒哭曰成事是日也以吉祭易喪祭明日以祔於祖父如是虞爲喪祭卒哭爲吉祭今文他爲它○報葬禮記音芳付反下同令力呈反離力智反

獻畢未徹乃餞。

卒哭之祭既三獻也餞送行者之酒詩云出縮于泲飲餞于禰尸旦將始祔于皇祖是以餞送之古文餞爲踐

尊兩甒于廟門外之右少南水尊在酒西勺北枋。

少南將有事於北有玄酒即吉也此在西尚凶也言水者喪質無鼏不久陳古文甒爲廡也

洗在尊東南水在洗東篚在西。

在門之左又少南

饌籩豆脯四脡。

酒宜脯也古文脡爲挺

有乾肉折俎二尹縮祭半尹在西塾。

乾肉牲體之脯也如今涼州烏翅矣折以爲俎實優尸也尹正也雖其折之必使正縮從也古文縮爲蹙

尸出執几從席從。

祝入亦告利成入前尸尸乃出几席素几葦席也以几席從尸執事也

尸出門右南面。

俟設席也

席設于尊西北東面几在南賓出復位。

將入臨之位士喪禮賓繼兄弟北上門東北面西上門西北面東上西方東面北上

主人出即位于門東少南婦人出即位于主人之北。

皆西面哭不止。

婦人出者，重餞尸。

尸卽席坐。唯主人不哭。洗廢爵。酌獻尸。尸拜受。主人拜送。哭復位。薦脯醢。設俎于薦東。胊在南。

胊，脯及乾肉之屈也。屈者在南，變於吉。○胊，其俱反。

尸左執爵。取脯擩醢。祭之。佐食授嚌。

授乾肉之祭。

尸授振祭。嚌反之。祭酒。卒爵。奠于南方。

反之，反於佐食，佐食反之於俎。尸奠爵，禮有終。

主人及兄弟踊。婦人亦如之。主婦洗足爵。亞獻。如主人儀。無從。踊如初。賓長洗繶爵。三獻。如亞獻。踊如初。佐食取俎。實于篚。尸謖。從者奉篚。哭從之。祝前。哭者皆從。及大門內。踊如初。

男女從尸，男由左，女由右。及，至也。從尸不出大門者，由廟門外無事尸之禮也。古文謖作沐。

尸出門。哭者止。

以餞於外，大門猶廟門。

賓出。主人送。拜稽顙。

送賓，拜於大門外。

主婦亦拜賓。

女賓也。不言出，不言送，拜之於闈門之內。闈門如今東西掖門。

丈夫說絰帶于廟門外。

既卒哭，當變麻，受之以葛也。夕日則服葛者為祔期。今文說為稅。

入徹主人不與。

入徹者，兄弟大功以下。言主人不與，則知丈夫婦人在其中。古文與為豫。

婦人說首絰。不說帶。

不說帶，齊斬婦人帶不說也。婦人少變而重帶。帶，下體之上也。大功小功者葛帶，時亦不說者，未可以輕又變於主婦之質，至祔葛帶以卽位。檀弓曰：婦人不葛帶。

無尸則不餞。猶出几席。設如初。拾踊三。

以餞尸者本為送神也。丈夫婦人亦從几席而出。古文席為筵。

死三日而殯。三月而葬。遂卒哭。

謂士也。雜記曰：大夫三月而葬，五月而卒哭。諸侯五月而葬，七月而卒哭。此記更從死起，異人之間，其義或殊。

將旦而祔。則薦。

薦，謂卒哭之祭。

卒辭曰。哀子某。來日某。隮祔爾于爾皇祖某甫。尚饗。

卒辭，卒哭之祝辭。隮，升也。尚，庶幾也。不稱饌，明主為告祔也。今文隮為齊。

女子曰。皇祖妣某氏。

女孫祔於祖母。

婦曰。孫婦于皇祖姑某氏。

不言爾，曰孫婦，差疏也。

其他辭一也。

來日某隮祔尚饗

饗辭曰哀子某圭爲而哀薦之饗。

饗辭勸強尸之辭也圭絜也詩曰吉圭爲饎凡吉祭饗尸曰孝子

明日以其班祔。

卒哭之明日也班次也喪服小記曰祔必以其昭穆亡則中一以上凡祔已復于寢如既祫主反其廟練而後遷廟古文班或爲辨辨氏姓或然今文爲胖

沐浴櫛搔翦。

彌自飾也搔當音爪今文曰沐浴搔翦或爲蚤揃揃或爲鬋

用專膚爲折俎取諸脰膉。

專猶厚也折俎謂主婦以下俎也體盡人多折骨以爲之今以脰膉貶於純吉今文字爲折俎而說以爲肵俎亦甚誣矣古文脰膉爲頭嗌也○膉音益

其他如饋食。

如特牲饋食之事或云以左胖虞右胖祔今此如饋食則尸俎肵俎皆有肩臂豈復用虞臂乎其不如然明矣

用嗣尸。

虞祔尚質未暇筮尸

曰孝子某孝顯相夙興夜處小心畏忌不惰其身不寧。

稱孝者吉祭

用尹祭。

尹祭脯也大夫士祭無云脯者今不言牲號而云尹祭亦記者誤矣

嘉薦普淖普薦溲酒。

普薦鉶羹不稱牲記其異者今文溲爲醙

適爾皇祖某甫以隮祔爾孫某甫尚饗。

欲其祔合兩告之曾子問曰天子崩國君薨則祝取羣廟之主而藏諸祖廟禮也卒哭成事而後主各反其廟然則士之皇祖於卒哭亦反其廟無主則反廟之禮未聞以其幣告之乎

朞而小祥。

小祥祭名祥吉也檀弓曰歸祥肉古文朞皆作基

曰薦此常事。

祝辭之異者言常者朞而祭禮也古文常爲祥

又朞而大祥曰薦此祥事。

又復也

中月而禫。

中猶間也禫祭名也與大祥間一月自喪至此凡二十七月禫之言澹澹然平安意也古文禫或爲導○禫大感反間並音間廁之間

是月也吉祭猶未配。

是月是禫月也當四時之祭月則祭猶未以某妃配某氏哀未忘也少牢饋食禮祝祝曰孝孫某敢用柔毛剛鬣嘉薦普淖用薦歲事于皇祖伯某以某妃配某氏尚饗

儀禮卷十四

儀禮卷十五

漢大司農北海鄭　玄註

明　後學東吳金　蟠訂

特牲饋食禮第十五

特牲饋食之禮。不諏日。祭祀自孰始曰饋食。饋食者。食道也。諏。謀也。士賤職褻。時至事暇。可以祭。則筮其日矣。不如少牢大夫。先與有司於廟門諏丁巳之日。○諏。子須反。

及筮日。主人冠端玄。即位于門外。西面。冠端玄。玄冠。玄端。下言玄者。玄冠有不玄端者。門。謂廟門。

子姓兄弟如主人之服。立于主人之南。西面北上。所祭者之子孫。言子姓者。子之所生。小宗祭而兄弟皆來與焉。宗子祭。則族人皆侍。

有司羣執事如兄弟服。東面北上。士之屬吏也。

席于門中。闑西閾外。爲筮人設之也。古文闑作槷。閾作蹙。○闑魚列反。閾。不逼反。又況逼反。爲。于僞反。

筮人取筮于西塾。執之東面受命于主人。筮人。官名也。筮。問也。取其所用問神明者。謂蓍也。

宰自主人之左贊命。命曰。孝孫某筮來日某。諏此某事。適其皇祖某子。尚饗。宰。羣吏之長。自。由也。贊。佐也。達也。贊命由左者。爲神求變也。士祭曰歲事。此言某事。又不言妃者。容大祥之後。禫月之吉祭。皇。君也。言君祖者。尊之也。某子者。祖字也。伯子。仲子也。尚。庶幾也。○妃音配。又芳非反。

筮者許諾。還即席西面坐。卦者在左。卒筮。寫卦。筮者執以示主人。士之筮者坐。蓍短。由便。卦者主畫地識爻。爻備。以方寫之。

主人受視反之。反。還。

筮者還東面。長占。卒告于主人。占曰吉。長占。以其年之長幼旅占之。

若不吉。則筮遠日。如初儀。遠日。旬之外日。

宗人告事畢。

前期三日之朝。筮尸如求日之儀。命筮曰。孝孫某諏此某事。適其皇祖某子。筮某之某爲尸。尚饗。三日者。容宿賓視濯也。某之某者。字尸父而名尸。連言其親。庶幾其馮依之也。大夫士以孫之倫爲尸。○馮音憑。

乃宿尸。宿讀爲肅。肅。進也。進之者。使知祭日當來。凡宿或作速。記作肅。周禮亦作宿。

主人立于尸外門外。子姓兄弟立于主人之後。北面東上。

不東面者，來不爲賓客。子姓立于主人之後，上當其後。

尸如主人服，出門左，西面。

不敢南面，當尊。

主人辟，皆東面，北上。

順尸。○辟，芳益反，一音避。

主人再拜，尸答拜。

主人先拜，尊尸。

宗人擯辭如初，卒曰：「筮子爲某尸，占曰吉。」敢宿。

宗人擯者，釋主人之辭。如初者，如宰贊命筮尸之辭。卒曰者，著其辭所易也。

祝許諾，致命。

受宗人辭，許之，傳命於尸。始宗人祝北面，至於傳命，皆西面受命，東面釋之。

尸許諾，主人再拜稽首。

其許，亦宗人受於祝，而告主人。

尸入，主人退。

相揖而去，尸不拜送，尸尊。

宿賓。賓如主人服，出門左，西面再拜。主人東面答再拜。宗人擯曰：「某薦歲事，吾子將涖之，敢宿。」

薦，進也。涖，臨也。言吾子將臨之，知賓在有司中，今特肅之，尊賓耳。

賓曰：「某敢不敬從。」主人再拜，賓答拜。主人退，賓拜送。

厥明夕，陳鼎于門外，北面北上，有鼏。

厥，其也。宿賓之明日夕。門外北面，當門也。古文鼏爲密。○鼏，亡狄反。

棜在其南，南順，實獸于其上，東首。

順，猶從也。棜之制，如今大木轝矣，上有四周，下無足。獸，腊也。○棜，於庶反。轝，音預。

牲在其西，北首，東足。

其西，棜西也。東足者，尚右也。牲不用棜，以其生。

設洗于阼階東南，壺、禁在東序，豆、籩、鉶在東房，南上。几、席、兩敦在西堂。

東房，房中之東，當夾北。西堂，西夾室之前，近南耳。

主人及子姓兄弟即位于門東，如初。

初，筮位也。

賓及衆賓即位于門西，東面北上。

不象如初者，以賓在而宗人祝不在。

宗人、祝立于賓西北，東面南上。

事彌至，位彌異。宗人祝於祭宜近廟。

主人再拜，賓答再拜，三拜衆賓，衆賓答再拜。

衆賓再拜者，士賤，旅之，得備禮也。

主人揖入，兄弟從，賓及衆賓從，即位于堂下，如外位。

爲視濯也。

宗人升自西階，視壺濯及豆籩，反降，東北面告濯具。

濯，溉也。不言敦鉶者，省文也。東北面告，緣賓意欲聞也。言濯具，不言絜，以有几席。

賓出，主人出，皆復外位。

為視牲也。

宗人視牲，告充。雍正作豕。

充，猶肥也。雍正，官名也。北面以策動作豕，視聲氣。

宗人舉獸尾，告備；舉鼎鼏，告絜。

備，具。

請期，曰羹飪。

肉謂之羹。飪，熟也。謂明日質明時，而曰肉熟，重豫勞賓。宗人既得期，西北面告賓有司。

告事畢，賓出，主人拜送。

夙興，主人服如初，立于門外東房，南面，視側殺。

夙，早也。興，起也。主人服如初，則其餘有不玄端者。側殺，殺一牲也。

主婦視饎爨于西堂下。

炊黍稷曰饎。宗婦為之。爨，竈也。西堂下者，堂之西下也，近西壁，南齊于坫。古文饎作糦，周禮作饎。○西

饎尺志反

亨于門外東方，西面，北上。

亨，煑也。煑豕、魚、腊以鑊，各一爨。詩云：誰能亨魚，溉之釜鬵。○鬵音尋

羹飪，實鼎，陳于門外，如初。

初，視濯也。

尊于戶東，玄酒在西。

戶東，室戶東。玄酒在西，尚之。凡尊酌者在左。

實豆、籩、鉶，陳于房中，如初。

如初者，取而實之，既而反之。

執事之俎，陳于階間，二列，北上。

執事，謂有司及兄弟。二列者，因其位在東西。祝、主人、主婦之俎亦存焉，不升鼎者，異於神。

盛兩敦，陳于西堂，藉用萑；几席陳于西堂，如初。

盛黍稷者，宗婦也。萑，細葦。古文用為于。○萑音完

尸盥匜水，實于槃中，簞巾，在門內之右。

設盥水及巾，尸尊不就洗，又不揮。門內之右，象洗在東，統於門東，西上。凡鄉內以入為左右，鄉外以出為左右。

祝筵几于室中，東面。

為神敷席也。至此使祝接神。

主婦纚笄宵衣，立于房中，南面。

主婦，主人之妻。雖姑存，猶使之主祭祀。纚笄，首服。宵，綺屬也。此衣染之以黑，其繒本名曰宵。詩有素衣朱宵。記有玄宵衣。凡婦人助祭者同服也。內則曰：舅沒則姑老，冢婦所祭祀賓客，每事必請於姑。○纚所綺反

主人及賓、兄弟、羣執事，即位于門外，如初。宗人告有司具。

具，猶辦也。

主人拜賓如初，揖入，即位，如初。

初，視濯也。

佐食北面立於中庭。

佐食賓佐尸食者立于宗人之西

主人及祝升。祝先入。主人從。西面于戶內。

祝先入接神宜在前也少牢饋食禮曰祝盥于洗升自西階主人盥升自阼階祝先入南面

主婦盥于房中。薦兩豆。葵菹蝸醢。醢在北。

主婦盥盥於內洗昏禮婦洗在北堂直室東隅○蝸力禾反

宗人遣佐食及執事盥出。

命之盥出當助主人及賓舉鼎

主人降。及賓盥出。主人在右。及佐食舉牲鼎。賓長在右。及執事舉魚腊鼎。除鼏。

及與也主人在右統與東主人與佐食者賓尊不載少牢饋食禮魚用鮒腊用麋士腊用兔

宗人執畢先入。當阼階南面。

畢狀如叉蓋為其似畢星取名焉主人親舉宗人則執畢導之既錯又以畢臨七載備失脫也雜記曰枇用桑長三尺畢用桑長三尺刊其本與末枇畢同材明矣今此枇用棘心則畢亦用棘心舊說云畢似御他神物神物惡桑叉則少牢饋食及虞無叉何哉此無叉者乃主人不親舉耳少牢大夫祭不親舉虞喪祭也主人未執事祔練祥執事用桑叉自此純吉用棘心叉

鼎西面錯。右人抽扃。委于鼎北。

右人謂主人及二賓既錯皆西面俟也

贊者錯俎加七。

贊者執俎及七從鼎入者其錯俎東縮加七東柄既則退而左人北面也

乃枇。

右人也尊者於事指使可也左人載之

佐食升肵俎。鼏之。設于阼階西。

肵謂心舌之俎也郊特牲曰肵之為言敬也言主人之所以敬尸之俎古文鼏皆作密○肵音祈

卒載。加七于鼎。

卒已也已載畢亦加焉

主人升入復位。俎入設于豆東。魚次。腊特于俎北。

入設俎載者腊特饌要方也凡饌必方者明食味人之性所以正

主婦設兩敦黍稷于俎南。西上。及兩鉶芼設于豆南。南陳。

宗婦不贊敦鉶者以其少可親之芼菜也○芼亡報反

祝洗酌奠。奠于鉶南。遂命佐食啓會。佐食啓會。卻于敦南。出立于西南面。

酌奠奠其爵觶少牢饋食禮啓會乃奠之

主人再拜稽首。祝在左。

稽首服之甚者祝在左當為主人釋辭於神也祝祝曰孝孫某敢用剛鬣嘉薦普淖用薦某事於皇祖某子尚饗○祝日州又反淖女孝反

卒祝。主人再拜稽首。

祝迎尸于門外。

尸自外來代主人接之就其次而請不拜不敢與尊者為禮周禮掌次凡祭祀張尸次

主人降立于阼階東。主人不迎尸成尸尊尸所祭者之孫也祖之尸則主人乃宗子禰之尸則主人乃父道事神之禮廟中而已出迎則爲厭○厭一葉反

尸入門左北面盥宗人授巾。侍盥者執其器就之執簞者不授巾賤也宗人授巾庭長尊少牢饋食禮曰祝先入門右尸入門左

尸至于階祝延尸尸升入祝先主人從。延進在後詔侑曰延禮器所謂詔侑武方者也少牢饋食禮曰尸升自西階入祝從主人升自阼階祝先入主人從

尸即席坐主人拜妥尸。妥安坐也

尸答拜執奠祝饗主人拜如初。饗勸彊之也其辭取于士虞記則宜云孝孫某圭爲孝薦之饗舊說云明薦之

祝命挼祭尸左執觶右取菹挼于醢祭于豆間。命詔尸也挼祭祭神食也古虞禮古文曰祝命佐食墮祭周禮曰既祭則藏其墮墮與挼讀同耳挼醢者染於醢○挼似泩音墮許恚反挼如悅反

佐食取黍稷肺祭授尸尸祭之祭酒啐酒告旨主人拜尸奠觶答拜。肺祭刌肺也旨美也祭酒穀味之芬芬者齊敬共之惟恐不美告之美達其心明神享之○啐七內反刌寸本反齊側皆反共音恭

祭鉶嘗之告旨主人拜尸答拜。鉶肉味之有菜和者曲禮曰客絮羹主人辭不能亨○和戶臥反絮

祝命爾敦佐食爾黍稷于席上。爾近也近之便尸之食也

設大羹湆于醢北。大羹湆煮肉汁也不和貴其質設之所以敬尸也不祭不嚌大羹不爲神非盛者也士虞禮曰大羹湆自門入今文湆皆爲汁○湆去及反

舉肺脊以授尸尸受振祭嚌之左執之。肺氣之主也脊正體之貴者先食啗之所以導食通氣

乃食食舉。舉言食者明凡解體皆連肉

主人羞肵俎于腊北。肵俎主於尸主人親羞敬也神俎不親設者貴得賓客以神事其先

尸三飯告飽祝侑主人拜。三飯告飽禮一成也侑勸也或曰又勸之使又食少牢饋食禮侑辭曰皇尸未實侑也

佐食舉幹尸受振祭嚌之佐食受加于肵俎舉獸幹魚一亦如之。幹長脅也獸腊其體數與牲同

尸實舉于菹豆。爲將食庶羞舉謂肺脊

佐食羞庶羞四豆設于左南上有醢。

庶衆也衆羞以豕肉所以爲異味四豆者膮炙胾醢南上者以膮炙爲上以有醢不得縪也○膮許堯反

尸又三飯告飽祝侑之如初

禮再成也

舉骼及獸魚如初尸又三飯告飽祝侑之如初

禮三成獸魚如初者獸骼魚一也○骼音格又音各

舉肩及獸魚如初

不復飯者三三者士之禮大成也舉先正脊後肩自上而卻下縪而前終始之次也

佐食盛肵俎俎釋三个

佐食取牲魚腊之餘盛於肵俎將以歸尸俎釋三个爲改饌於西北隅遺之所釋者牲腊則正脊二骨長脅一骨及臑也魚則三頭而已个猶枚也今俗言物數有若干個者此讀然○盛音成臑乃報反

舉肺脊加于肵俎反黍稷于其所

尸授佐食佐食受而加之反之也肺脊初在菹豆

主人洗角升酌酳尸

酳猶衍也是獻尸也云酳者尸既卒食又欲頤衍養樂之不用爵者下大夫也因父子之道質而用角角加人事略者今文酳皆爲酌○酳以淺反又士刃反

尸拜受主人拜送尸祭酒啐酒賓長以肝從

肝肝炙也古文無長

尸左執角右取肝擩于鹽振祭嚌之加于菹豆卒角

祝受尸角曰送爵皇尸卒爵主人拜尸答拜

曰送爵者節主人拜

祝酌授尸尸以醋主人

醋報也祝酌不洗尸不親酌尊尸也古文醋作酢○醋才各反

主人拜受角尸拜送主人退佐食授挼祭

退者進受爵反位尸將嘏主人佐食授之挼祭亦使祭尸食也其授祭亦取黍稷肺祭古文挼作綏

主人坐左執角受祭祭之祭酒啐酒進聽嘏

聽猶待也受福曰嘏嘏長也大也待尸授之以長大之福也○嘏古雅反

佐食摶黍授祝祝授尸尸受以菹豆執以親嘏主人

獨用黍者食之主其辭則少牢饋食禮有焉○摶大官反

主人左執角再拜稽首受復位詩懷之實于左袂挂于季指卒角拜尸答拜

詩猶承也謂奉納之懷中季小也實于左袂挂袪以小指者便卒角也少牢饋食禮曰興受黍坐振祭嚌之○挂俱賣反一音卦奉芳勇反

主人出寫嗇于房祝以籩受

變黍言嗇因事託戒欲其重稼嗇嗇者農力之成功

筵祝南面

主人自房還時

主人酌獻祝祝拜受角主人拜送設菹醢俎

行神惠也先獻祝以接神尊之菹醢皆主婦設之佐食設俎

祝左執角祭豆興取肺坐祭嚌之興加于俎坐祭酒啐酒以肝從祝左執角右取肝擩于鹽振祭嚌之加于俎卒角拜主人答拜受角酌獻佐食佐食北面拜受角主人拜送佐食坐祭卒角拜主人答拜受角降反于篚升入復位主婦洗爵于房酌亞獻尸

亞次也次猶貳主婦貳獻不夾拜者士妻儀簡耳

尸拜受主婦北面拜送

北面拜者辟內子也大夫之妻拜於主人北西面

宗婦執兩籩戶外坐主婦受設于敦南

兩籩棗栗棗在西

祝贊籩祭尸受祭之祭酒啐酒

籩祭棗栗之祭其祭之亦於豆祭

兄弟長以燔從尸受振祭嚌之反之

燔炙肉也

羞燔者受加于肵出

出者俟後事也

尸卒爵祝受爵命送如初

送者送卒爵

酢如主人儀

尸酢主婦如主人儀者自祝酌至尸拜送如酢主人也不易爵辟內子

主婦適房南面佐食挼祭主婦左執爵右撫祭祭酒啐酒入卒爵如主人儀

撫挼祭示親祭佐食不授而祭於地亦儀簡也入室卒爵於尊者前成禮明受惠也

獻祝籩燔從如初儀及佐食如初卒以爵入于房

及佐食如初如其獻佐食則拜主人之北西面也

賓三獻如初燔從如初爵止

初亞獻也尸止爵者三獻禮成欲神惠之均於室中是以奠而待之

席于戶內

為主人鋪之西面席自房來

主婦洗爵酌致爵于主人主人拜受爵主婦拜送爵

主婦拜拜於北面也今文曰主婦洗酌爵

宗婦贊豆如初主婦受設兩豆兩籩

初贊亞獻也主婦薦兩豆籩東面也

俎入設

佐食設之

主人左執爵祭薦宗人贊祭奠爵興取肺坐絕祭嚌之興加于俎坐挩手祭酒啐酒

絕肺祭之者以離肺長也少儀曰牛羊之肺離而不提心豕亦然挩拭也挩手者為絕肺染汙也刌肺不挩手古文挩皆作說

肝從左執爵取肝擩于鹽坐振祭嚌之宗人受加于

俎燔亦如之與席末坐卒爵拜於席末坐卒爵敬也一酳而備再從而次之亦均

主婦答拜受爵酳醋左執爵拜主人答拜坐祭立飲卒爵拜主人答拜

主婦出反于房主人降洗酳致爵于主婦席于房中南面主婦拜受爵主人西面答拜宗婦薦豆俎從獻皆如主人主人更爵酳醋卒爵降實爵于篚入復位主人更爵自酢男子不承婦人爵也祭統曰夫婦相授受不相襲處酢必易爵明夫婦之別今文授爲受

三獻作止爵賓也謂三獻者以事命之作起也舊說云賓入尸北面曰皇尸請舉爵

尸卒爵酢酳獻祝及佐食洗爵酳致于主人主婦燔從皆如初更爵酢于主人卒復位洗乃致爵爲異事新之燔從皆如初者如亞獻及主人主婦致爵也凡獻佐食皆無從其薦俎獻兄弟以齒設之賓更爵自酢亦不承婦人爵

主人降阼階西面拜賓如初洗拜賓而洗爵爲將獻之如初視濯時主人再拜賓答拜三拜衆賓衆賓答再拜者

賓辭洗卒洗揖讓升酌西階上獻賓賓北面拜受爵主人在右答拜就賓拜者此禮不主於尊也賓卑則不專階主人在右統於其位

薦脯醢設折俎凡節解者皆曰折俎不言其體略云折俎非貴體也上賓骼衆賓儀公有司設之

賓左執爵祭豆奠爵興取肺坐絶祭嚌之興加于俎坐挩手祭酒卒爵拜主人答拜受爵酳酢奠爵拜賓答拜主人酳自酢者賓不敢敵主人主人達其意

主人坐祭卒爵拜賓答拜揖執祭以降西面奠于其位位如初薦俎從設位如初復其位東面少牢饋食禮宰夫執薦以從設于祭東司士執俎以從設于薦東是則皆公有司爲之與

衆賓升拜受爵坐祭立飲薦俎設于其位辯主人備答拜焉降實爵于篚衆賓立飲賤不備禮鄉飲酒記曰立卒爵者不拜既爵備盡也盡人之答拜○辯音遍後皆同

尊兩壺于阼階東加勺南枋西方亦如之爲酬賓及兄弟行神惠不酌上尊卑異之就其位尊之兩壺皆酒優之先尊東方示惠由近禮運曰澄酒在下

主人洗觶酌于西方之尊西階前北面酬賓賓在左先酌西方者尊賓之義

主人奠觶拜賓答拜主人坐祭卒觶拜賓答拜主人洗觶賓辭主人對卒洗酌西面賓北面拜

西面者，鄉賓位。立於西階之前，賓所答拜之東北。

主人奠觶于薦北。

奠酬於薦左，非爲其不舉，行神惠，不可同於飲酒。

賓坐取觶，還東面拜。主人答拜。賓奠觶于薦南，揖，復位。

還東面，就其位薦西。奠觶薦南，明將舉。

主人洗爵，獻長兄弟于阼階上，如賓儀。

酬賓乃獻長兄弟者，獻之禮成於酬，先成賓禮，此主人之義。亦有薦脀設于位，私人爲之與。

洗獻兄弟，如衆賓儀。

獻卑而必爲之洗者，顯神惠。此言如衆賓，獻則如獻衆賓洗明矣。

洗獻內兄弟于房中，如獻衆兄弟之儀。

內兄弟，內賓、宗婦也。如衆兄弟，如其拜受、坐祭、立飲，設薦俎於其位而立。內賓位在房中之尊北。不殊其長，略婦人也。有司徹曰：主人洗獻內賓於房中，南面拜受爵。

主人西面答拜，更爵酢，卒爵，降，實爵于篚，入復位。

爵辯乃自酢，以初不殊其長也。內賓之長亦南面答拜。

長兄弟洗觚爲加爵，如初儀，不及佐食，洗致如初，無從。

大夫士三獻而禮成，多之爲加也。不及佐食，無從，殺也。致，致於主人主婦。○殺，所界反，下皆同。

衆賓長爲加爵，如初，爵止。

尸爵止者，欲神惠之均於在庭。

嗣舉奠，盥入，北面再拜稽首。

嗣，主人將爲後者。舉，猶飲也。使嗣子飲奠者，將傳重累之者。大夫之嗣子不舉奠，辟諸侯。

尸執奠。進受，復位，祭酒，啐酒。尸舉肝。舉奠左執觶，再拜稽首，進受肝，復位，坐食肝，卒觶，拜。尸備答拜焉。

食肝，受尊者賜，不敢餘也。備猶盡也。每拜答之，以尊者與卑者爲禮，略其文耳。古文備爲復。

舉奠洗酌入，尸拜受，舉奠答拜。尸祭酒，啐酒，奠之。舉奠出，復位。

啐之者，答其欲酢己也。奠之者，復神之奠觶。嗣齒於子姓，凡非主人，升降自西階。

兄弟弟子洗酌于東方之尊，阼階前北面，舉觶于長兄弟，如主人酬賓儀。

弟子，後生也。

宗人告祭脀。

脀，俎也。所告者，衆賓、兄弟、內賓也。獻時設薦俎于其位，至此禮又殺，告之祭，使成禮也。其祭皆離肺。不言祭豆，可知。

乃羞。

羞，庶羞也。下尸，胾醢豆而已。此所羞者，自祝、主人至於內賓，無內羞。

賓坐取觶，阼階前北面酬長兄弟，長兄弟在右。

薦南奠觶。

賓奠觶拜，長兄弟答拜。賓立卒觶，酌于其尊，東面立。長兄弟拜受觶。賓北面答拜，揖，復位。

其尊，長兄弟尊也。此受酬者拜，亦北面。

長兄弟西階前北面。衆賓長自左受旅如初。

旅，行也。受行酬也。初，賓酬長兄弟。

長兄弟卒觶。酌于其尊。西面立。受旅者拜受。長兄弟北面答拜。揖復位。衆賓及衆兄弟交錯以辯。皆如初儀。

交錯，猶言東西。

爲加爵者作止爵。如長兄弟之儀。

於旅酬之間言作止爵，明禮殺並作。

長兄弟酬賓。如賓酬兄弟之儀以辯。卒受者實觶于篚。

長兄弟酬賓，亦坐取其奠觶。此不言交錯以辯，賓之酬不言卒受者實觶于篚，明其相報，禮終於此，其文省。

賓弟子及兄弟弟子洗。各酌于其尊。中庭北面西上。舉觶於其長。奠觶拜。長皆答拜。舉觶者祭。卒觶拜。長皆答拜。舉觶者洗。各酌于其尊。復初位。長皆拜。舉觶者皆奠觶于薦右。

奠觶，進奠之于薦右，非神惠也。今文曰：奠于薦右。

長皆執以興。舉觶者皆復位。答拜。長皆奠觶于其所。皆揖其弟子。弟子皆復其位。

復其位者，東西面位。弟子舉觶於其長，所以序長幼，教孝弟。凡堂下拜，亦皆北面。

爵皆無算。

算，數也。賓取觶酬兄弟之黨，長兄弟取觶酬賓之黨，唯己所欲，亦交錯以辯，無次第之數。因今接會，使之交恩定好，優勸之。

利洗散。獻于尸。酢及祝。如初儀。降。實散于篚。

利，佐食也。言利，以今進酒也。更言獻者，以利待尸禮將終，宜一進酒，嫌於加爵亦當三也。不致爵，禮又殺也。

主人出。立于戶外西南。

事尸禮畢。

祝東面告利成。

利，猶養也。供養之禮成。不言禮畢，於尸閑之嫌。

尸謖。祝前。主人降。

謖，起也。前，猶導也。少牢饋食禮曰：祝入，尸謖，主人降，立于阼階東西面。祝先，尸從，遂出于廟門。前尸之儀，士虞禮備矣。○謖，所六反。

祝反。及主人入。復位。命佐食徹尸俎。俎出于廟門。

俎，所以載肵俎。少牢饋食禮曰：有司受歸之。

徹庶羞。設于西序下。

爲將餕，去之。庶羞主爲尸，非神饌也。尚書傳曰：宗室有事，族人皆侍終日。大宗已侍於賓奠，然後燕私。燕私者何也？已而與族人飲也。此徹庶羞置西序下者，爲將以燕飲與？然則自尸、祝至於兄弟之庶羞，宗子以與族人燕飲於堂，內賓、宗婦之庶羞，主婦以燕飲於房。○去，起呂反。

筵對席。佐食分簋鉶。

爲將餕分之也分簋者分敦黍於會爲有對也敦有虞氏之器也周制士用之變敦言簋容同姓之士得從周制耳祭統曰餕者祭之末也不可不知也是故古之人有言曰善終者如始餕其是已是故古之君子曰尸亦餕鬼神之餘也惠術也可以觀政矣

宗人遣舉奠及長兄弟盥。立于西階下。東面北上。祝命嘗食籑者。舉奠許諾。升入東面。長兄弟對之。皆坐。佐食授舉各一膚。

命告也士使嗣子及兄弟籑其惠不過族親古文籑皆作餕○籑子峻反與餕同

主人西面再拜。祝曰。籑有以也。兩籑奠舉于俎。許諾。皆答拜。

以讀如何其久也必有以也之以祝告籑釋辭以戒之言女籑于此當有所以也以先祖有德而享于此祭其坐籑其餘亦當以之也少牢饋食禮不戒者非親昵也舊說曰主人拜下籑席南○女音汝下同

若是者三。

丁寧戒之

皆取舉祭食。祭舉。乃食。祭鉶。食舉。

食乃祭鉶禮殺

卒食。主人降洗爵。宰贊一爵。主人升酌。酳上籑。上籑拜受爵。主人答拜。酳下籑亦如之。

少牢饋食禮曰贊者洗三爵主人受于戶內以授次籑舊說云主人北面授下籑爵

主人拜。祝曰。酳有與也。如初儀。

主人復拜爲戒也與讀如諸侯以禮相與之與言女酳此當有所與也與者與兄弟也既知似先祖之德亦當與女兄弟謂教化之

兩籑執爵拜。

答主人也

祭酒。卒爵拜。主人答拜。兩籑皆降。實爵于篚。上籑洗爵升。酌酢主人。主人拜受爵。

下籑復兄弟位不復升也

上籑即位坐答拜。

既授爵戶內乃就坐

主人坐祭。卒爵拜。上籑答拜。受爵降。實于篚。主人出。立于戶外西面。

事餕者禮畢

祝命徹阼俎豆籩。設于東序下。

命命佐食徹主人之俎宗婦不徹豆籩徹禮略各有爲而已設于東序下亦將燕也

祝執其俎以出。東面于戶西。

俟告利成少牢下篇曰祝告利成乃執俎以出

宗婦徹祝豆籩入于房。徹主婦薦俎。

宗婦既並徹徹其卑者士虞禮曰祝薦席徹入于房

佐食徹尸薦俎敦。設于西北隅。凡在南。厞用筵。納一尊佐食闔牖戶降。

厞隱也不知神之所在或諸遠人乎尸謖而改饌爲幽闇庶其饗之所以爲厭飫少牢饋食禮曰南面如饋之設此所謂當室之白陽厭也則尸未入之前爲陰厭矣曾子問曰殤不備祭何謂陰厭陽厭也○厞扶未反

祝告利成降出主人降即位宗人告事畢賓出主人送于門外再拜

答送賓也凡去者不答拜

佐食徹阼俎堂下俎畢出

記俎出節兄弟及衆賓自徹而出唯賓俎有司徹歸之尊賓者

記特牲饋食其服皆朝服玄冠緇帶緇韠

於祭服此也皆者謂賓及兄弟筮日筮尸視濯亦玄端至祭而朝服朝服者諸侯之臣與其君日視朝之服大夫以祭命賓兄弟緣孝子欲得嘉賓尊客以事其祖禰故服之緇韠者下大夫之臣夙興主人服如初則固玄端

唯尸祝佐食玄端玄裳黃裳雜裳可也皆爵韠

與主人同服周禮士之齊服有玄端素端然則玄裳上士也黃裳中士雜裳下士

設洗南北以堂深東西當東榮

榮屋翼也

水在洗東

祖天地之右海

篚在洗西南順實二爵二觚四觶一角一散

順從也言南從統於堂也二爵者爲賓獻爵止主婦當致也二觚長兄弟酌衆賓長爲加爵二人班同迎接也四觶一酌奠其三長兄弟酬賓卒受者與賓弟子兄弟弟子舉觶於其長禮殺事相接禮器曰貴者獻以爵賤者獻以散尊者舉觶卑者舉角舊說云爵一升觚二升觶三升角四升散五升

壺棜禁饌于東序南順覆兩壺焉蓋在南明日卒奠冪用綌即位而徹之加勺

覆壺者盝瀝水且爲其不宜塵冪用綌以其堅潔禁言棜者祭尚厭飫得與大夫同器不爲神戒也

籩巾以綌也纁裏棗烝栗擇

籩有巾者果實之物多皮核優尊者可烝裹之也烝擇互文舊說云纁裹者皆玄被

鉶芼用苦若薇皆有滑夏葵冬荁

苦苦荼也荁堇屬乾之冬滑於葵詩云周原膴膴堇荼如飴今文苦爲芐芐乃地黃非也○荁音桓

棘心匕刻

刻若今龍頭

牲爨在廟門外東南魚腊爨在其南皆西面饎爨在西壁

饎炊也西壁堂之西牆下舊說云南北直屋梠稷在南

肵俎心舌皆去本末午割之實于牲鼎載心立舌縮俎

午割從橫割之亦勿沒立縮順其牲心舌知食味者欲尸之饗此祭是以進之

賓與長兄弟之薦自東房其餘在東堂
東堂東夾之前近南
沃尸盥者一人奉槃者東面執匜者西面淳沃執巾者在匜北
匜北執匜之北亦西面每事各一人淳沃稍注之今文淳作激
宗人東面取巾振之三南面授尸卒執巾者受
宗人代授巾庭長尊
尸入主人及賓皆辟位出亦如之
辟位逡遁
嗣舉奠佐食設豆鹽
肝宜鹽也
佐食當事則戶外南面無事則中庭北面
當事將有事而未至
凡祝呼佐食許諾
呼猶命也
宗人獻與旅齒於衆賓
尊庭長齒從其長幼之次
佐食於旅齒於兄弟
尊兩壺于房中西墉下南上
爲婦人旅也其尊之節亞西方

內賓立于其北東面南上宗婦北堂東面北上
二者所謂內兄弟內賓姑姊妹也宗婦族人之婦其夫屬于所祭爲子孫或南上或北上宗婦宜統於主婦主婦南面北堂中房而北
主婦及內賓宗婦亦旅西面
西面者異於獻也男子獻於堂上旅於堂下婦人獻於南面旅於西面內賓象衆賓宗婦象兄弟其節與其儀依男子也主婦酬內賓之長酌奠于薦左內賓之長坐取奠於右宗婦之娣婦舉觶於其姒婦亦如之內賓之長坐取奠觶酬宗婦之姒交錯以辯宗婦之姒亦取奠觶酬內賓之長交錯以辯內賓之少者宗婦之娣婦各舉奠於其長並行交錯無算其拜及飲者皆西面主婦之東南
宗婦贊薦者執以坐于戶外授主婦
尸卒食而祭饎爨雍爨
雍孰肉以尸享祭竈有功也舊說云宗婦祭饎爨亨者祭雍爨用黍肉而已無籩豆俎禮器曰燔燎於爨夫爨者老婦之祭盛於盆尊於瓶
賓從尸俎出廟門乃反位
賓從尸送尸也士之助祭終其事也俎尸俎也賓既送尸復入反位者宜與主人爲禮乃去之
尸俎右肩臂臑肫胳正脊二骨橫脊長脅二骨短脅
尸俎神俎也士之正祭禮九體貶於大夫有併骨二亦得十一之名合少牢之體數此所謂放而不致者凡俎食之數奇脊無中脅無前貶於尊者不貶正脊不奪正也正脊二骨長脅二骨者將舉於尸尸食未飽不欲空神俎
膚三
爲養用二厭飯一也○養與餕同

離肺一。離猶𢭏也小而長午割之亦不提心謂之舉肺

刌肺三。爲尸主人主婦祭今文刌爲切

魚十有五。魚水物以頭枚數陰中之物取數於月十有五日而盈少牢饋食禮亦云十有五而俎尊卑同此所謂經而等也

腊如牲骨。不但言體以有一骨二骨者

祝俎髀脡脊二骨脅二骨。凡接於神及尸者俎不過牲三體以特牲約加其可并者二亦得奇名少牢饋食禮羊豕各三體

膚一離肺一。

阼俎臂正脊二骨橫脊長脅二骨短脅。主人尊欲其體得祝之加數五體又於其可并者二亦得奇名臂左體臂

膚一離肺一。

主婦俎觳折。觳後足折分後右足以爲佐食俎不分左臑折辟大夫妻

其餘如阼俎。餘謂脊脅膚肺

佐食俎觳折脊脅。三體卑者從正

膚一離肺一。

賓骼長兄弟及宗人折其餘如佐食俎。骼左骼也賓俎全體尊賓不用尊體爲其已甚卑而全之其宜可也長兄弟及宗人折不言所分略之

衆賓及衆兄弟內賓宗婦若有公有司私臣皆殽脀。又略此所折骨直破折餘體可殽者升之俎一而已不備三者賤祭禮接神者貴凡貴有肉曰殽祭統曰凡爲俎者以骨爲主貴者取貴骨賤者取賤骨貴者不重賤者不虛示均也俎者所以惠之必均也善爲政者如此故曰見政事之均焉公有司亦士之屬命於君者也私臣自己所辟除者

膚一離肺一。

公有司門西北面東上獻次衆賓私臣門東北面西上獻次兄弟升受降飲。獻在後者賤也祭祀有上事者貴之亦皆與旅○與音預

儀禮卷十五

儀禮卷十六

漢大司農北海鄭　玄註

明　後學東吳葛　鼒訂

少牢饋食禮第十六

少牢饋食之禮

禮將祭祀必先擇牲繫于牢而芻之羊豕曰少牢諸侯之卿大夫祭宗廟之牲

日用丁巳

內事用柔日必丁巳者取其令名自丁寧自變改皆為謹敬必先諏此日明日乃筮

筮旬有一日

旬十日也以先月下旬之巳筮來月上旬之巳

筮於廟門之外主人朝服西面于門東史朝服左執筮右抽上韇兼與筮執之東面受命于主人

史家臣主筮事者○韇徒木反

主人曰孝孫某來日丁亥用薦歲事于皇祖伯某以某妃配某氏尚饗

丁未必亥也直舉一日以言之耳禘于太廟禮曰日用丁亥不得丁亥則己亥辛亥亦用之無則苟有亥焉可也薦進也進歲時之祭事也皇君也伯某且字也大夫或因字為謚春秋傳曰魯無駭卒請謚與族公命之以字為展氏是也某仲叔季亦曰仲某叔某季某某妃某妻也合食曰配某氏若言姜氏子氏也尚庶幾饗歆也

史曰諾西面于門西抽下韇左執筮右兼執韇以擊筮

將問吉凶焉故擊之以動其神易曰蓍之德圓而神

遂述命曰假爾大筮有常孝孫某來日丁亥用薦歲事于皇祖伯某以某妃配某氏尚饗

述循也重以主人辭告筮也假借也言因蓍之靈以問之常吉凶之占繇

乃釋韇立筮

卿大夫之蓍長五尺立筮由便

卦者在左坐卦以木卒筮乃書卦于木示主人乃退占

卦者史之屬也卦以木者每一爻畫地以識之大爻備書於板史受以示主人退占東面旅占之

吉則史韇筮史兼執筮與卦以告于主人占曰從

從者求吉得吉之言

乃官戒宗人命滌宰命為酒乃退

官戒戒諸官也當共祭祀事者使之具其物且齊也滌溉濯祭器掃除宗廟

若不吉則及遠日又筮日如初

及至也遠日後丁若後巳

宿

宿讀為肅肅進也大夫尊儀益多筮日既戒諸官以齊戒矣至前祭一日又戒以進之使知祭日當來古文宿皆作羞

前宿一日宿戒尸

皆肅諸官之日又先肅尸者重所用爲尸者又爲將筮

明日朝筮尸如筮日之儀命曰孝孫某來日丁亥用爲歲事于皇祖伯某以某妃配某氏以某之某爲尸尚饗筮卦占如初

某之某者字尸父而名尸也字尸父尊鬼神也不前期三日筮尸者大夫下人君祭之朝乃視濯與士異

吉則乃遂宿尸祝擯

筮吉又遂肅尸重尸也既肅尸乃肅諸官及執事者祝爲擯者尸神象

主人再拜稽首祝告曰孝孫某來日丁亥用薦歲事于皇祖伯某以某妃配某氏敢宿

告尸以主人爲此事來

尸拜許諾主人又再拜稽首主人退尸送揖不拜

尸不拜者尸尊

若不吉則遂改筮尸

即改筮之不及遠日

既宿尸反爲期于廟門之外

爲期肅諸官而皆至定祭早晏之期爲期亦夕時也言既肅尸反爲期明大夫尊肅尸而已其爲賓及執事者使人肅之

主人門東南面宗人朝服北面曰請祭期主人曰比於子

比次早晏在於子也主人不西面者大夫尊於諸官有君道也爲期亦唯尸不來也○比毗志反

宗人曰旦明行事主人曰諾乃退

旦明旦日質明

明日主人朝服即位于廟門之外東方南面宰宗人西面北上牲北首東上司馬刲羊司士擊豕宗人告備乃退

刲擊皆謂殺之此實既省告備乃殺之文互者省文也尚書傳羊屬火豕屬水

雍人概鼎匕俎于雍爨雍爨在門東南北上

雍人掌割亨之事者爨竈也在門東南統於主人北上羊豕魚腊皆有竈竈西有鑊凡概者皆陳之而後告絜○概古愛反

廩人概甑甗匕與敦于廩爨廩爨在雍爨之北

廩人掌米入之藏者甗如甑一孔匕所以匕黍稷者也古文甑爲烝○甑子孕反甗魚展反又音言劉音彥敦音對劉都愛反後皆放此

司宮概豆籩勺爵觚觶几洗篚于東堂下勺爵觚觶實于篚卒概饌豆籩與篚于房中放于西方設洗于阼階東南當東榮

放猶依也大夫攝官司宮兼掌祭器也○放方往反

羹定雍人陳鼎五三鼎在羊鑊之西二鼎在豕鑊之西

魚腊從羊膚從豕統於牲

司馬升羊右胖。髀不升。肩臂臑膊骼。正脊一。脡脊一。橫脊一。短脅一。正脅一。代脅一。皆二骨以並。腸三胃三。舉肺一。祭肺三。實于一鼎。

升猶上也。上右胖，周所貴也。髀不升，近竅，賤也。肩臂臑，肱骨。膊骼，股骨。脊從前為正，脅旁中為正。脊先前，脅先後，居而反，猶器之緈也。並，併也。脊脅骨多，六體各取二骨併之，以多為貴。舉肺一，尸食所先舉也。祭肺三，為尸、主人、主婦。古文胖皆作辯，髀皆作脾，今文並皆為併。○胖音判，臑奴到反，膊劉音純，說文之允反，骼音格，又音各，脡他頂反，緈側耕反，辯音遍。

司士升豕右胖。髀不升。肩臂臑膊骼。正脊一。脡脊一。橫脊一。短脅一。正脅一。代脅一。皆二骨以並。舉肺一。祭肺三。實于一鼎。

豕無腸胃，君子不食溷腴。

雍人倫膚九。實于一鼎。

倫，擇也。膚，脅革肉，擇之，取美者。

司士又升魚腊。魚十有五而鼎。腊一純而鼎。腊用麋。

司士又升，副倅者。合升左右胖曰純。純猶全也。

卒脅。皆設扃鼏。乃舉。陳鼎于廟門之外東方。北面北上。

北面北上，鄉內相隨。古文鼏皆為密。○脅之承反。

司宮尊兩甒于房戶之間。同棜。皆有冪。甒有玄酒。

房戶之間，房西室戶東也。棜無足，禁者酒戒也。大夫去足改名，優尊者若不為之戒然。古文甒皆作廡，今文冪作鼏。○甒亡甫反，棜於據反。

司宮設罍水于洗東。有枓。設篚于洗西。南肆。

枓，斞水器也。凡設水用罍，沃盥用枓，禮在此也。○枓音主，斞九于反，劉苦侯反。

改饌豆籩于房中。南面。如饋之設。實豆籩之實。

改，更也。為實之更之，威儀多也。如饋之設，如其陳之左右也。饋設東面。

小祝設槃匜與簞巾于西階東。

為尸將盥。○匜以支反，簞音丹。

主人朝服。即位于阼階東。西面。

為將祭也。

司宮筵于奧。祝設几于筵上。右之。

布陳神坐也。室中西南隅謂之奧。席東西，近南為右。

主人出迎鼎。除鼏。士盥。舉鼎。主人先入。

道之也。主人不盥不舉。

司宮取二勺于篚。洗之。兼執以升。乃啓二尊之蓋冪。奠于棜上。加二勺于二尊。覆之。南柄。

二尊，兩甒也。今文柄為方。

鼎序入。雍正執一匕以從。雍府執四匕以從。司士合執二俎以從。司士贊者二人。皆合執二俎。以相從入。

相，助。○相息亮反。

陳鼎于東方。當序南。于洗西。皆西面。北上。膚為下。七

皆加于鼎東枋

膚爲下，以其加也。南于洗西，陳於洗西南。○枋，彼命反。

俎皆設于鼎西西肆，肵俎在羊俎之北，亦西肆

肵俎在北，將先載也。異其設文，不當鼎。○肵音祈。

宗人遣賓就主人，皆盥于洗長枇

長枇者，長賓先，次賓後也。主人不枇，言就主人者，明親臨之。古文枇作匕。○長，丁丈反。

佐食上利升牢心舌，載于肵俎。心皆安下切上，午割勿沒，其載于肵俎，末在上。舌皆切本末，亦午割勿沒，其載于肵，橫之。皆如初爲之于爨也

牢，羊豕也。安，平也。平割其下，於載便也。凡割本末，食必正也。午割，使可絕，勿沒，爲其分散也。肵之爲言敬也，所以敬尸也。周禮祭尚肺，事尸尚心舌。心舌知滋味。今文切皆爲刌。

佐食遷肵俎于阼階西，西縮，乃反。佐食二人上利升羊，載右胖，髀不升，肩、臂、臑、膊、骼，正脊一，脡脊一，橫脊一，短脅一，正脅一，代脅一，皆二骨以並，腸三，胃三，長皆及俎拒，舉肺一，長終肺，祭肺三，皆切。肩、臂、臑、膊、骼在兩端，脊、脅、肺、肩在上

升之以尊卑，載之以體次，各有宜也。拒讀爲介距之距。俎距，脛中當橫節也。凡牲體之數及載，備於此。

下利升豕，其載如羊，無腸胃，體其載于俎，皆進下

進下，變於食生也。所以交於神明，不敢以食道，敬之至也。鄉飲酒禮進腠，羊次其體，豕言進下，互相見。

司士三人升魚、腊、膚。魚用鮒，十有五而俎，縮載，右首，進腴

右首進腴，亦變於食生也。有司載魚橫之。少儀曰：羞濡魚者進尾。

腊一純而俎，亦進下，肩在上

如羊豕。凡腊之體，載禮在此。

膚九而俎，亦橫載，革順

刌載於俎，令其皮相順。亦者，亦其骨體。

卒脀，祝盥于洗，升自西階。主人盥，升自阼階。祝先入，南面。主人從，戶內西面

將納祭也。

主婦被錫，衣侈袂，薦自東房，韭菹、醓醢，坐奠于筵前。主婦贊者一人，亦被錫，衣侈袂，執葵菹、蠃醢以授主婦。主婦不興，遂受，陪設于東，韭菹在南，葵菹在北。主婦興，入于房

被錫讀爲髲鬄。古者或剔賤者、刑者之髮，以被婦人之紒爲飾，因名髲鬄焉。此周禮所謂次也。不纚笄者，大夫妻尊，亦衣綃衣而侈其袂耳。侈者，蓋半士妻之袂以益之，衣二尺三寸，袪尺八寸。韭菹、醓醢，朝事之豆也，而饋食用之，豐大夫禮。葵菹在綼。今文蠃爲蝸。

佐食上利執羊俎，下利執豕俎，司士三人執魚、腊、膚俎，序升自西階，相從入。設俎，羊在豆東，豕亞其北，魚

在羊東。腊在豕東。特膚當俎北端。

相，助也。

主婦自東房。執一金敦黍。有蓋。坐設于羊俎之南。婦贊者執敦稷以授主婦。主婦興受。坐設于魚俎南。又興受贊者敦黍。坐設于稷南。又興受贊者敦稷。坐設于黍南。敦皆南首。主婦興。入于房。

敦有首者，尊者器飾也。飾蓋象龜。周之禮，飾器各以其類。龜有上下甲。今文曰主婦入于房。

祝酌奠。遂命佐食啓會。佐食啓會蓋。二以重。設于敦南。

酌奠，酌酒爲神奠之。後酌者，酒尊，要成也。特牲饋食禮曰：祝洗酌奠，奠于鉶南。重，累之。○重，直容反

主人西面。祝在左。主人再拜稽首。祝祝曰：孝孫某敢用柔毛剛鬣。嘉薦普淖。用薦歲事于皇祖伯某。以某妃配某氏。尚饗。主人又再拜稽首。

羊曰柔毛。豕曰剛鬣。嘉薦，菹醢也。普淖，黍稷也。普，大也。淖，和也。德能大和，乃有黍稷。春秋傳曰：奉粢以告曰：絜粢豐盛。謂其三時不害，而民和年豐也。

祝出。迎尸于廟門之外。主人降立于阼階東。西面。祝先入門右。尸入門左。

主人不出迎尸，伸尊也。特牲饋食禮曰：尸入，主人及賓皆辟位。出亦如之。祝入門右者，辟尸盥也。既則後尸。

宗人奉槃。東面于庭南。一宗人奉匜水。西面于槃東。一宗人奉簞巾。南面于槃北。乃沃尸。盥于槃上。卒盥。坐奠簞。取巾。興振之三。以授尸。坐取簞。興以受尸巾。

庭南，沒霤。

祝延尸。尸升自西階。入。祝從。

由後詔相之曰延。延，進也。周禮曰：大祝相尸禮。祝從，從尸升自西階。

主人升自阼階。祝先入。主人從。

祝接神，先入宜也。

尸升筵。祝主人西面立于戶內。祝在左。

主人由祝後而居右，尊也。祝從尸，尸即席，乃卻居主人左。

祝主人皆拜妥尸。尸不言。尸答拜。遂坐。

拜妥尸，拜之使安坐也。尸自此答拜，遂坐而卒食。其間有不啐奠，不嘗鉶，不告旨。大夫之禮，尸彌尊也。不告旨者，爲初亦不饗。所謂曲而殺。

祝反南面。

未有事也。墮祭，爾敦，官各肅其職，不命。○墮，許規反

尸取韭菹辯擩于三豆。祭于豆間。上佐食取黍稷于四敦。下佐食取牢一切肺于俎。以授上佐食。上佐食兼與黍以授尸。尸同受。祭于豆祭。

牢，羊豕也。同，合也。合祭於俎豆之祭也。黍稷之祭爲墮祭。將食神餘，尊之而祭之。今文辯爲徧。○辯音遍。擩，如悅反，劉而誰反

上佐食舉尸牢肺正脊以授尸。上佐食爾上敦黍于

筵上右之。

爾，近也。或曰：移也。右之，便尸食也。重言上佐食，明更起，不相因。

主人羞肵俎，升自阼階，置于膚北。

羞，進也。肵，敬也。親進之，主人敬尸之加。

上佐食羞兩鉶，取一羊鉶于房中，坐設于韭菹之南。下佐食又取一豕鉶于房中，以從。上佐食受，坐設于羊鉶之南。皆芼，皆有柶。尸扱以柶，祭羊鉶，遂以祭豕鉶，嘗羊鉶。

芼，菜也。羊用苦，豕用薇，皆有滑。○芼，亡報反。柶音四。扱，初洽反。

食舉。

舉，牢肺、正脊也。先飲啗之，以為道也。

三飯。

食以黍。

上佐食舉尸牢幹，尸受，振祭，嚌之。佐食受，加于肵。

幹，正脅也。古文幹為肝。○嚌，才計反。

上佐食羞胾兩瓦豆，有醢，亦用瓦豆，設于薦豆之北。

設于薦豆之北，以其加也。四豆亦錞。羊胾在南，豕胾在北。無臐膮者，尚牲不尚味。○臐，許云反。膮，許堯反。

尸又食，食胾。上佐食舉尸一魚，尸受，振祭，嚌之。佐食受，加于肵，橫之。

又，復也。或言食，或言飯，食大名，小數曰飯。魚橫之者，異於肉。○數，所角反。

又食。上佐食舉尸腊肩，尸受，振祭，嚌之。上佐食受，加于肵。

腊、魚皆一舉者，少牢二牲，略之。腊必舉肩，以肩為終也。別舉魚腊，崇威儀。

又食，上佐食舉尸牢骼，如初。

如舉幹也。

又食。

不舉者，卿大夫之禮，不過五舉，須侑尸。

尸告飽。祝西面于主人之南，獨侑，不拜。侑曰：皇尸未實，侑。

侑，勸也。祝獨勸者，更則尸飽。實猶飽也。祝既侑，復反南面。

尸又食，上佐食舉尸牢肩，尸受，振祭，嚌之。佐食受，加于肵。

四舉牢體，始於正脊，終於肩，尊於終始。

尸不飯，告飽。祝西面于主人之南。

祝當贊主人辭。

主人不言，拜侑。

祝言而不拜，主人不言而拜，親疏之宜。

尸又三飯。

為祝一飯，為主人三飯，尊卑之差。尸十一飯，下人君也。

上佐食受尸牢肺正脊加于肵。言受者尸授之也尸授牢幹而實舉于俎豆食畢操以授佐食焉

主人降洗爵升北面酌酒乃酳尸尸拜受主人拜送。酳猶羨也既食之而又飲之所以樂之古文酳作酌○酳音胤食音寺樂音洛

尸祭酒啐酒賓長羞牢肝用俎縮執俎肝亦縮進末鹽在右。羞進也縮從也鹽在肝右便尸擩之古文縮爲蹙

尸左執爵右兼取肝擩于俎鹽振祭嚌之加于菹豆卒爵主人拜祝受尸爵尸答拜。兼兼羊豕

祝酌受尸尸醋主人主人拜受爵尸答拜主人西面奠爵又拜。主人受酢酒俠爵拜爵彌尊尸○酢才各反

上佐食取四敦黍稷下佐食取牢一切肺以授上佐食上佐食以綏祭。綏或作挼挼讀爲墮將受嘏亦尊尸餘而祭之古文墮爲肵○綏許規反注挼及墮亦放此

主人左執爵右受佐食坐祭之又祭酒不興遂啐酒。右受佐食右手受墮於佐食也至此言坐祭之者明尸與主人爲禮也尸恆坐有事則起主人恆立有事則坐

祝與二佐食皆出盥于洗入二佐食各取黍于一敦上佐食兼受摶之以授尸尸執以命祝。命祝以嘏辭○摶大官反

卒命祝祝受以東北面于戶西以嘏于主人曰皇尸命工祝承致多福無疆于女孝孫來女孝孫使女受祿于天宜稼于田眉壽萬年勿替引之。嘏大也予主人以大福工官也承猶傳也來讀曰釐釐賜也耕種曰稼勿猶無也替廢也引長也言無廢止時長如是也古文嘏爲格祿爲福眉爲微替爲袂袂或爲載載替聲相近○袂音決載大結反

主人坐奠爵興再拜稽首興受黍坐振祭嚌之詩懷之實于左袂挂于季指執爵以興坐卒爵執爵以興坐奠爵拜尸答拜執爵以興出宰夫以籩受嗇黍主人嘗之納諸內。詩猶承也實於左袂便右手也季猶小也出戶也宰夫掌飲食之事者收斂曰嗇明豐年乃有黍稷也復嘗之者重之至也納猶入也古文挂作卦

主人獻祝設席南面祝拜于席上坐受。室中迫狹

主人西面答拜。不言拜送下尸

薦兩豆菹醢。葵菹蠃醢

佐食設俎。牢髀。横脊一。短脅一。腸一。胃一。膚三。魚一横之。腊兩髀屬于尻。皆升下體。祝賤也。魚横者。四物共俎。殊之也。腊兩髀屬于尻。尤賤不殊。○屬音燭。尻苦刀反。

祝取菹。揳于醢。祭于豆間。祝祭俎。大夫祝俎無肺。祭用膚。遠下尸。不嚌之。膚不盛。

祭酒。啐酒。肝牢從。祝取肝。揳于鹽。振祭。嚌之。不興。加于俎。卒爵。興。亦如佐食授爵乃興。不拜既爵。大夫祝賤也。

主人酌。獻上佐食。上佐食戶内牖東北面拜。坐受爵。主人西面答拜。佐食祭酒。卒爵。拜。坐授爵。興。不啐而卒爵者。大夫之佐食賤。禮略。

俎設于兩階之間。其俎折一膚。佐食不得成禮於室中。折者。擇取牢正體餘骨。折分用之。有脀而無薦。亦遠下尸。

主人又獻下佐食。亦如之。其脀亦設于階間。西上。亦折一膚。上佐食既獻。則出就其俎。特牲記曰。佐食無事。則中庭北面。謂此時。

有司贊者取爵于篚。以升。授主婦贊者于房戶。男女不相因。特牲饋食禮曰。佐食卒角。主人受角。降反于篚。

婦贊者受以授主婦。主婦洗于房中。出酌。入戶。西面拜獻尸。入戶西面拜。由便也。不北面者。辟人君夫人也。拜而後獻者。當侠拜也。婚禮曰。婦洗在北堂。直室東隅。

尸拜受。主婦主人之北西面拜送爵。拜於主之北西面。婦人位在內。始拜於此。則上拜於南。由便也。

尸祭酒。卒爵。主婦拜。祝受尸爵。尸答拜。易爵。洗。酌。授尸。祝出易爵。男女不同爵。

主婦拜受爵。尸答拜。上佐食綏祭。主婦西面于主人之北受祭。祭之。其綏祭如主人之禮。不嘏。卒爵。拜。尸答拜。不嘏。夫婦一體。綏亦當作挼。古文爲肵。

主婦以爵出。贊者受。易爵于篚。以授主婦于房中。贊者。有司贊者也。易爵亦以授婦贊者。婦贊者受房戶外。入授主婦。

主婦洗酌獻祝。祝拜。坐受爵。主婦答拜于主人之北。卒爵不興。坐授主婦。不侠拜。下尸也。今文曰祝拜受。

主婦受酌。獻上佐食于戶内。佐食北面拜。坐受爵。主婦西面答拜。祭酒。卒爵。坐授主婦。主婦獻下佐食亦如之。主婦受爵以入于房。不言拜於主人之北。可知也。爵奠於內篚。

賓長洗爵獻于尸。尸拜受爵。賓戶西北面拜送爵。尸祭酒卒爵。賓拜。祝受尸爵。尸答拜。祝酌授尸。賓拜受爵。尸拜送爵。賓坐奠爵。遂拜。執爵以興。坐祭。遂飲卒爵。執爵以興。坐奠爵。拜。尸答拜。賓酌獻祝。祝拜坐受爵。賓北面答拜。祝祭酒。啐酒。奠爵于其筵前。

啐酒而不卒爵祭事畢示醉也不獻佐食將儐尸禮殺

主人出。立于阼階上西面。祝出。立于西階上東面。祝告曰利成。

利猶養也成畢也孝子之養禮畢

祝入。尸謖。主人降立于阼階東西面。

謖起也謖或作休○謖所六反

祝先尸從。遂出于廟門。

事尸之禮訖於廟門外

祝反。復位于室中。主人亦入于室。復位。祝命佐食徹肵俎。降設于堂下阼階南。

徹肵俎不出門將儐尸也肵俎而以儐尸者其本爲不反魚肉耳不云尸俎未歸尸

司宮設對席。乃四人養。

大夫禮四人養明惠大也○養音餕

上佐食盥升。下佐食對之。賓長二人備。

備四人餕也三餕亦盥升

司士進一敦黍于上佐食。又進一敦黍于下佐食。皆右之于席上。

右之者東面在南西面在北

資黍于羊俎兩端。兩下是餕。

資猶減也減置於羊俎兩端則一賓長在上佐食之北一賓長在下佐食之南今文資作齎

司士乃辯舉。養者皆祭黍祭舉。

舉舉膚今文辯爲徧○辯音遍下同

主人西面三拜養者。養者奠舉于俎。皆答拜。皆反取舉。

三拜旅之示徧也言反者拜時或去其席在東面席者東面拜在西面席者皆南面拜

司士進一鉶于上養。又進一鉶于次養。又進二豆湇于兩下。乃皆食。食舉。

湇肉汁也○湇去及反

卒食。主人洗一爵。升酌以授上養。贊者洗三爵酌。主人受于戶內。以授次養。若是以辯。皆不拜受爵。主人西面三拜養者。養者奠爵。皆答拜。皆祭酒。卒爵。奠爵。皆拜。主人答一拜。

不拜受爵者大夫餕者賤也答一拜略也古文壹爲一也

養者三人興出。

出降實爵于篚反賓位

上蕢止主人受上蕢爵酌以醋于戶內西面坐奠爵拜。上蕢答拜坐祭酒啐酒。主人自酢者上蕢獨止當尸位尊不酌也。

上蕢親嘏曰主人受祭之福胡壽保建家室。親嘏不使祝授之亦以黍。

主人興坐奠爵拜執爵以興坐卒爵拜上蕢答拜上蕢興出主人送乃退。送佐食不拜賤。

儀禮卷十六

儀禮卷十七

漢大司農北海鄭　玄註

明　後學東吳金　蟠訂

有司徹第十七

有司徹。徹室中之饋及祝佐食之俎卿大夫既祭而儐尸禮崇也儐尸則不設饌西北隅以此薦俎之陳有祭象而亦足以厭飫神天子諸侯明日祭於祊而繹春秋傳曰辛巳有事于大廟仲遂卒于垂壬午猶繹是也爾雅曰繹又祭也○祊百庚反

埽堂。爲儐尸新之少儀曰汛埽曰埽埽席前曰拚○爲于僞反汛芳劍反埽索到反拚方問反

司宮攝酒。更洗益整頓之今文攝爲聶

乃爇尸俎。爇溫也溫尸俎於爨肵亦溫焉獨言溫尸俎則祝與佐食不與儐尸之禮古文爇皆作尋記或作燖春秋傳曰若可燖也亦可寒也○爇音尋劉徐鹽反注燖同與音預

卒爇乃升羊豕魚三鼎無腊與膚乃設扃鼏陳鼎于門外如初。腊爲庶羞膚從豕去其鼎者儐尸之禮殺於初如初者如廟門之外東方北面北上今文扃爲鉉古文鼏爲密○扃古熒反鼏亡狄反

乃議侑于賓以異姓。議猶擇也擇賓之賢者可以侑尸必用異姓廣敬也是時主人及賓有司已復內位古文侑皆作宥

宗人戒侑。戒猶告也南面告於其位戒曰請子爲侑

侑出俟于廟門之外。俟待也待於外當與尸更入主人興禮事尸極敬心也

司宮筵于戶西南面。爲尸席也

又筵于西序東面。爲侑席也

尸與侑北面于廟門之外西上。言與殊尊卑北面者賓尸而尸益卑西上統於賓客

主人出迎尸宗人擯。賓客尸而迎之主人益尊擯贊

主人拜尸答拜主人又拜侑侑答拜主人揖先入門右。道尸

尸入門左侑從亦左揖乃讓。沒霤相揖至階又讓

主人先升自阼階尸侑升自西階西楹西北面東上。東上統於其席

主人東楹東北面拜至。尸答拜。主人又拜侑。侑答拜。

拜至，喜之。

乃舉。

舉，舉鼎也。舉者不盥，殺也。

司馬舉羊鼎，司士舉豕鼎、舉魚鼎，以入，陳鼎如初。

如初，如阼階下西面北上。

雍正執一匕以從，雍府執二匕以從，司士合執二俎以從。司士贊者亦合執二俎以從。匕皆加于鼎，東枋。二俎設于羊鼎西，西縮。二俎皆設于二鼎西，亦西縮。

雍正，羣吏掌辨體名肉物者。府，其屬。凡三匕，鼎一匕。四俎，爲尸、侑、主人、主婦。其二俎設于豕鼎、魚鼎之西，陳之宜具也。古文縮皆爲蹙。

雍人合執二俎，陳于羊俎西，並，皆西縮。覆二疏匕于其上，皆縮俎，西枋。

並，併也。其南俎，司馬以羞羊匕湆、羊肉湆，其北俎，司士以羞豕匕湆、豕肉湆、豕脀湆、魚。疏匕，匕柄有刻飾者。古文並皆作併。○湆，去及反。

主人降受宰几。尸、侑降。主人辭，尸對。

几，所以坐安體。周禮大宰掌贊玉几、玉爵。

宰授几。主人受，二手橫執几，揖尸。

獨揖尸，几禮主於尸。

主人升。尸、侑升，復位。

位，阼階。賓階上位。

主人西面，左手執几，縮之，以右袂推拂几三，二手橫執几進，授尸于筵前。

衣袖謂之袂。推拂，去塵示新。

尸進，二手受于手間。

受從手間，謙也。

主人退。尸還几，縮之，右手執外廉，北面奠于筵上，左之南縮，不坐。

左之者，異於鬼神。生人陽，長左；鬼神陰，長右。不坐奠之者，几輕。○長，丁丈反。

主人東楹東北面拜。

拜送几也。

尸復位。尸與侑皆北面答拜。

侑拜者，從於尸。

主人降洗。尸、侑降。尸辭洗，主人對。卒洗，揖。主人升，尸、侑升。尸西楹西北面拜洗。主人東楹東北面奠爵答拜，降盥。尸、侑降。主人辭，尸對。卒盥，主人揖，升。尸、侑升。主人坐取爵，酌獻尸。尸北面拜受爵。主人東楹東北面拜送爵。

降盥者，爲土汙手，不可酌。

主婦自東房薦韭菹、醢，坐奠于筵前。菹在西方。婦贊者執昌菹醢以授主婦主婦不興受陪設于南昌在東方興取籩于房麷蕡坐設于豆西當外列麷在東方婦贊者執白黑以授主婦主婦不興受設于初籩之南白在西方興退

昌昌本也韭菹醓醢昌本麋臡麷熬麥也蕡熬枲實也白熬稻黑熬黍此皆朝事之豆籩大夫無朝事而用之儐尸亦豐大夫之禮主婦取籩興者以饌異親之當外列辟鉶也退退入房也○籩麷芳中反蕡扶云反醓他感反臡乃兮反又人兮反枲思治反辟音避

乃升

升牲體於俎也

司馬枇羊亦司馬載載右體肩臂肫骼臑正脊一脡脊一橫脊一短脅一正脅一代脅一腸一胃一祭肺一載于一俎

言燅尸俎復序體者明所舉肩骼存焉亦著脊脅皆一骨也臑在下者折分之以爲肉湆俎也一俎謂司士所設羊鼎西第一俎○肫音純

羊肉湆臑折正脊一正脅一腸一胃一嚌肺一載于南俎

肉湆肉在汁中者以增俎實爲尸加也必爲臑折上所折分者嚌肺離肺也南俎雍人所設在南者此以下十一俎俟時而載於此歷說之爾今文湆爲汁○嚌才計反

司士枇豕亦司士載亦右體肩臂肫骼臑正脊一脡脊一橫脊一短脅一正脅一代脅一膚五嚌肺一載于一俎

臑在下者順羊也俎謂雍人所設在北者

侑俎羊左肩左肫正脊一脅一腸一胃一切肺一載于一俎侑俎豕左肩折正脊一脅一膚三切肺一載于一俎

侑俎用左體侑賤其羊俎過三體有肫尊之加也豕左肩折折分爲長兄弟俎也切肺亦祭肺互言之爾無羊湆下尸也豕又祭肺不嚌肺不備禮俎司士所設羊鼎西之北俎也豕俎與尸同

阼俎羊肺一祭肺一載于一俎羊肉湆臂一脊一脅一腸一胃一嚌肺一載于一俎豕脅臂一脊一脅一膚三嚌肺一載于一俎

阼俎主人俎無體遠下尸也以肺代之肺尊也加羊肉湆而有體崇尸惠亦尊主人臂左體臂也侑用肩主人用臂下之也不言左臂者大夫尊空其文也降於侑羊體一而增豕膚三有所屈有所申亦所謂順而摭也阼俎司士所設豕鼎西俎也其湆俎與尸俎同豕俎又與尸豕俎同○摭之石反

主婦俎羊左臑脊一脅一腸一胃一膚一嚌羊肺一載于一俎

無豕體而有膚以主人無羊體不敢備也無祭肺有嚌肺亦下侑也祭主肺尊言嚌羊肺者文承膚下嫌也膚在羊肺上則羊豕之體名同相亞也其俎司士所設在魚鼎西者

司士枇魚亦司士載尸俎五魚橫載之侑主人皆一魚亦橫載之皆加膴祭于其上

橫載之者異於牲體彌變於神膴讀如殷冔之冔刳魚時割其腹以爲大臠也可用祭也其俎又與

（尸豕俎同○膴火吳反依注音冔刳空吳反又口侯反臠力轉反）

卒升（卒已也已載尸羊俎）

賓長設羊俎于豆南賓降尸升筵自西方坐左執爵右取韭菹擩于三豆祭于豆間尸取麷蕡宰夫贊者取白黑以授尸尸受兼祭于豆祭（賓長上賓）

雍人授次賓疏匕與俎受于鼎西左手執俎左廉縮之卻右手執匕枋縮于俎上以東面受于羊鼎之西司馬在羊鼎之東二手執桃匕枋以挹湆注于疏匕若是者三（桃謂之歃讀如或舂或抭之抭字或作桃者秦人語也此二匕者皆有淺升狀如飯橾桃長枋可以抒物於器中者注猶瀉也今文桃作抭挹皆為扱○扱初洽反劉初輒反）

尸興左執爵右取肺坐祭之祭酒興左執爵（肺羊祭肺）

次賓縮執匕俎以升若是以授尸尸卻手授匕枋坐祭嚌之興覆手以授賓賓亦覆手以授縮匕于俎上以降（嚌湆者明湆肉加耳嘗之以其汁尚味）

尸席末坐啐酒興坐奠爵拜告旨執爵以興北主人面于東楹東答拜（旨美也拜告酒美答主人意古文曰東楹之東○啐七內反）

司馬羞羊肉湆縮執俎尸坐奠爵興取肺坐絕祭嚌之興反加于俎司馬縮奠俎于羊湆俎南乃載于羊俎卒載俎縮執俎以降（絕祭絕肺末以祭周禮曰絕祭湆使次賓肉使司馬大夫禮多崇敬也）

尸坐執爵以興次賓羞羊燔縮執俎縮一燔于俎上鹽在右尸左執爵受燔擩于鹽坐振祭嚌之興加于羊俎賓縮執俎以降（燔炙）

尸降筵北面于西楹西坐卒爵執爵以興坐奠爵拜執爵以興主人北面于東楹東答拜主人受爵尸升筵立于筵末

主人酌獻侑侑西楹西北面拜受爵主人在其右北面答拜（不洗者俱獻間無事也主人就右者賤不專階）

主婦薦韭菹醢坐奠于筵前醢在南方婦贊者執二籩麷蕡以授主婦主婦不興受之奠麷于醢南蕡在麷東主婦入于房（醢在南方者立侑為尸使正饌統焉）

侑升筵自北方司馬橫執羊俎以升設于豆東侑坐
左執爵右取菹擩于醢祭于豆間又取麷蕡同祭于
豆祭興左執爵右取肺坐祭之祭酒興左執爵次賓
羞羊燔如尸禮侑降筵自北方北面于西楹西坐卒
爵執爵以興坐奠爵拜主人答拜
答拜拜於侑之右
尸受侑爵降洗侑降立于西階西東面主人降自阼
階辭洗尸坐奠爵于篚興對卒洗主人升尸升自西
階主人拜洗尸北面于西楹西坐奠爵答拜降盥主
人降尸辭主人對卒盥主人升尸升坐取爵酌
酌者將酢主人
司宮設席于東序西面主人東楹東北面拜受爵尸
西楹西北面答拜主婦薦韭菹醢坐奠于筵前菹在
北方婦贊者執二籩麷蕡主婦不興受設麷于菹西
北蕡在麷西主人升筵自北方主婦入于房
設籩于菹西北亦辟鉶
長賓設羊俎于豆西主人坐左執爵祭豆籩如侑之
祭興左執爵右取肺坐祭之祭酒興次賓羞七湆如
尸禮席末坐啐酒執爵以興司馬羞羊肉湆縮執俎
主人坐奠爵于左興受肺坐絕祭嚌之興反加于湆

俎司馬縮奠湆俎于羊俎西乃載之卒載縮執虛俎
以降
奠爵于左者神惠變於常也言受肺者明有授言虛俎者羊湆俎訖於此虛不復用
主人坐取爵以興次賓羞燔主人受如尸禮主人降
筵自北方北面于阼階上坐卒爵執爵以興坐奠爵
拜執爵以興尸西楹西答拜主人坐奠爵于東序南
不降奠爵於篚急崇酒
侑升尸侑皆北面于西楹西
見主人不反位知將與己為禮
主人北面于東楹東再拜崇酒
崇充也拜謝尸侑以酒薄充滿
尸侑皆答再拜主人及尸侑皆升就筵
司宮取爵于篚以授婦贊者于房東以授主婦
房東房戶外之東
主婦洗爵於房中出實爵尊南西面拜獻尸尸拜于
筵上受
尊南西面拜由便也
主婦西面于主人之席北拜送爵入于房取一羊鉶
坐奠于韭菹西主婦贊者執豕鉶以從主婦不興受
設于羊鉶之西興入于房取糗與腶脩執以出坐設

之糗在蕡西修在白西興立于主人席北西面
飲酒而有鉶者祭之餘鉶無黍稷殺也糗糗餌也腶修擣肉之脯今文腶爲斷○糗去九反腶丁亂
反本又作腶餌音二擣丁老反斷丁亂反
尸坐左執爵祭糗修同祭于豆祭以羊鉶之柶挹羊
鉶遂以挹豕鉶祭于豆祭祭酒次賓羞豕匕湇如羊
匕湇之禮尸坐啐酒左執爵嘗上鉶執爵以興坐奠
爵拜主婦答拜執爵以興司士羞豕脀尸坐奠爵興
受如羊肉湇之禮坐取爵興次賓羞豕燔尸左執爵
受燔如羊燔之禮坐卒爵拜主婦答拜受爵酌獻侑
侑拜受爵主婦主人之北西面答拜
酌獻者主婦今文無西面
主婦羞糗修坐奠糗于籩南修在蕡南侑坐左執爵
取糗修兼祭于豆祭司士縮執豕脀以升侑興取肺
坐祭之司士縮奠豕脀于羊俎之東載于羊俎卒乃
縮執俎以降侑興
豕脀無湇於侑禮殺
次賓羞豕燔侑受如尸禮坐卒爵拜主婦答拜
受爵酌以致于主人主人筵上拜受爵主婦北面于
阼階上答拜
主婦易位拜于阼階上辟併敬

主婦設二鉶與糗修如尸禮主人其祭糗修祭鉶祭
酒受豕匕湇拜啐酒皆如尸禮嘗鉶不拜
主人如尸禮尊也其異者不告旨
其受豕脀受豕燔亦如尸禮坐卒爵拜主婦北面答
拜受爵
尸降筵受主婦爵以降
將酢主婦
主人降侑降主婦入于房主人立于洗東北西面侑
東面于西階西南
俟尸洗
尸易爵于篚盥洗爵
易爵者男女不相襲爵
主人揖尸侑
將升
主人升尸升自西階侑從主人北面立于東楹東侑
西楹西北面立
俟尸酌
尸酌主婦出于房西面拜受爵尸北面于侑東答拜
主婦入于房司宮設席于房中南面主婦立于席西
設席者主婦尊今文曰南面尸於席西

婦贊者薦韭菹醢，坐奠于筵前，菹在西方。婦人贊者執麷蕡以授婦贊者，婦贊者不興，受，設麷于菹西，蕡在麷南。

婦人贊者，宗婦之少者。

主婦升筵，司馬設羊俎于豆南。主婦坐，左執爵，右取菹擩于醢，祭于豆間，又取麷蕡兼祭于豆祭。主婦奠爵，興取肺，坐絕祭，嚌之，興加于俎，坐挩手，祭酒，啐酒。

挩手者于帨，帨，佩巾。內則曰：婦人亦左佩紛帨。古文帨作說。○挩，由銳反，注紛帨音同。

次賓羞羊燔，主婦興受燔，如主人之禮。主婦執爵以出于房，西面于主人席北，立卒爵，執爵拜。尸西楹西北面答拜。主婦入，立于房。尸、主人及侑皆就筵。

出房立卒爵，宜鄉尊。不坐者，變於主人也。執爵拜，變於男子也。○鄉，許亮反。

上賓洗爵以升，酌，獻尸。尸拜受爵，賓西楹西北面拜送爵。尸奠爵于薦左，賓降。

上賓，賓長也。謂之上賓，以將獻異之，或謂之長賓。奠爵，爵止也。

主人降洗爵，尸、侑降。主人奠爵于篚，辭，尸對。卒洗，揖，尸升，侑不升。

侑不升，尸禮益殺，不從。

主人實爵酬尸，東楹東北面坐奠爵拜，尸西楹西北面答拜。坐祭，遂飲，卒爵拜，尸答拜。降洗，尸降辭，主人奠爵于篚，對。卒洗，主人升，尸升。主人實爵，尸拜受爵，主人反位答拜。尸北面坐奠爵于薦左。

降洗者，主人。

尸、侑、主人皆升筵。乃羞，宰夫羞房中之羞于尸、侑、主人、主婦，皆右之。司士羞庶羞于尸、侑、主人、主婦，皆左之。

二羞所以盡歡心。房中之羞，其籩則糗餌、粉餈，其豆則酏食、糝食。庶羞，羊臐、豕膮，皆有胾醢。房中之羞，內羞也。內羞在右，陰也。庶羞在左，陽也。○餈，在私反。酏，以支反，劉書支反。食音寺。糝，素感反。

主人降，南面拜衆賓于門東，三拜。衆賓門東北面，皆答壹拜。

拜于門東，明少南就之也。言三拜者，衆賓賤，旅之也。衆賓一拜，賤也。卿大夫尊，賓賤，純臣也。位在門東。今文壹爲一。

主人洗爵，長賓辭。主人奠爵于篚，興對。卒洗，升酌，獻賓于西階上。長賓升，拜受爵。主人在其右，北面答拜。宰夫自東房薦脯醢，醢在西。司士設俎于豆北，羊骼一、腸一、胃一、切肺一、膚一。

羊骼，羊左骼。上賓一體，賤也。薦與設俎者既，則俟于西序端。古文骼爲路。

賓坐，左執爵，右取肺擩于醢，祭之，執爵興，取肺，坐祭之，祭酒，遂飲，卒爵，執以興，坐奠爵，拜，執爵以興。主人答拜，受爵。賓坐取祭以降，西面坐委于西階西南。

成祭於上尊賓也取祭以降反下位也反下位而在西階西南已獻尊之祭脯肺

宰夫執爵以從設于祭東司士執俎以從設于薦東衆賓長升拜受爵主人答拜坐祭立飲卒爵不拜既爵

既盡也長賓升者以次第升受獻言衆賓長拜則其餘不拜

宰夫贊主人酌若是以辯

主人每獻一人奠空爵于棜宰夫酌授於尊南今文若爲如辯皆作徧

辯受爵其薦脯醢與脀設于其位其位繼上賓而南皆東面其脀體儀也

徧獻乃薦略之亦宰夫薦司士脀儀者尊體盡儀度餘骨可用而用之尊者用尊體卑者用卑體而已亦有切肺膚今文儀皆爲犧或爲議○度大各反犧劉音儀

乃升長賓主人酌酢于長賓西階上北面賓在左

主人酌自酢序賓意賓卑不敢酢

主人坐奠爵拜執爵以興賓答拜坐祭遂飲卒爵執爵以興坐奠爵拜賓答拜賓降

降反位

宰夫洗觶以升主人受酌降酬長賓于西階南北面賓在左主人坐奠爵拜賓答拜坐祭遂飲卒爵拜賓答拜

宰夫授主人觶則受其虛爵奠于篚

主人洗賓辭主人坐奠爵于篚對卒洗升酌降復位賓拜受爵主人拜送爵賓西面坐奠爵于薦左

主人洗升酌獻兄弟于阼階上兄弟之長升拜受爵主人在其右答拜坐祭立飲不拜既爵皆若是以辯

兄弟長幼立飲賤不別大夫之賓尊於兄弟宰夫不贊酌者兄弟以親暱來不以官待之

辯受爵其位在洗東西面北上升受爵其薦脀設于其位

亦辯獻乃薦既云辯矣復言升受爵者爲衆兄弟言也衆兄弟升不拜受爵先著其位於上乃後云薦脀設於其位明位初在是也位不繼於主人而云洗東卑不統於尊此薦脀皆使私人

先生之脀折脅一膚一

先生長兄弟折豕左肩之折

其衆儀也

主人洗獻內賓于房中南面拜受爵主人南面于其右答拜

內賓姑姊妹及宗婦獻于主婦之席東主人不西面尊不與爲賓主禮也南面於其右主人之位恒左人

坐祭立飲不拜既爵若是以辯亦有薦脀

亦設薦脀於其位特牲饋食禮記曰內賓立于房中西墉下東面南上宗婦北堂東面北上

主人降洗升獻私人于阼階上拜于下升受主人答其長拜乃降坐祭立飲不拜既爵若是以辯宰夫贊

主人酌主人於其羣私人不答拜其位繼兄弟之南亦北上亦有薦脀私人，家臣，己所自謁除也。大夫言私人，明不純臣也。士言私臣，明有君之道。北上，不敢專其位。亦有薦脀，初亦北面在衆賓之後，爾言繼者，以爵既獻爲文，凡獻位定。

主人就筵古文曰：升就筵。

尸作三獻之爵上賓所獻爵，不言三獻作之者，賓尸而尸益卑，可以自舉。

司士羞湆魚縮執俎以升尸取膴祭祭之祭酒卒爵不羞魚匕湆，略小味也。羊有正俎，羞匕湆肉湆，豕無正俎，魚無匕湆，隆汚之殺。

司士縮奠俎于羊俎南橫載于羊俎卒乃縮執俎以降尸奠爵拜三獻北面答拜受爵酌獻侑侑拜受三獻北面答拜

司馬羞湆魚司馬羞湆魚，變於尸。

一如尸禮卒爵拜三獻答拜受爵

酌致主人主人拜受爵三獻東楹東北面答拜賓拜於東楹東，以主人拜受於席就之。

司士羞一湆魚如尸禮卒爵拜三獻答拜受爵尸降筵受三獻爵酌以酢之既致主人，尸乃酢之，遂賓意。

三獻西楹西北面拜受爵尸在其右以授之尸升筵南面答拜坐祭遂飲卒爵拜尸答拜執爵以降實于篚

二人洗觶升實爵西楹西北面東上坐奠爵拜執爵以興尸侑答拜坐祭遂飲卒爵執爵以興坐奠爵拜尸侑答拜皆降三獻而禮小成，使二人舉爵，序殷勤於尸侑。

洗升酌反位尸侑皆拜受爵舉觶者皆拜送侑奠觶于右奠于右者，不舉也。神惠右不舉，變於飲酒。

尸遂執觶以興北面于阼階上酬主人主人在右尸拜於阼階上，酬禮殺。

坐奠爵拜主人答拜不祭立飲卒爵不拜既爵酌就于阼階上酬主人言就者，主人立待之。

主人拜受爵尸拜送酬不奠者，急酬侑也。

尸就筵主人以酬侑于西楹西侑在左坐奠爵拜執爵興侑答拜不祭立飲卒爵不拜既爵酌復位侑拜

受主人拜送。

言酌復位明授於西階上

主人復筵。乃升長賓。侑酬之。如主人之禮。

遂旅也言升長賓則有贊呼之

至于衆賓。遂及兄弟。亦如之。皆飲于上。

上西階上

遂及私人。拜受者。升受下飲。

私人之長拜於下升受兄弟之爵下飲之

卒爵升酌。以之。其位相酬辯。

其位兄弟南位亦拜受拜送升酌由西階

卒飲者實爵于篚。

未受酬者雖無所旅猶飲

乃羞庶羞于賓兄弟內賓及私人。

無房中之羞賤也此羞同時羞則酌房中亦旅其始主婦舉觶於內賓遂及宗婦

兄弟之後生者。舉觶于其長。

後生年少也古文觶皆爲爵延景中詔校書定作觶

洗升酌降。北面立于阼階南。長在左。坐奠爵拜。執爵以興。長答拜。

長在左辟主人

坐祭。遂飲。卒爵。執爵以興。坐奠爵拜。執爵以興。長答拜。洗升酌降。長拜受于其位。舉爵者東面答拜。爵止。

拜受答拜不北面者儐尸禮殺長賓言奠兄弟言止互相發明相待也

賓長獻于尸。如初。無湆。爵不止。

賓長者賓之長次上賓者非卿上賓也如初如其獻侑酌致主人受尸酢也無湆爵不止別不如初者不使兄弟不稱加爵大夫尊也不用觚大夫尊者也

賓一人舉爵于尸。如初。亦遂之于下。

一人次賓長者如初如二人洗觶之爲也遂之於下者遂及賓兄弟下至于私人故言亦遂之于下也上言無湆爵不止互相發明

賓及兄弟交錯其酬。皆遂及私人。爵無算。

算數也長賓取觶酬兄弟之黨長兄弟取觶酬賓之黨唯己所欲無有次第之數也

尸出。侑從。主人送于廟門之外。拜。尸不顧。

拜送之

拜侑與長賓。亦如之。衆賓從。

從者不拜送也

司士歸尸侑之俎。

尸侑尊送其家

主人退。

反於寢也

有司徹。

徹堂上下之薦俎也外賓尸雖堂上婦人不徹

若不賓尸。不賓尸，謂下大夫也。其牲物則同，不得備其禮耳。舊說云：謂大夫有疾病，攝昆弟祭。曾子問曰：攝主不厭祭，不旅，不假，不綏祭，不配，布奠于賓，賓奠而不舉。而此備，有似失之矣。○不綏，許恚反，本亦作隋，音同，後皆放此。

則祝侑亦如之。謂尸七飯時。○飯，扶晚反，後皆同。

尸食。八飯。

乃盛俎臑臂肫脡脊橫脊短脅代脅皆牢。盛者，盛於肵俎也。此七體羊豕，其脊脅皆取一骨也。與所舉正脊幹骼凡十矣。肩未舉，既舉而俎猶有六體焉。○盛音成。

魚七。盛半也。魚十有五而俎，其一已舉，必盛半者，魚無足翼，於牲象脊脅而已。

腊辯無髀。亦盛半也。所盛者右體也，脊屬焉。言無髀者，云一純而俎，嫌有之。古文髀作脾。

卒盛，乃舉牢肩。尸受，振祭，嚌之。佐食受，加于肵。舉七。

佐食取一俎于堂下以入，奠于羊俎東。不言魚俎東，主於尊。

乃摭于魚腊俎，俎釋三个，其餘皆取之，實于一俎以出。个猶枚也。魚摭四枚，腊摭五枚。其所釋者，腊則短脅、正脅、代脅，魚三枚而已。今文摭為摕。

祝主人之魚腊取于是。祝主人主婦俎之魚腊取于此者，大夫之禮，文待神餘也。三者各取一魚，其脅主人臂，主婦臑，祝則骼也。與此皆於鼎側更載焉。不言主婦，未聞。

尸不飯，告飽。主人拜侑，不言。尸又三飯。凡十一飯。士九飯，大夫十一飯，其餘有十三飯、十五飯。

佐食受牢舉，如儐。舉肺脊。

主人洗，酌，酳尸。賓羞肝，皆如儐禮。卒爵，主人拜。祝受尸爵，尸答拜。祝酌授尸，尸以醋主人，亦如儐。其綏祭，其嘏，亦如儐。肝，牢肝也。綏皆當作挼，挼讀為藏其隋之隋。古文為挼。

其獻祝與二佐食，其位，其薦脀，皆如儐。主婦其洗獻于尸，亦如儐。自尸侑不飯告飽至此，與儐同者在上篇。

主婦反取籩于房中，執棗糗，坐設之。棗在稷南，糗在棗南。婦贊者執栗脯，主婦不興，受設之。栗在糗東，脯在棗東。主婦興，反位。棗，饋食之籩。糗，羞籩之實。雜用之，下賓尸也。栗脯，加籩之實也。反位，反主人之北拜送爵位。

尸左執爵。取棗糗。祝取栗脯以授尸。尸兼祭于豆祭。祭酒。啐酒。次賓羞牢燔。用俎。鹽在右。尸兼取燔抨于鹽。振祭。嚌之。祝受加于肵。卒爵。主婦拜。祝受尸爵。尸答拜。自主婦反爵至祝受加于肵，此異于儐。

祝易爵洗。酌受尸。尸以醋主婦。主婦主人之北拜受爵。尸答拜。主婦反位。又拜。上佐食綏祭。如儐。卒爵拜。尸答拜。主婦夾爵拜，爲不賓尸降崇敬。今文醋曰酌。

主婦獻祝。其酌如儐。拜坐受爵。主婦主人之北答拜。自尸卒爵至此，亦與儐同者，亦在上篇。

宰夫薦棗糗。坐設棗于菹西。糗在棗南。祝左執爵。取棗糗。祭于豆祭。祭酒。啐酒。次賓羞燔。如尸禮。卒爵。內子不薦籩，祝賤，使宮可也。自宰夫薦至賓羞燔，亦異于賓。

主婦受爵。酌獻二佐食。亦如儐。主婦受爵以入于房。

賓長洗爵。獻于尸。尸拜受。賓尸西北面答拜。爵止。尸止爵者，以三獻禮成，欲神惠之均於室中，是以奠而待之。

主婦洗于房中。酌致于主人。主人拜受。主婦戶西北面拜送爵。司宮設席。拜受乃設席，變於士也。

主婦薦韭菹醢。坐設于席前。菹在北方。婦贊者執棗糗以從。主婦不與受。設棗于菹北。糗在棗西。佐食設俎。臂、脊、脅、肺皆牢。膚三。魚一。腊臂。臂，左臂也。特牲五體，此三者，以其牢與腊臂而七，牢腊俱臂，亦所謂腊如牲體。

主人左執爵。右取菹抨于醢。祭于豆間。遂祭籩。奠爵。興取牢肺。坐絶祭。嚌之。興加于俎。坐捝手。祭酒。執爵以興。坐卒爵拜。無從者，變於士也，亦所謂順而摭也。

主婦答拜。受爵。酌以醋。戶內北面拜。自酢不更爵，殺。

主人答拜。卒爵拜。主人答拜。主婦以爵入于房。尸作止爵。祭酒。卒爵。賓拜。祝受爵。尸答拜。作止爵乃祭酒，亦變於士。自爵止至作止爵，亦異於賓。

祝酌授尸。賓拜受爵。尸拜送。坐祭。遂飲。卒爵拜。尸答拜。

獻祝及二佐食。

洗致爵于主人。洗致爵者，以承佐食賤，新之。

主人席上拜受爵。賓北面答拜。坐祭。遂飲。卒爵拜。賓答拜。受爵。

酳致爵于主婦主婦北堂司宮設席東面
北堂中房以北東面者變於士妻賓尸不變者賓尸禮異矣內子東面則宗婦南面西上內賓自若
東面南上
主婦席北東面拜受爵賓西面答拜
席北東面者北為下
婦贊者薦韭菹醢菹在南方婦人贊者執棗糗授婦贊者婦贊者不興受設棗于菹南糗在棗東
婦人贊者宗婦之弟婦也○弟音娣
佐食設俎于豆東羊臑豕折羊脊脅祭肺一膚一魚一腊臑
豕折骨也不言所折略之特牲主婦觳折豕無脊脅下主人羊豕四體與腊臑而五
主婦升筵坐左執爵右取菹㨎于醢祭之祭籩奠爵興取肺坐絕祭嚌之興加于俎坐挩手祭酒執爵興筵北東面立卒爵拜
立飲拜既爵者變於大夫
賓答拜賓受爵
易爵于篚洗酌醋于主人戶西北面拜主人答拜卒爵拜主人答拜賓以爵降奠于篚
自賓獻及二佐食至此亦異於賓
乃羞宰夫羞房中之羞司士羞庶羞于尸祝主人主婦內羞在右庶羞在左
主人降拜衆賓洗獻衆賓其薦脅其位其酬醋皆如儐禮
主人洗獻兄弟與內賓與私人皆如儐禮其位其薦脅皆如儐禮卒乃羞于賓兄弟內賓及私人辯
自乃羞至私人之薦脅此亦與儐同者在此篇不儐尸則祝猶侑耳卒已也乃羞者羞庶羞
賓長獻于尸尸醋獻祝致醋賓以爵降實于篚
致謂致爵于主人主婦不言如初者爵不止又不及佐食
賓兄弟交錯其酬無算爵
此亦與儐同者在此篇
利洗爵獻于尸尸醋獻祝祝受祭酒啐酒奠之
利獻不及主人殺也此亦異於賓
主人出立于阼階上西面祝出立于西階上東面祝告于主人曰利成祝入主人降立于阼階東西面尸謖祝前尸從遂出于廟門祝反復位于室中祝命佐食徹尸俎佐食乃出尸俎于廟門外有司受歸之徹阼薦俎
自主人出至此與賓雜者也先養徹主人薦俎者變于士特牲饋食禮曰徹阼俎豆籩設于東序下
乃養如儐
謂上篇自司宮設對席至此餕與出也古文養作餕

卒饔。有司官徹饋。饌于室中西北隅南面。如饋之設。右几。厞用席。

官徹饋者，司馬司士舉俎，宰夫取敦及豆。此於尸謖改饌當室之白，孝子不知神之所在，庶其饗之，於此所以爲厭飫。不令婦人改徹饌敦豆，變於始也。尚使官也。佐食不舉羊豕俎，親餕尊也。厞，隱也。古文右作侑，厞作茀。

納一尊于室中。

陽厭殺，無玄酒。

司宮埽祭。

埽豆間之祭。舊說云：埋之西階東。

主人出立于阼階上西面。祝執其俎以出，立于西階上東面。司宮闔牖戶。

閉牖與戶，爲鬼神或者欲幽闇。

祝告利成，乃執俎以出于廟門外。有司受，歸之。衆賓出。主人拜送于廟門外，乃反。

拜送賓也者，亦拜送其長，不言長賓者，下大夫無尊賓也。

婦人乃徹。

徹祝之薦，及房中薦俎，不使有司者，下上大夫之禮。

徹室中之饌。

有司饌之，婦人徹之，外內相兼，禮殺。

儀禮卷十七